Ama-Deus, o Amor de Deus, é uma das técnicas antigas para fazer o bem aos outros nos níveis físico, mental, emocional e espiritual. Parabéns à Beth por trazer esta técnica de cura tão necessária para o mundo moderno.

Norm Shealy, M.D., Ph.D.
Energy Medicine: The Future of Health

Nesses difíceis tempos modernos, este livro nos dá uma visão importante da sacralidade da cultura dos Guaranis, que apenas amam o Amor, as pessoas e a terra. Faríamos bem em aprender com eles.

Molly Larkin – Author
The Wind is My Mother

Ama-Deus não é apenas a estória notável de tesouros encontrados nas profundezas da Amazônia e nas câmaras do coração; é também a história de uma mulher notável e sua busca para trazer o Amor à Luz. O relato de Beth e o relato de Ama-Deus são uma grande aventura, um profundo mistério e uma sábia descoberta do Eu.

Denise Iwaniw, Sacred Pipe Carrier - Author
Embracing the Mystic Within

Ama-Deus, um livro espiritual maravilhoso, narra a jornada do uso de um método de cura energética proveniente da tribo Guarani da América do Sul e ao redor do mundo até sua aplicação como uma intervenção em um ambiente médico. A energia e a ferramenta do livro abrem sua mente e seu coração para uma compreensão maior do Amor como destino final da alma, e também como parte de sua prática diária. O livro inspira seu coração e planta no seu espírito o desejo de sentir e conhecer o Amor em seu sentido mais profundo. Este livro é altamente recomendado para seu entretenimento e diversão.

Dra. Caron Goode, NCC Author
Kids Who See Ghosts, guide them through fear

O Amor e o compromisso de conhecer e seguir o desejo de Deus para nós é o vínculo comum que uniu Beth e Gerod. Gerod considera a energia de Ama-Deus como de alto nível e Amorosa e tem a honra de apoiar sua disponibilidade contínua para cada pessoa que busca conhecimento e consciência, cura e Amor. Este livro é uma compilação maravilhosa de história, estória, e das possibilidades que existem para todos.

Katharine Mackey - Author
Soul Awareness: A Guide's Message

AMA-DEUS

Curando com a Energia Sagrada
do Universo

Elizabeth Cosmos, PhD

Ama Deus Energy Press
Lowell, MI

Ama Deus Energy Press
P.O. Box 93
Lowell, MI 49331
ama-deus-international.com

ISBN: 978-0-9987414-1-3 Livro Impresso
ISBN: 978-0-9987414-2-0 ebook

Número de controle da Biblioteca do Congresso: 2012912919

Capa por Beatrice Multhaupt
Desenho da capa por Katie McCabe
Tradução: Helena Kristine Buhler de Lima
Revisão: Christian Vianna

Dados de Catalogação na Publicação do Editor
(Preparado pelo The Donohue Group, Inc.)

Cosmos, Elizabeth.
Ama-Deus: Curando com a energia sagrada do Universo/Elizabeth Cosmos, PhD.
    páginas; cm
Publicado como um ebook.
Inclui referências bibliográficas e index.
1. Aguas, Alberto Costa. 2. Cura Espiritual. 3. Medicina Energética. 4. Medicina alternativa-Brasil. 5. Energia-- uso terapêutico. 6. Força Vital -- uso terapêutico. 7. Índios Guaranis -- Vida Social e costumes. 8. Índios Guaranis -- Medicina. I. Título.
    RZ421 .C67 2015
    615.8 / 51

Ama-Deus® é uma marca registrada licenciada pela Associação Internacional de Ama-Deus, LLC

Para mais informações contacte Christian Vianna através do e-mail chris.mbv@gmail.com

CONTEÚDO

À luz e ao Amor Incondicional não criados e a todos
que dançam à sua imagem e semelhança.
E também, especialmente para esta versão em português, à
Anibal, Mariliza, Angélica e Andreza, que tinham um lugar especial no
coração de Alberto.
Ao Cacique Miguel Karaí, por sua bondade e reciprocidade.
E à Christian Vianna, que abriu a porta para o Ama-Deus
retornar ao Brasil.

RECONHECIMENTOS

Você pode dar sem amar, mas não pode amar sem dar.
—Amy Carmichael

Endividamento e agradecimento profundo parecem não abranger totalmente minha gratidão por todos aqueles que estiveram próximos na criação deste livro - por favor, saibam que vocês estão gravados no meu coração.

Aos meus pais, John e Margaret Cosmos, padrasto, Alan Ryan, meus filhos, Michael e Christopher, sou muito grata por toda a paciência, apoio e compreensão.

A aqueles que ajudaram tão pacientemente com minha redação, Christopher Cosmos, do começo ao fim; David Stuursma, o primeiro grande impulso; Patricia Duncan, vendo tão claramente a mensagem e ajudando a moldar o manuscrito; Stephen Buhner, Jean Debruyn, Maricel Gaines, Margery Guest, Amber Guetebier, Bethany Rose Prosseda e Linda Sechrist pelo apoio ao longo do caminho; Caron Goode, por magistralmente trazer-me tão eloquentemente à reta final. A todos aqueles que tão graciosamente se ofereceram para apoiar este trabalho; Lynn Andrews, Caron Goode, Denise Imaniw, Molly Larkin, Katherine Mackey e Norm Shealy, todos que são extremamente ocupados com seus próprios trabalhos.

Para aqueles que permaneceram próximos, a família de Alberto Aguas, Lynn Afendoulis, Rachel Attard, Lori Bruno, Gaiana Cherpes, Nancy Fox, Catherine Frerichs, Bruce Gregory, Mary Hanson, Amy Hass, Peny Hawkin, Diane Herbuck, Denise Iwaniw, Devra Ann Jacobs, Mary Jervis, Beatrice Multhaupt, John Murphy, Bod Nunley, Nancy O'Donahue, Sharon Pisacreta, Julie Ridenour, Karen Rosasco, Kyle Rozema, Ellen Satterlee, Stephen Schimdt, família Sprague, Linda Stansberry, Tom e Malley, Mary Elizabeth Wakefield e Berney Williams. Para Stokey, que nunca saiu do meu lado, muitos dias sem suas caminhadas e jantares tarde da noite, ele é um verdadeiro companheiro.

Pelas peças pesquisadas, obrigado à equipe da Psychic News, Londres, Trevor Stockill, Ellen Fassio, a família Paul, Richard Reed, Marilyn Rossner, Rachel Salley, Cece Stevens e Christian Vianna. Para Bretrice Multhaupt, Diogenes Ramires e Alvaro Tomaz, suas traduções foram inestimáveis, assim como David Fix e Michael Lechner pela assistência técnica.

Muitas bênçãos para você, Helena, pela iniciativa de tão graciosamente traduzir este livro.

Agradeço a Anita Jones e Sharon Castlen por me levarem ao próximo nível de publicação.

Ao Sábio Arcimandrite Ephraim, por expandir minha compreensão da Luz Não Criada.

Para todos os instrutores e profissionais de Ama-Deus, sua paixão e coração por compartilhar esse belo método em todo o mundo são inspiradores; e sua empolgação por este livro e por Ama-Deus me faz continuar. A todos os meus amigos que ajudaram enviando energia curativa, Geshe Rinchen Choygal, Nancy Fox, Denise Iwaniw, Pilar Fernandez-Santos, Cai Bristol; e a Alberto, por continuar a sussurrar em meu ouvido e a todos os anjos e guias celestes. Sou eternamente grata pelas pessoas em minha vida que me amaram, pois todas essas experiências me levaram a um ponto de força espiritual para concluir este projeto.

Finalmente, mas não menos importante, aos Guaranis e a todos os povos indígenas que sofreram perdas de gerações, sou muito grata pelo conhecimento exemplar em cuidar e viver em harmonia com o meio ambiente, e humildade pelos sacrifícios feitos para manter os caminhos sagrados.

INTRODUÇÃO

Ama-Deus® é um método de cura energética que foi preservado por milhares de anos por uma tribo Guarani na América do Sul. Alberto Costa Aguas, um curador energético brasileiro conhecido mundialmente, que depois de muitos anos no exílio, retornou à sua terra natal e se viu trabalhando com essa tribo Guarani. Estes, o reconhecendo como um grande curador, e aquele que eles estavam esperando, o iniciaram nos caminhos sagrados e transferiram para ele sua sabedoria ancestral.

Essa é a estória dos Guaranis, que por milhares de anos guardaram esse conhecimento até que chegou o tempo de compartilhar com o mundo como curar com Amor. Ambos os Guaranis e Alberto acreditam que o Amor está em todas as curas. Alberto Aguas, que arriscou sua vida para preservar esse conhecimento, o trouxe para América do Norte, onde minha história com seus conhecimentos ancestrais começa.

Essa é uma estória de Amor, e a estória da minha cura pessoal, que me levou a criar um entendimento maior sobre o Amor. Em 1989 conheci Alberto e fui apresentada a seu método de cura espiritual que ele chamava de Ama-Deus. Nos 20 anos seguintes me tornei uma instrutora e praticante do Ama-Deus, pesquisei a vida de Alberto, estudei a história dos Guaranis, pratiquei Ama-Deus em um ambiente hospitalar, e obtive um título de doutorado usando Ama-Deus como uma intervenção. Essa experiência direta com Ama-Deus mostrou-me como o Amor pode nos libertar de nossos medos e preencher o nosso ser com paz, equilíbrio, e harmonia – o real e verdadeiro tesouro para qualquer ser humano que vive no mundo de hoje.

Entrelaçada em quatro partes está a estória fictícia do povo da floresta, os Guaranis, de como a vida era nos tempos de Cristo, traçando sua jornada de manter os caminhos sagrados até que o mundo caminhasse para recuperar o significado. Eu sonhei com esses esboços da vida nos tempos passados, e cada esboço introdutório dá conta da vida de um jovem xamã, Arapotiyu, enquanto ele fazia sua jornada para manter harmonia para o povo da floresta.

A estória da jornada de Arapotiyu é repetida na jornada de Alberto milhares de anos depois, com o mesmo propósito de manter a harmonia no mundo e trazer Amor para todos aqueles buscadores que estão dispostos a encontrar.

Você sentirá a paixão de Alberto e Arapotiyu enquanto eles diligentemente se esforçam para preservar esse conhecimento. Os Guaranis protegeram essa sabedoria sagrada enquanto eles passavam esse conhecimento oralmente de geração para geração até que chegou o tempo de dividi-lo com o mundo.

Essa estória é igualmente a exploração do espírito e do universo através do Ama-Deus assim como uma jornada para entender o Amor. Ela convida a mente a respirar profundamente do coração e nos desafia a olhar para dentro de nós e a tocar nossas almas.

Beth Cosmos

PARTE I

UM JOVEM CURADOR ESTÁ MORRENDO

♦ ♦ ♦ ♦ ♦

Na terra do povo da floresta, na aldeia de Takuaty, o lugar do bambu, a Grande Luz do dia estava se pondo. Mbaracambri balançava-se em sua rede. Ele sente seu corpo tremer; seu coração ouviu os primeiros tons e palavras de uma música. Ele olhou para sua esposa Yyvkuaraua e viu seus olhos sorrindo para ele. Movimentando-se silenciosamente, Yyvkuaraua soube que deveria colocar de lado as ervas que estava carregando e se preparou para a oração noturna com seu marido. Mbaracambri levantou-se e pegou seu akangua´a que estava pendurado em uma vara acima de sua rede. O akangua´a formava uma linda coroa de penas sobre sua cabeça. Esse enfeite cerimonial era parte de um caminho sagrado, mas também indicava seu status de pajé, aquele com a sabedoria de muitas músicas. Voltando à rede, ele pegou seu mbaraká, seu chocalho reverenciado, então saiu silenciosamente de sua moradia de cobertura de palha.

Como a escuridão estava caindo rapidamente na floresta, Mbaracambri caminhou em direção à Colina dos Pássaros. Yyvkuaraua levantou um pedaço longo de bambu enfeitado com penas, seu takuá, para dar ritmo à música, e caminhou com seu marido como ela tinha feito muitas vezes antes. A presença da lua e o brilho das estrelas através da copa da floresta permitiu a Mbaracambri ver outros se juntando. Esse era o costume do povo da floresta.

A canção que sentiu agitando seu coração enquanto caminhava trouxe a ele uma gratidão profunda pela boa vida que o grande pai celestial, Ñande Ru, estava provendo para sua aldeia pura. Ele sentiu a divindade na reunião da comunidade, de sua esposa Yyvkuaraua, de seu filho, Veraju, que estava mostrando sinais de maturidade e de sua filha, Kitu, que recentemente concluiu a cerimônia para se juntar às mulheres no ciclo da lua. Mbaracambri sorriu enquanto pensava no sonho profético anunciando o nascimento do seu filho mais jovem, Arapotiyu. No sonho, seres celestiais rodeavam um belo ancestral da aldeia, que tinha grandes habilidades de cura, e anunciava a chegada de um grande pajé que continuaria a liderar o povo da floresta.

Através de sua canção durante essa reunião para prece em particular, Mbaracambri estava procurando orientação para a aldeia. A criação mãe-pai era sua orientação, e a comunicação com os grandes seres celestiais era fonte de vida para essa aldeia do povo da floresta. De pé no lugar na Colina dos Pássaros, onde ele ficou por muitas estações do milho, Mbaracambri fechou seus olhos e cantarolou, enquanto Yvvkuaraua criou o ritmo batendo seu takuá no chão. Yvvkuaraua criou uma vibração na terra que subiu pelo coração de Mbaracambri e envolveu seu corpo todo. Ele não pode manter essa música no seu coração e levantou seus braços e seu rosto para o céu cheio de estrelas. Balançando seu mbaraká, o instrumento sagrado, ele cantou uma prece antiga.

Em uníssono, as mulheres se juntaram à Yvvkuaraua batendo seus takuás, e os homens cantaram com Mbaracambri. Em poucos minutos, a floresta estava cheia de música e da reverberação da batida dos takuás. Enquanto Mbaracambri aprofundava-se mais e mais na sua música de prece e gratidão, o pajé mais velho da aldeia, que estava vestido com um casaco de penas, deu um passo à frente e inclinou sua cabeça para trás, levantando seu rosto para o céu noturno. Seu rosto extasiado virou-se na direção da estrela pulsante do céu, direcionando seu canto para Ñande Ru, O único Grande Ser, e então para as quatro direções sagradas. Os homens cantaram mais alto e mais rápido, enquanto o pajé mais velho orou em cada uma das quatro direções, olhando primeiro para "Ñanderovai" na direção da luz nascente.

Esse entoar de muitas preces para o mundo celestial continuou através da escuridão. Enquanto o pajé mais velho continuou a liderar a cantoria, Mbaracambri entrou em transe. Através de visões, ele poderia ver e sentir a palavra das almas; o ayvú, ou a voz do Grande Pai, cresceu no seu coração. O canto e o entoar continuaram através da escuridão enquanto Mbaracambri continuou no seu transe.

A cerimônia continuou através da escuridão seguindo o caminho noturno de Jesyju, a lua, através das pessoas estrelas pulsantes até que a luz da lua descesse para se encontrar com os raios das luzes douradas de Kuarahy. Quando os primeiros raios de luz dourada apareceram, em uníssono, o povo da floresta parou de cantar; e com os braços abertos e as faces voltadas para cima, eles sentiram ondas energéticas poderosas percorrerem seus corpos.

No silêncio que se seguiu, Mbaracambri e o pajé mais velho ficaram juntos de frente para o povo, olhando para a luz dourada que estava nascendo, e fizeram seus rituais para pedir essa energia poderosa. Mantendo seus braços estendidos, a comunidade se moveu em beleza fluida com a cerimônia de jirojy. Baixando suas cabeças e flexionadas seus joelhos, graciosamente eles moveram seus braços para solenemente trazer em um abraço os raios dourados para seus corpos. Muitos em êxtase tinham lágrimas de alegria escorrendo pelos seus rostos, iluminados de dourado.

Quando os cantos e o movimento comunal gracioso de jirojy completava-se, frequentemente, um pequeno pássaro marrom, o Irapuru, quebrava o silêncio. Essa música era um presságio de que O Grande Um ouviu e recebeu as orações matinais e a cerimônia. Entretanto, hoje não havia música.

Como acontecia em cada comunicação através da prece na Colina dos

Pássaros na vida de Mbaracambri, o povo da floresta se juntou na base da Colina. Mbaracambri compartilhou suas visões e o ayvú, a palavra das almas que ele recebeu. O pajé mais velho ouviu cuidadosamente as visões de Mbaracambri antes de dar as instruções para as atividades diárias da aldeia. Enquanto os homens se dispersaram da Colina dos pássaros, eles se envolveram em cumprimentos e conversas amigáveis, cada um com o coração cheio de felicidade e de mensagens sagradas e de orientações do mundo celestial.

Mbaracambri ficou do lado do pajé mais velho e, como era de costume, segurou-o pelo braço e o ajudou a descer a colina. Um vizinho, Tangara, cumprimentou o pajé mais velho e Mbaracambri e segurou o outro braço.

Então Tangara falou para Mbaracambri: "Todos estamos felizes em celebrar a passagem de Veraju para a idade adulta."

Apertando gentilmente o braço do pajé mais velho, Mbaracambri respondeu, "Sim, aquece meu coração ver as mulheres preparando a comida e as bebidas, enquanto todos nós aguardamos a palavra das almas do Avô pajé para começar a celebração. Como está sua esposa grávida, Tangara?"

"Você leva meu coração para um lugar onde há preocupação por ela, devido a colheita fraca do ano passado e as condições do milho deste ano, uma criança a mais seria um peso para a aldeia. Como iremos alimentar uma outra criança sem entrar nas nossas reservas escassas e com as perspectivas de uma colheita pobre? Sobretudo me sinto com medo por não ter ouvido o canto do Irapuru esta manhã."

Mbaracambri respondeu calmamente a Tangara, "Não se preocupe. Os seres celestiais, como fizeram no passado, proverão."

"Mas, Mbaracambri, estou preocupado que todos nós passemos fome."

Com calma, Mbaracambri respondeu, "Não se preocupe, meu amigo, pois a comunidade e, certamente minha família, compartilhará nossas reservas, esse é o bom costume do nosso povo." Ainda segurando o braço do ancião, ele parou de caminhar e virou-se para Tangara. "O mais importante, a nossa palavra das almas desta manhã e as visões das tarefas diárias pedem que nós continuemos com a colheita escassa. Além do mais, eu recebi um sinal de caçar o porco pequeno e procurar por mel na área das flores bonitas. Não se deixe levar por esses sentimentos, meu amigo, ao contrário ore mais forte para os deuses. Todos somos guiados e nosso verdadeiro pai, Ñande Ru, não nos abandonará."

O pajé mais velho ouviu pacientemente, e disse em uma voz rica e compassiva, "Tangara", pausando para uma respiração, "Estou muito feliz que você tenha compartilhado seus sentimentos, e tenho certeza de que eles também tocaram outros em nossa aldeia, então falaremos para todos dos sinais da fraqueza de harmonia, a falta de mbiroy. Estamos neste lindo local direcionados por nossas músicas, este local aromático e cheio de luz pleno de comunicação com Ñande Ru. As preces para os deuses devem ser constantes este dia, procurar pela Luz para clarear o entendimento para todo o povo da floresta."

Ao falar estas últimas palavras, ele virou, e olhando para Mbaracambri, que replicou, "eu o escuto Avô. Com coração cheio de alegria, Yvvkuaraua e eu continuaremos a cantar e a dançar nesse dia que nos foi dado pelos deuses, como você está sugerindo. Tangara, você se juntará a nós?"

"Não, meu amigo, eu me juntarei àqueles que caçam e que fazem a dança para orar para o porco que você viu no seu sonho. Meu estômago vazio aumentará minhas habilidades de caça. Eu o encontrarei no Opy, a casa de oração, quando a última luz do grande Kuarahy estiver descansando."

O pajé mais velho sorriu enquanto ele ouvia os dois jovens homens. Então ele falou com bondade, "Todas essas são boas ações, meus filhos. Eu irei agora para dividir essas palavras maravilhosas com nosso povo."

Tangara sorriu e, levantando seus braços para o ar, se afastou, seguido por suas palavras. "Estou pronto, Avô, para uma boa caçada!"

Sorrindo e observando Tangara quando ele começou a trotar rapidamente, o pajé mais velho se virou e lentamente se arrastou para a rede, onde estava ansioso para dar instruções para a aldeia.

Mbaracambri encontrou sua esposa já preparando o milho enquanto o filho deles Arapotiyu observava. Vendo seu pai, Arapotiyu, que estava acocorado, se levantou. "Pai, sairei agora para ficar ao lado do Avô Pajé."

Isso é bom, Arapotiyu, "escute e observe bem". Mbaracambri virou-se para sua esposa, "Yvvkuaraua, vamos comer pouco pois o Avô Pajé instruiu dançar e cantar neste dia, e eu precisarei de sua ajuda."

Tendo iniciado muito jovem, Mbaracambri recebeu muitas músicas sagradas em seus sonhos. Enquanto ele crescia, as lindas músicas também aumentaram e as visões dos seus sonhos se tornaram mais claras. Mbaracambri trabalhou junto com o Avô Pajé para dar suporte à aldeia com suas visões recebidas enquanto rezava. O Avô Pajé era um grande curador; junto com as visões de Mbaracambri, eles proviam o povo da floresta com uma vida harmônica. Ele sabia o motivo do pajé mais velho ter pedido a ele para cantar e dançar neste dia. Ele teve uma visão mais cedo em seus sonhos da morte do pajé mais velho. O Avô Pajé não estava triste; mais que isso, ele estava pleno de alegria ao se preparar para sua mudança para a Terra sem Mal, um lugar de perfeito equilíbrio.

Arapotiyu veio e ficou ao lado do Avô pajé enquanto ele se deitava na sua rede. O pajé mais velho tinha que instruir a aldeia nas atividades que manteriam a harmonia dentro da sua floresta. Arapotiyu observou e escutou enquanto ele distribuía as atividades. Alguns jovens homens e mulheres foram enviados para coletar madeira; outros para colher o mel; homens se juntaram para dançar antes da caçada, avós ensinavam como tecer redes; jovens mulheres estavam trabalhando nos jardins. Em troca, a aldeia apoiava o pajé para que ele continuasse com o trabalho sagrado de manter o modo de vida do povo da floresta.

Então o pajé mais velho se virou para dar conselhos ao jovem aprendiz. Arapotiyu recebeu músicas em seus sonhos quando era muito jovem, o que indicava seu caminho de se tornar um grande pajé como seu avô e seu pai. Isso não era novidade para o Avô Pajé ou para os pais, pois em seus sonhos eles viram os sinais da chegada desta grande alma. A comunidade do povo da floresta celebrou a bênção de ter intermediários fortes com o mundo celestial.

Enquanto isso, próximo de sua cabana de palha, Mbaracambri finalizou sua refeição de mandioca e milho. Ele lavou seu rosto em uma grande cuia de água. Então, rapidamente, ele sentiu que tudo mudou subitamente na floresta. Ele ficou tenso e, instantaneamente, ouviu um som incomum de um sibilado. Uma Rajada de flechas choveu e gritos humanos de dor rasgaram o ar. O corpo de Mbaracambri tremeu todo e ele se deu conta de que estava acontecendo um ataque à aldeia, e ele correu para proteger Yvkuaraua quando alguns homens o bloquearam.

Ele caiu para frente, e de joelhos, gritou para o grande guerreiro que estava atrás de seus carcereiros ferozes. Nos momentos que estava esperando pela reação do chefe guerreiro, Mbaracambri escutou os gritos daqueles de seu povo que haviam sido atingidos por flechas. Rapidamente ele olhou ao seu redor. Ele viu o pajé mais velho ferido em sua rede.

Em uma voz de comando para que todos pudessem ouvir, o chefe guerreiro proclamou, "Eu sou Tupanchichù, líder dos Tupinambás da Costa." Voltando seus olhos para Mbaracambri, Tupanchichù gesticulou para que ele se levantasse.

Levantando-se, Mbaracambri perguntou ao chefe ricamente ornamentado, "Qual é o propósito do seu ataque já que vocês vêm de surpresa e não no aberto como bravos guerreiros?"

Tupanchichù fez um gesto ameaçador com seus braços para que ele ficasse quieto e, mantendo sua posição, explicou, "Os povos da costa tem se reunido por muitas luas para discutir a doença que ataca o sopro da vida e está se espalhando através de nossas aldeias. Uma grande visão foi compartilhada nessas reuniões dizendo que as pessoas falharam em honrar de forma apropriada Jesyju, a deusa lua. Assim, o Conselho de muito chefes guerreiros declarou que em três luas, uma grande cerimônia para honrar e agradar Jesyju acontecerá. Esta cerimônia incluirá cantos, danças e sacrifícios. O mais importante, para agradar a grande Jesyju, ofereceremos um sacrifício humano, esta é o costume do povo costeiro."

Mbaracambri arregalou os olhos, pois não era uma tradição de sua aldeia de povo da floresta de tirar a vida de uma alma. Apenas Ñande Rú chama uma alma celestial. Ele respondeu ao grande chefe guerreiro, "Tupanchichù, quanto da reserva de nossa pequena comunidade, de mandioca ou da pequena quantidade de patos pode ser oferecido para esta grande cerimônia?"

Tupanchichù sorriu ameaçadoramente e respondeu à oferta de Mbaracambri,

"Entenda que os animais que vocês caçam e que o milho que vocês plantam estão dentro do território Tupinambá. Tudo isso é por direito nosso. Algumas estações atrás, vocês se mudaram para os limites do nosso domínio, e nós estamos cuidadosamente observando seus movimentos. Nesse momento, nós não estamos interessados no seu estoque escasso de comida. Nós estamos aqui para dar a sua aldeia uma grande honra." Tupanchichù abriu seus braços e falou para a aldeia toda, "Através de nossas aldeias, o povo costeiro ouviu sobre o nascimento de um pajé especial nesta aldeia de pessoas da floresta. "Virando seu rosto para velho e o jovem aprendiz, ele continuou, "Esta aldeia será honrada com o sacrifício desse jovem aprendiz do pajé mais velho."

Mbaracambri rapidamente olhou para onde estava o pajé mais velho e viu guerreiros prendendo Arapotiyu pelos braços.

Tupanchichu virou-se para Mbaracambri e disse, "Nós iremos levar seu filho honrado para nossa aldeia e começar o processo para torná-lo um sacrifício digno para grande deusa Jesyju. Também levaremos algumas mulheres e homens como escravos. Se você tentar nos deter, nós mataremos todos vocês. Como você ouviu, o povo de Tupanchichù são os guerreiros mais temidos da costa, e nós manteremos esse status. Porque você não assassinou ou comeu nossos ancestrais que vocês serão poupados hoje. Não temos razão para mostrar nossa força.". Tupanchichù imediatamente virou-se, e Mbaracambri viu o chefe guerreiro partir com os guardas que levavam Arapotiyu.

Yyvkuaraua e os outros, tomados como escravos, já tinham desaparecido na floresta. Mbaracambri prendeu sua respiração, sentindo um desespero terrível enquanto Arapotiyu se virava e olhava nos seus olhos. Ao invés de sentir uma grande honra como pintado nos costumes da aldeia Tupinambá, Mbaracambri sentiu uma dor enorme no seu coração e uma tristeza profunda preencher o seu ser ao ler os olhos suplicantes de seu filho.

Mbaracambri caiu de joelhos e escutou o gemido dos feridos. Ele pode apenas olhar enquanto Arapotiyu era tirado da aldeia para começar sua jornada para a aldeia do povo costeiro.

CAPÍTULO I

Ajuda de Uma Fonte Improvável

Ninguém tem os direitos autorais do Amor de Deus.
—Alberto Aguas

A estação era já o final do outono, e o tempo estava frio em Michigan. A maioria das folhas já tinha caído, e o perfume do inverno penetrado no solo. Nessa manhã ensolarada de sábado de 1989, eu saí cedo para dirigir até um workshop espiritual que aconteceria no final de semana. As direções mostravam uma casa no interior, que era melhor e mais aconchegante do que um salão alugado ou o auditório de um hotel. A essa altura, workshops espirituais eram um pensamento reconfortante, e a busca por esse tipo de conhecimento não era novo. Tanto quanto posso lembrar, meu padrão consistente incluía perguntar ativamente e buscar respostas sobre o significado da vida.

Agora, a busca pelo entendimento espiritual era de importância extrema. Em três meses, eu tinha experimentado um divórcio doloroso, dado luz a meu segundo filho, enterrado meu pai, deixado um cargo gerencial de mais de 10 anos, empacotado um lar em Bloomfield, Novo México, e então dirigido através do país. Retornando às minhas raízes em Michigan e me estabelecendo em uma antiga casa de fazenda perto da casa da minha recém-viúva mãe, lentamente recompus minha vida, me direcionando para encontrar respostas espirituais sobre esse momento extremo de perturbação emocional.

Por mais de quatro anos antes desse workshop, as necessidades do meu filho recém-nascido, meu filho de três anos, e minha mãe em luto foram meus motivos para me levantar todos os dias e dar um passo após o outro. Ao refletir sobre todos esses eventos recentes - flashes frequentes do meu difícil divórcio, a morte rápida e prematura do meu pai, e o nascimento do

9

meu segundo filho - uma firme determinação surgiu para criar formas de não atrair situações similares para minha vida. O sentimento pesado no meu coração, proveniente da discórdia, continuou a me lembrar de estar desequilibrada. No momento que entendi, rezando em voz alta e de joelhos, fiz um juramento solene e direto a Deus: "Eu irei curar esse sentimento. Eu irei curar antes de aceitar qualquer tipo de relação pessoal e encontrarei uma forma de sair deste desânimo. Eu cuidarei das minhas crianças com Amor. Por favor mostre-me o caminho."

Eu me agarrei a um desejo intenso de criar meus filhos com o máximo de Amor incondicional possível. Eles são as luzes que iluminam minha vida. De pé e sentindo a potência de realizar um comprometimento verbal, uma intenção determinada tomou conta da minha mente para encontrar uma forma de curar, de ser responsável por mim mesma, assim como pelos meus filhos.

Eu cheguei ao endereço e virei em uma entrada longa com pinheiros altos. Eu vi uma casa com telhado íngreme com as janelas abobadadas no meio de um ambiente pacífico de um terreno arborizado. Eu não fui a primeira a chegar, estacionei, sai do carro, e um cheiro forte de pinho encheu meu nariz.

Na entrada da casa, uma porta abria para a cozinha, onde várias pessoas estavam conversando amigavelmente, e uma mulher se curvava sobre uma pequena mesa para registrar as pessoas. Uma estranha, eu meramente me movi na fila até chegar a minha vez de me registrar. E enquanto eu assinava, uma inquietação tomou conta de mim.

Pela primeira vez, eu saí debaixo das asas de uma amiga para seguir a minha própria intuição e participar deste workshop. Ela tinha muito mais experiência com workshops dessa natureza. Enquanto observava a sala, não vi nenhum rosto familiar, a minha certeza inabalável estava se esvaindo. Como podia? Eu pensei que eu conhecia todos os "new agers" da cidade. Talvez esse workshop não fosse do meu maior interesse. Eu deveria ter participado da palestra grátis na sexta-feira à noite para ter uma amostra dos eventos do final de semana.

A insegurança envolveu todo o meu corpo. Duvidando seriamente da minha intuição, eu questionei meus motivos: *O que eu estava fazendo aqui? Eu poderia estar em casa brincando com meus filhos. Quem são essas pessoas? Todos pareciam se conhecer. Eu não conhecia ninguém.*

Eu observei a sala de estar, cadeiras e travesseiros posicionados em um semicírculo virado para as janelas abobadadas e estrategicamente escolhi uma cadeira de encosto alto perto da janela. Isso me garantiu ficar em uma posição que não era no centro, mas na lateral. Era fácil de identificar o palestrante, pois ele era o único homem na sala. Eu atravessei a sala para chegar na cadeira, e nossos olhos se encontraram rapidamente; ele me saudou com sorriso rápido e caloroso. Eu me sentei no meu lugar e observei todos enquanto o programa começava.

O palestrante, vestindo uma camisa de seda azul escuro em estilo oriental e calças pretas, parou na frente das janelas altas, que emolduravam o pinhal. Suas notas pessoais estavam sobre uma mesa de jantar de madeira redonda, uma vela branca pequena acesa, um toca-fitas pequeno, e fitas cassetes. Conforme as pessoas foram tomando seus lugares, uma mulher colocou um pedaço de plástico grande em uma das janelas para servir como um quadro de escrever. Outros catorze participantes se sentaram nas cadeiras ou nas almofadas no meio círculo de frente para a mesa e para o palestrante. Depois de uma introdução curta do nosso anfitrião, "Temos o prazer de trazer para vocês o talentoso Alberto Aguas do Brasil," o programa começou.

Sem perda de tempo Alberto Aguas começou. "Obrigada, Cindy e JB, por me receberem aqui," disse Alberto. "Estou honrado em estar aqui com vocês." Indo para a folha de plástico colocada na janela, ele escreveu e anunciou cuidadosamente, "A-MA-DE-US" é latim para "Amar a Deus." Esse é o nome do sistema de cura. E por favor desculpem meu inglês." Eu não acredito que qualquer um se importasse com o seu sotaque brasileiro ou seu inglês cortado pois sua voz era extremamente agradável. Eu relaxei.

Alberto falou com uma paixão desinibida e mostrou uma autoridade que apenas um homem que vive um propósito de vida possui. Ouvi-lo era como ouvir um concerto de vozes polidas pelos anos em um teatro profissional. Sua voz se levantou com variedades de tons ricos e claros e cores, e seus olhos verdes marcantes se conectaram com os nossos, como se fosse o toque de uma mão gentil. Ele era magnético - Esteticamente, intelectualmente, e espiritualmente atrativo.

Eu escrevi as palavras Ama-Deus, em um rascunho, e o significado *Amar a Deus* enquanto ele falava sobre o seu trabalho com os Guaranis, uma tribo indígena na América do Sul. Ele descreveu a iniciação no sistema tradicional de cura sagrada nas margens do Rio Amazonas. Eu pausei as minhas anotações, ouvindo atentamente, enquanto ele ficava de pé e explicava, devagar, e pronunciando cuidadosamente cada palavra em voz alta," descreverei agora como vocês serão iniciados. Cada um de vocês virá individualmente até a mesa e receberá a iniciação. Se alguém estiver se sentindo desconfortável, agora é a hora de sair." Ele pausou olhando ao redor da sala.

De novo, o sentimento de desconforto tomou conta do meu corpo, da minha mente, bloqueando sua voz. *No que me meti agora? Eu deveria ter ido na palestra da noite anterior. Eu teria uma ideia melhor do que esperar.* Rapidamente me lembrei de que nada aconteceu quando recebi a iniciação Reiki. A iniciação foi sem dor e me fez rir, não que eu quisesse ser irreverente. Por que eu me sentia como se eu tivesse necessidade de sair rapidamente desse lugar? Olhando brevemente ao redor da sala para ver os outros rostos, ninguém falava ou se movimentava para sair. Eu olhei na direção da porta. Sair significaria passar na frente de todo mundo e fazer uma saída vergonhosa.

A conversa continuou na minha cabeça com força total enquanto a primeira pessoa do outro lado da sala se aproximou da mesa. *Como eu posso ter me colocado em tal dilema? Ah, bem, todos parecem estar bem. Estou nessa agora.* Em pânico e com calor, eu fechei meus olhos e respirei profundamente para esmagar o medo que estava flutuando no meu estômago. Até hoje, eu não sei de onde veio a força quando os olhos de Alberto se moveram para mim para que eu fosse até a mesa e recebesse a iniciação.

Depois ficar respeitosamente em pé diante da mesa para receber a iniciação, uma prece ritual de Alberto, e retornar para a segurança da minha cadeira, fui tomada por uma grande paz. Seria essa tranquilidade resultado do alívio pelo ritual ter terminado, ou alguma coisa realmente aconteceu? A calma repentina permitiu que meu corpo, minhas emoções, e especialmente minha mente relaxassem. De novo, fechei meus olhos e encontrei um estado sereno de paz até que a música da iniciação parasse, e então Alberto disse, "Essa iniciação pode dar a vocês novas visões, novas experiências, e uma nova forma de vida." Abrindo meus olhos enquanto ele desenhou a palavra vida com seu rico sotaque brasileiro, uma luz se acendeu em mim naquele momento. Em um vigor renovado por ser parte da turma, eu fiquei completamente imersa e focada pelo resto do dia.

Eu ganhei um novo conhecimento e uma grande consciência da autocura através da jornada vivencial durante a aula. Através do seu talentoso entendimento espiritual, Alberto usou palavras chaves e citações para nos incentivar para a autocura, enquanto aprendíamos as diferentes aplicações dos símbolos sagrados. Ele dizia frases como, "Ninguém tem o direito autoral do Amor de Deus," ou "Nada é muito difícil para mim, é muito difícil para meu ego," e "Você não pode curar até amar primeiro," e outro, "Nunca retenha o seu Amor, isto é o que o mantém voltando."

Eu estava extasiada ao ouvi-lo referenciar o Coração e o Amor para curar. Não é necessário dizer, que eu não queria que a aula terminasse. A minha intuição não tinha ido tão longe afinal de contas! O desconforto no início da aula foi apenas o medo da mudança. Experimentar a transformação do desconforto em paz me ofereceu a oportunidade de compreender e apreciar como o Amor é um agente poderoso para curar, para trazer a mudança.

Até onde posso lembrar eu tinha tentado entender o Amor. E eu não estou sozinha. Amor significa muitas coisas para muitas pessoas. Algumas o veem como uma ação; outros sentem o Amor. Alberto viu o Amor como sua conexão com a Fonte de todas as coisas. O nome que ele deu a essa conexão foi *Ama-Deus* significando *"Amar a Deus"*. A palavra *Deus* é uma mera tentativa da raça humana de dar um nome a uma realidade que as palavras não podem expressar e a mente não pode conhecer. Em uma mesma respiração, se pode dizer que o Amor e Deus não podem ser separados. É um erro perguntar, "O que é o Amor?" O Amor não é um *O que,* mais corretamente, o Amor é *Quem.* O Amor é um viver para sempre. O Amor é uma força experimentada dentro do coração. O Ama-Deus presenteado por Alberto abriu meu coração e me levou ao caminho da cura.

O curso ocorreu o sábado todo, estendendo-se pelo domingo, e finalizando com um jantar onde foi servido lasanha vegetariana. E quando todos simplesmente começaram a conversar enquanto comiam, eu me sentei em um deslumbre quieto, inicialmente rindo da ideia de tentar fugir, e felicíssima por ter prosseguido com a iniciação. A excitação inicial ao me dirigir para o workshop tinha razão. Os dois dias foram totalmente impressionantes.

Nesse curto período muita coisa tinha acontecido. Eu estava admirada com o despertar do conhecimento, sentindo a consciência expandida. Muitas vezes durante o workshop, Alberto me olhava nos olhos para ver se eu estava prestando atenção. Quando ele me olhava nos olhos dessa forma rápida e direta tinha muita intensidade. Ele podia me pegar desprevenida, e eu não tinha certeza porque que ele estava me destacando. Mais tarde, eu entendi que não era uma reprimenda mas sua forma de ensinar e enfatizar o que tinha acontecido. Nos cursos seguintes, aprendi que ele podia facilmente ler o pensamento dos outros.

Por exemplo, no segundo dia de aula, ele nos entregou uma foto dele para que fosse passada de mão em mão para todos verem. Ele continuou a aula enquanto a foto estava sendo passada. Eu não lembro o motivo dele ter feito isso. Eu lembro claramente do momento em que a pequena foto preta e branca passou para as minhas mãos. Meus olhos e minhas mãos congelaram olhando e segurando a foto. Instantaneamente tomei consciência disso e fiquei imaginando se os outros estavam me observando, minha voz interior declarou, *Relaxe! As pessoas estão acostumadas com esquisitices.* Tão rápido quanto esse sentimento magnético de segurar a foto, veio outro que fez com que eu fosse levada para dentro da foto de um garoto, que não tinha mais do que cinco anos de idade, usando jardineira, em pé próximo a uma árvore. Profundamente focada na foto, experiências de Alberto enquanto criança apareceram nos meus pensamentos rapidamente, ouvindo novamente minha mente interna revelar, *Ele está muito doente.* Eu tentei tirar os olhos da foto, o que me pareceu como dois imãs sendo separados. Consegui finalmente, e me apressei em passar a foto para a pessoa que estava ao meu lado, simultaneamente olhei para Alberto, que não havia parado com sua aula e rapidamente lançou um olhar penetrante que fez eu me encolher no meu lugar.

Com os olhos abatidos e afastando os pensamentos surpresos de Alberto estar possivelmente doente, tive pensamentos questionadores. *Como esse grande curador, que estava tão cheio de vida, pode estar doente? E por que ele passou essa foto? Por que eu estava tão ciente disso?* Interrompi abruptamente o fluxo de pensamentos, voltei minha atenção para a aula e descartei esse episódio com a foto. O que eu devo fazer com essa premonição? Eu trouxe minha atenção de volta à escuta e voltei meus pensamentos para ouvir sobre essa maravilhosa sabedoria sagrada. A informação substancial reuniu e sincronizou partes de outros estudos energéticos e proporcionou clareza espiritual para muitas experiências em minha vida. O curso definitivamente recompensou pela verdade espiritual.

◊   ◊   ◊   ◊   ◊

Ao refletir sobre toda essa experiência no primeiro curso, muitas vezes pergunto às pessoas se elas viram o filme *Encontros Imediatos de Terceiro Grau*, de Steven Spielberg. Richard Dreyfuss desempenha o papel de um operador de cabo que investiga uma queda de energia e encontra uma luz branca misteriosa lá de cima. Como o personagem de Dreyfuss, que ficou obcecado em encontrar à resposta para essa experiência, eu não tive o suficiente e fiquei obcecada pelo Ama-Deus. Na prática de Ama-Deus, algo tão emocionante atraiu todos os sentidos do meu corpo, emoções e mente. Isso se estendeu a todos os detalhes. Por exemplo, eu imediatamente tive que encontrar a música que Alberto usava nas aulas e colocá-la no toca-fitas do Mickey Mouse dos meus filhos, ouvindo-o continuamente e levando-o para todos os lugares conosco - de cômodo em cômodo, no carro ou durante o banho. Você só precisa perguntar aos meus dois filhos. Eles dirão que, acordados e dormindo, foram submetidos à música. As palavras de Alberto após a iniciação, "Isso pode lhe dar novas visões, novas experiências e nova vida", eram vibrantemente verdadeiras para mim. Mal sabia eu, naquele momento, quantas experiências e visões novas e abundantes estavam por vir.

Praticando outros métodos de cura antes do Ama-Deus, não havia sensações tangíveis de mãos quentes ou senso de conexão como eu observava e ouvia de outros praticantes. Entretanto, eu tive experiências poderosas com Ama-Deus. Alguns dos primeiros efeitos que senti foram físicos.

Por exemplo, na prática do Reiki, um mentor sugere que você faça o auto tratamento antes de ir dormir de forma que receba a energia de cura durante o sono. Levando a sério esses conselhos, eu costumava pegar no sono com minhas mãos ao redor da minha garganta. Depois de receber a iniciação Ama-Deus, este padrão habitual de posição das mãos me acordava. O que poderia ser descrito como uma descarga elétrica intensa fluindo através do meu corpo. Minhas mãos ficavam com se estivessem presas em uma tomada. Em um estado lúcido, eu fiz tentativas contínuas de retirar minhas mãos, quebrar a corrente elétrica, e voltar a dormir. Muitas vezes a noite, por vários meses, eu acordava para retirar minhas mãos dessa posição.

Essa sensação forte de fluxo energético também ocorria enquanto trabalhava a cura energética com outros. Assim que os passos que Alberto nos ensinou eram usados para conectar com esse sistema de cura, uma forte onda de energia entrava no topo da minha cabeça, acompanhada por um som forte de vento. Esta onda forte de energia movia-se para baixo através da minha garganta para dentro do peito, algumas vezes tão forte que eu chegava a respirar ofegante. Esse fluxo continuava a se mover do peito para meus braços e, finalmente, pelas minhas mãos.

Sempre que eu pensava em ajudar os outros - seja uma imagem da natureza, um animal ou uma pessoa - a energia fluía por vontade própria. Ao explorar Ama-Deus, claramente havia algo no controle do fluxo de energia. Depois de abraçar uma árvore ou um cachorro ou colocar as mãos em uma pessoa, esse fluxo corrente começava e terminava por conta própria. Esse final era o sinal para retirar minhas mãos.

Alberto ofereceu uma semana de sessões de cura após o curso de Ama-Deus. O curso e sua capacidade brilhante de trabalhar com energia curativa se espalharam rapidamente. As inscrições para o workshop Ama-Deus esgotaram-se rapidamente para sua visita de retorno e as estórias perduraram por várias semanas depois que ele partiu. Com essas notícias correndo pela cidade, as pessoas ficaram curiosas e queriam experimentar essa técnica. Em êxtase por compartilhar essa nova ferramenta espiritual com outras pessoas, várias pessoas de um círculo de amigos com os mesmos interesses vieram à minha casa para experimentar o Ama-Deus.

Amigos e amigos de amigos vieram experimentar as sessões de Ama-Deus. Muitos me conheciam como uma praticante de Reiki cética e questionadora. Depois da sessão de cura, as pessoas saiam com o desejo de participar de sua próxima turma. Uma sessão de cura começava com a pessoa deitada em uma maca para massagem, então eu perguntava, assim como Alberto ensinou, "O que que você quer curar?"

A amiga respondeu, "Eu tenho uma dor de cabeça insistente, que não passa."

"OK, para começar, eu colocarei uma mão em sua testa e outra em seu plexo solar. Pode ser que eu movimente minhas mãos durante a sessão de tratamento para trabalhar em outros pontos de energia ou chacras."

Depois que eles compartilhavam o motivo de querer ser curados, eu pedia para que fechassem os olhos, relaxarem, escutarem a música, enquanto eu ligava o toca fitas. A música começava - A mesma música que Alberto havia usado em sala de aula, a trilha sonora do filme *A Missão*. A rotina espiritual para evocar a energia começava depois de inspirar profundamente para centralizar e relaxar, depois eu colocava as minhas mãos nas suas testas e no plexo solar. Essa posição de mão era simplesmente usada porque eu tinha observado Alberto fazê-lo. Uma vez que o fluxo de energia começava, a posição da mão mudaria, seguindo para os lugares onde o fluxo continuaria. A energia dava direcionamento para as mãos; e lágrimas escorriam pelo meu rosto. Usar Ama-Deus era um sentimento glorioso. Todas as vezes a energia me ensinava.

Nessa sessão específica, embora a pessoa tenha pedido ajuda para curar as dores de cabeça, minhas mãos não se movimentaram para a cabeça. Depois da posição inicial e da conexão com a energia de cura, um escaneamento sobre o corpo com minhas mãos localizou e então se moveu para seguir o fluxo de energia. Quando o fluxo aumentou, as mãos ficaram paradas na área até que o fluxo parou. Eu não estava no controle, mas era um instrumento, não um músico. Minhas mãos ficaram sobre a área abdominal onde o fluxo de energia era mais forte. Confiando completamente na energia da presença do que Tudo Sabe e sabendo em meu coração que tudo era perfeito, eu me mantive nessa posição até não haver mais fluxo ou som de energia. Gentilmente retirei minhas mãos do seu corpo e diminui o volume da música, a resposta veio imediatamente.

"Nossa, como você fez isso?" a pessoa perguntou suavemente.

"Eu não sei, estou sendo dirigida."

"Minha dor de cabeça passou!" Ela então passou a falar dos problemas na área abdominal.

Eu levantei minhas mãos e disse, "É a energia, não eu. Você também pode fazê-lo. Basta se inscrever para o próximo curso. O professor está voltando." Então eu andei e me encolhi sobre uma abertura de forno.

"O que você está fazendo?" Ela perguntou com uma expressão facial confusa sentada ao lado da maca para massagem.

"Estou tentando me aquecer!"

Imediatamente após uma sessão, o frio invadia meu corpo. Normalmente, depois que a pessoa saia, eu aumentava o termostato e me aconchegava sobre uma abertura do forno quente com um cobertor capturando todo o calor para envolver meu corpo.

Esta não foi a única experiência física. Meu pescoço pulsava visivelmente depois de evocar e me conectar à energia. O pulsar era tão forte que no começo meu pescoço ficava muito dolorido ao toque. Usar uma gola alta escondeu esse movimento. Com o tempo, aprendi que esse desconforto físico era o meu corpo tentando se ajustar a essa frequência mais alta de energia. Eventualmente, após três meses de sessões de cura todos os dias, eu me adaptei à energia evocada recebida.

Durante seis meses, todos os dias pessoas vinham para sessões. Às vezes havia uma pessoa; em outros dias, três apareciam na minha porta. A gratidão por Ama-Deus entrando na minha vida e podendo compartilhar com outras pessoas se sobressaiu aos efeitos físicos. Uma grande quantidade de experiência foi adquirida com as numerosas sessões; no entanto, após várias sessões diárias sem interrupção, eu precisava descansar. Embarcando na velha van no início da primavera, eu e as crianças fomos para a Flórida para ficar com a família. O descanso e o foco único nos meus filhos também permitiram a reflexão e a integração em torno dessa dramática mudança de eventos. Meu pescoço não estava mais dolorido ao toque após as sessões, e dormir com as mãos sobre mim já não era mais perturbador. A gratidão encheu meu ser ao pensar no compromisso e no voto de curar, e a paz reivindicou meu coração ao encontrar essa nova ferramenta espiritual.

Refletindo durante essa minipausa, não questionei mais se Ama-Deus era real ou como funcionava. Eu ressoava tanto com Ama-Deus, sentindo como se tivesse voltado para casa. A forte presença pacífica que se movia pelo meu corpo me deu coragem. Testemunhar os resultados repetidamente era uma verificação contínua. Ouvir e sentir onde colocar minhas mãos interrompeu o questionamento e uma observação curiosa tomou conta. Observar os belos resultados que aconteceram em vez de questionar se a cura energética funcionava, se tornou o modo de operação. Fé e crença foram os primeiros passos do Reiki. As experiências foram os próximos passos com o Ama-Deus, dando lugar a um conhecimento direto de que a cura energética era real, independentemente da técnica usada. Os sentimentos lindos experimentados como praticante estavam além de qualquer descrição, e eu me vi muitas vezes dizendo: "Eu poderia fazer isso o dia todo!".

Minha boa amiga Kathy assistiu a algumas sessões de cura e disse: "Beth, você precisa permanecer em seu corpo, precisa se aterrar".

Eu respondi alegremente: "Oh, mas isso é tão bom." Os sentimentos de energia fluindo através do meu corpo eram experiências sensoriais, e eu sabia disso tão bem quanto conhecia meu próprio rosto, tão familiar, tão Amoroso e tão incrivelmente confortável.

◊   ◊   ◊   ◊   ◊

A questão real da minha vida não era simplesmente o *Porquê de estarmos na Terra*, mas qual é a participação do *Amor* nessa jornada terrena. Buscando uma vida inteira pelo significado do Amor incondicional e compassivo, eu agora estava em um limiar. O Ama-Deus era uma ferramenta para começar uma jornada para ajudar a responder essa pergunta. Nas primeiras sessões, usando esse método de cura baseado no coração, eu mudei de *crença* de Amor incondicional para conhecer esse Amor compassivo por experiência própria. Alberto estava certo; novos potenciais aguardavam qualquer um audacioso o suficiente para desenvolver uma relação com esse método de cura pelo coração - novas experiências, novas visões e certamente, vida nova.

O período que trouxe situações de vida intensas com um divórcio e uma morte, emaranhado com o nascimento do meu segundo filho, embora certamente tenha trazido tristeza, o mais importante foi que me levou a uma maior concentração de propósito para encontrar o significado do Amor. Quatro anos depois dessa encruzilhada tumultuada em minha vida, fui apresentada ao Ama-Deus.

Isso não quer dizer que, durante os quatro anos anteriores a Ama-Deus, fiquei parada. Os outros cursos e terapias que encontrei durante os quatro anos de profundo conhecimento espiritual foram a preparação para esse momento vital com o Ama-Deus. As pessoas chave que entraram nessa fase de transição da busca pessoal realmente me equiparam com um entendimento espiritual mais amplo e ajudaram de maneira única os meus primeiros passos de cura. Esses primeiros passos tiveram resultados relevantes.

A maior parte da minha vida foi ofuscada com uma grande apreensão em estar com as pessoas. Antes do compromisso de curar e antes de Ama-Deus, não havia a capacidade de olhar alguém nos olhos. Agora, eu mantenho um olhar firme. Antes, não era possível deixar uma mensagem na secretária eletrônica. Agora, sou capaz de falar até com as pessoas mais intimidadoras com confiança crescente. Muito do medo que antes me possuía perdeu seu poder. Minha firme intenção de curar, pesquisa focada e engajamento ativo durante a fase de cura de quatro anos me levou a um ponto de poder receber Ama-Deus, dar um passo à frente e receber a iniciação. Meu coração foi tocado, e essa abertura do coração trouxe novidade à vida e vontade de curar de uma nova maneira.

Alberto e sua mensagem de Amor abriram meu coração para receber. A confiança completa com esta nova aventura e a vontade de mergulhar em tudo o que a vida tinha a oferecer é melhor resumida nas palavras de T. S. Eliot em *Quatro Quartetos: Pequeno Delito*.

> Não cessaremos de explorar
> E o fim de toda a nossa exploração será
> Para chegar onde começamos
> E conhecer o lugar pela primeira vez.[1]

Ama-Deus é tão simples de usar, tão pacífico e gentil, tão Amoroso. Quando alguém nos ama, até coisas negativas se tornam positivas. Quando estamos rodeados de Amor, vemos o mundo de uma perspectiva diferente. Por estar tão apaixonada pelo conhecimento e pelas experiências crescentes aprendidas no primeiro nível, eu mal podia acreditar que um ano se passara ao me encontrar deliciosamente sentada no segundo nível. Meu entusiasmo em participar do segundo nível e aprender mais trouxe um grupo de amigos para preencher totalmente a turma de Alberto.

As pessoas até voaram de lugares muito distantes, como o Arizona, para homenagear meu tesouro recém encontrado. Ninguém ficou desapontado com o curso ou com as curas oferecidas por Alberto. O fim de semana foi cheio de alegria e risos. Apesar da alegria contagiante no ar, no entanto, uma coisa incomodou meu coração. Algo muito forte estava errado com ele, e a preocupação com sua saúde aumentou enquanto o observava ensinar o primeiro nível na YWCA.

Não tendo que fazer anotações, eu pude absorver informações em um nível mais profundo, bem como observar de perto seus métodos de ensino. Esse sentimento desconfortável por sua saúde permaneceu o curso todo.

Durante os intervalos, ele estrategicamente afastou qualquer oportunidade de levantar preocupação sobre si mesmo. Em vez disso, antes da aula e durante os intervalos, havia diversão e conversas divertidas.

"Olááá, Betty!" ele disse em voz alta quando nos vimos pela primeira vez e compartilhamos um grande abraço de urso. Durante todo o fim de semana, ele me chamou de Betty. No começo, pensei que ele não sabia falar meu nome, e tentei corrigi-lo. Me olhando nos olhos e erguendo sua voz profunda, ele disse: "Eu sei o seu nome, Bet! Existe uma maneira mais íntima de chamar os amigos, certo?" Minhas bochechas revelaram meu constrangimento por corrigi-lo. Então, de uma maneira tímida, ele compartilhou que todos os seus amigos mais próximos o chamavam de "Alby". Meu coração se aqueceu com sua abordagem carinhosa, e ele se tornou "Alby" para mim em conversas privadas.

Alberto mudou um pouco o formato do ano anterior para acomodar o ensino de dois níveis em um final de semana. O primeiro nível foi todo ensinado em um dia e observei como as instruções foram organizadas em comparação com o meu workshop de dois dias no primeiro nível. No dia seguinte, o segundo nível foi ministrado e realizado na residência particular onde o primeiro nível foi lecionado pela primeira vez no ano anterior. Essa turma do segundo nível teve uma atmosfera completamente diferente para mim comparado com a primeira vez, já que a maioria das pessoas presentes eram meus amigos, e Alberto adorava dar atenção especial a eles. Alberto estava animado não apenas com a grande quantidade de alunos, mas também porque todos os participantes estavam imersos no curso.

Como professor, Alberto conduzia a sala de aula como um maestro. Todos seguiam entusiasticamente sua liderança. Se ele queria cantar, todos começavam a cantar. Quando ele trazia a classe para a meditação, sua profundidade e pureza eram surpreendentes. Todos estavam envolvidos e as risadas explodiam espontaneamente. No final do fim de semana, todos os alunos conversavam animadamente, se revezavam em abraçar-se e sorrir para fotografias. A certa altura, Alberto me agarrou pelos ombros, me girou e me abraçou com força quando o obturador da câmera se fechou. Esta foto é um tesouro para mim e a mantenho na minha mesa. Então ele tirou uma presilha pequena dos meus cabelos e beliscou entre seus dedos com ela. Com os olhos arregalados e rindo com

uma voz profunda, ele exclamou bem próximo do meu rosto "Piranha!"
Dotado de sabedoria, ele ainda tinha a doçura e o coração de uma criança.

   Após o fim de semana, Alberto tinha uma agenda cheia de atendimentos
privados. Por ser uma massagista certificada, programamos para que eu
fizesse uma sessão nele à noite. Isso me ajudou com a preocupação que
eu tinha com relação a sua saúde, pois apesar de sua aparência saudável,
sabia que ele estava muito doente. Minha preocupação amenizou quando
soube que após essa semana de cursos, ele voltaria para o Brasil para
descansar alguns meses e visitar os Guaranis.
   Alberto não falava muito sobre os Guaranis durante os cursos. Os detalhes
que ele dava sobre eles se referiam basicamente aos seus primeiros passos,
pois estes faziam parte de sua iniciação. Ele relutava em falar mais sobre eles
durante as aulas. Se as pessoas perguntassem, ele simplesmente os trazia de
volta ao momento presente em gratidão ao que eles estavam recebendo. Ele
realmente revelou que *o Reino de cura do Amazonas* seria apresentado em um
momento separado, e ele o fez quando teve a oportunidade. Ele protegeu
todos os detalhes da localização exata dos Guaranis e desencorajou os
estrangeiros a pensar em explorar essa cultura frágil e em perigo.

Ninguém se torna mais espiritualizado por estar perto dos Guaranis ou de qualquer cultura indígena. O crescimento espiritual acontece a partir do coração. As pessoas ficam mais encantadas com a ideia de uma tribo de índios na Amazônia, do que com a importância de se manter focado no presente que estão recebendo naquele momento, a mensagem que Alberto arriscou sua vida para preservar e trazer para o mundo Ocidental. A oportunidade de curar durante o workshop era vital e fundamental para sua missão de vida, e ele levou isso muito a sério.

Mais tarde, ouvindo suas aulas gravadas e me lembrando de nossas conversas privadas, aprendi mais sobre as experiências profundas que Alberto teve com os Guaranis. Estas informações claramente indicaram que todas as suas experiências de vida culminaram quando ele tinha cinquenta anos de idade ao conhecer e trabalhar com esse grupo indígena.

Por muitos anos, Alberto viajou pelo mundo falando sobre o mundo espiritual e as curas espirituais. Ele tinha visto e estado com alguns dos grandes curadores e médiuns da nossa época. Entretanto, quando ele encontrou os Guaranis, ele foi para casa e conheceu seus caminhos muito bem.

Por mais de dez anos, Alberto trabalhou e viveu com os Guaranis. Como espíritos afins, eles reconheceram suas habilidades de cura. O mais importante, eles sentiram sua capacidade de amar. Por conta disso, dividiram com ele sua técnica espiritual de cura. Enquanto trabalhava lado a lado com o xamã ou pajé, Alberto aprendeu sobre as ervas que os Guaranis usavam. Ele observou suas técnicas de massagem e acupuntura auricular onde espinhos de bambu eram usados. O insight mais importante que ele teve foi a prática oral tradicional antiga de cura da alma, a partir de uma consciência da alma. Os Guaranis escolheram iniciá-lo em sua tradição sagrada depois que ele demonstrou sensibilidade sobre a visão de vida deles e que compartilhava sua visão sobre os princípios de cura.

Alberto nunca sonhou em mostrar para os outros como curar com energia, o que era muito natural para ele desde criança. Em muitas ocasiões, eu o ouvi dizer que ele nunca havia se imaginado como professor. Certamente, houve um tempo em que ele nunca imaginaria que fosse jogado na prisão também. Tal era sua preocupação e Amor pelos Guaranis, que muitas vezes ele protestou pela negligência do governo brasileiro com o povo e a invasão desrespeitosa pelas agências de desenvolvimento das terras dos Guaranis e das áreas ao redor. Alberto arriscou sua liberdade sem medo, e pagou caro. Quando você está em uma comunicação aberta com seu coração, sua alma lhe leva a lugares que sua mente não pode prever. Foi assim que Alberto escolheu viver.

Além das aulas, Alberto falava fervorosamente do seu Amor pelos Guaranis em palestras. Ele falava dos costumes sagrados do povo, que manteve sua tradição oral intacta por mais de seis mil anos; e como eles dividiram incondicionalmente com ele todo seu conhecimento; e como, sem reserva, ele lutou pelos seus direitos e suas terras. Nos últimos dez anos de sua vida ele viajou compartilhando os aprendizados recebidos desse povo espiritualizado. O Amor e cura eram os temas dominantes em suas palestras. Os Guaranis e Alberto dividiam a mesma visão de que sem Amor não há cura. Alberto compreendeu, sem dúvida, como sua vida fora moldada e preparada para trabalhar com os Guaranis. Isto é melhor sumarizado em notas de sua palestra.

> Somos reflexos do que pensamos, então vamos cuidadosamente programar nossas mentes para esse novo mundo. Fazendo assim, juntos, sempre juntos, podemos irradiar essa energia que é puro Amor cósmico e todos seremos canais da energia de cura. Mais e mais me vejo não como um curador cheio de técnicas e teorias diferentes, mas como um doador de Amor. Cada vez mais estou descobrindo que minhas preces antigas sobre a cura, hoje, não são mais do que um estado de Amor. Cada vez mais posso ver claramente que não sou um fazedor de milagres, mas que você e eu juntos somos fazedores de milagres, somos os mesmos em nossa humanidade, com o Amor cósmico teremos as mesmas possibilidades e consequentemente somos todos curadores potenciais. [sic].

Conforme o terceiro ano se passou e Alberto chegou para ensinar, encontrei um homem muito frágil. Quando ele entrou na sala de aula e viu meu olhar alarmado, ele simplesmente sorriu. Não era um sorriso sem alegria, mas sim que percebia minha aflição. Ele sabia o que estava no meu coração e na minha mente. Ele parecia exausto. Ele se aproximou e me envolveu com seus braços e falou com uma voz suave. "Você poderia sentar ali?" ele perguntou e me apontou a cadeira no meio da fileira da frente. Mal sabíamos que essa seria sua última sessão ensinando o tão amado Ama-Deus.

De novo, a maioria das quarenta e duas pessoas na sala eram amigos. Minha mente estava muito focada em ajudá-lo; eu pouco notei suas presenças. Um modo de assistente tomou conta; eu permaneci alerta a qualquer possibilidade de ajuda que ele precisasse para dar a aula. Estando sentada na frente e no meio, um inegável fluxo de energia começou. Nesse estado frágil, Alberto não tinha força o suficiente para entrar na energia sem uma fonte de ajuda. Assim que ele começou a aula, um rio de energia fluiu através de mim para ele. Ele me fez deitar em uma maca para massagem enquanto ele demonstrava os símbolos sagrados. Durante os intervalos, ele sentava quieto longe dos outros enquanto tomava um caldo feito mais cedo em casa. As pessoas estavam estranhamente quietas. A sala parecia sombria para mim. Ele estava frio. Nunca questionei por que ele se forçou ou o que ele poderia ter feito por si. Meu coração estava simplesmente em um padrão de espera para qualquer coisa que ele precisasse. Eu amava ajudá-lo, e em retorno, ele buscava minha participação.

Nessa turma e em outras, Alberto consistentemente me trazia para frente para demonstrar o método de cura. Na minha cabeça, como estudante e amiga, eu não visualizava o futuro, apenas a oportunidade maravilhosa do momento. Mais tarde, percebi que uma bela trilha estava sendo amorosamente aberta no caminho da minha vida.

Ele não terminou a semana de atendimentos privados; ele estava muito fraco. Eu continuei a trazer comida para ele quando ele pedia e sentava silenciosamente enquanto ele comia. Nossas conversas giravam em torno de assuntos mundanos, como os últimos avanços sobre o autismo e conversas casuais sobre ele precisar visitar sua mãe. "Sabe, um dia eles acharão a causa do autismo!" Minha mente escutava parcialmente e imaginando se eu deveria perguntar o que ele estava fazendo para se ajudar.

E então, de repente ele falava, "Preciso ver minha mãe. Ela estava falando comigo (telepaticamente), e estou preocupado com sua saúde. Eu gostaria de vê-la antes dela partir."

"Você está pressentindo que este dia está próximo?"

"Sim."

"Daqui você irá para casa?"

"Irei para a Costa Oeste e terminarei meu tour com mais um curso antes de ir visitar minha mãe."

Alberto não deu mais aula depois daquele fim-de-semana. Ele voou para a Costa Oeste e ficou na casa de um amigo onde ele aproveitou para se curar e recuperar as forças. Nossa amizade era tanta que falávamos todos os dias pelo telefone, várias vezes ao dia, por quase 9 meses. Eu também enviava pacotes de biscoitos e escrevia bilhetes engraçados.

Durante esse período, uma progressão natural no meu estudo sobre cura energética se expandiu. Alberto estava sintonizado com essa fase de expansão e reconheceu elementos chave. Um efeito colateral era a habilidade telepática intensa de me comunicar com ele. Isto se fortaleceu depois que ele me fez praticar Ama-Deus usando um símbolo sagrado específico que ajuda a viajar para visitar outra pessoa. Perceber telepaticamente era natural para ele; entretanto, para mim, isso era excitante e a mais recente aventura usando Ama-Deus.

Certa noite, enquanto estava preparando o jantar para minha família, eu podia ouvi-lo em minha mente, pedindo fortemente para praticar o tempo todo. Nós meio que brincávamos de vai e volta nas nossas cabeça.

"Estou cozinhando e me distrairei e não estarei presente para essa experiência."

"Por favor, *váááá* e *façaaaaa* agora", ele respondeu firmemente.

Eu finalmente cedi e me deitei no chão da sala de jantar e procedi com os passos. Uma experiência maravilhosa aconteceu. Imediatamente houve uma sensação de ir através de um túnel de luz, acompanhada de um som de afunilamento muito forte que durou alguns minutos, antes de terminar repentinamente em um espaço me sentindo perto de Alberto. Eu podia ouvi-lo respirar.

"Muito bem," ele respondeu. Eu relaxei naquele momento.

"Obrigada."

Ele adorava ensinar as pessoas sobre os caminhos espirituais, e ele valorizava cada oportunidade de ajudar as pessoas a se curar.

Alegria irradiava de Alberto quando ele fazia sessões de cura. Ele tinha uma alma doadora. Todos reconheciam essa característica. Para sumarizar os últimos meses de sua vida, eu diria que Alberto Aguas, com todo o seu desconforto físico, nunca deixou de ajudar os outros. Mesmo que ele estivesse cansado, ele atendia os telefonemas dos amigos que pediam cura. Eu lembro claramente uma de nossas conversas sobre oferecer cura durante um período que ele precisava descansar. Sua linda voz estava cansada, e ele falava calmamente e devagar, "Você sabe, (ele disse o nome) me ligou, e ele me pediu para fazer uma cura. Eu disse, sim, que o faria. Mas sabe, Betty, ele nunca perguntou sobre minha saúde." Ele pausava, e eu ficava esperando por suas próximas palavras.

Eu finalmente quebrei o silêncio e perguntei, "Você está bem?"

Ele respirou profundamente dizendo, "As pessoas são exaustivas, mas está tudo bem."

Em nosso relacionamento, meu objetivo era recuar e não tirar nada dele. Ele dava tanto para os outros; eu não queria ser um fardo adicional. Mas não havia como fazê-lo parar de doar.

O mundo conhecia Alberto como um curador completo, muitas vezes, era apenas isso que viam. As pessoas simplesmente esqueciam suas necessidades humanas. Eu observava as pessoas o rodearem com suas necessidades – tirando com fome profunda o que ele possuía. Alguns procuravam a cura, outros apenas queriam estar junto de sua energia, e muitos eram atraídos por seu status de celebridade e aparência refinada. Não importava a inconveniência, ele acomodava todos que podia. Essa era sua natureza, e era linda. Alberto sempre buscava oportunidades de ajudar as pessoas a se curar, e ele nunca tinha que procurar muito.

Alberto não se via como um trabalhador milagroso. Ele não procurava por milagres, mas isso não quer dizer que ele não se maravilhava com o resultado e mistério do seu trabalho. Estando com Alberto, eu nunca senti que ele estivesse querendo dar um show ou fosse uma fachada. Além do mais, ele evitava cenas que chamassem atenção para ele. Ele tinha um respeito tremendo pelas propriedades espirituais e energéticas; ele não engrandecia ou exagerava. Ele não precisava. Em sua perspectiva e em sua vida, o mundo espiritual não era sobrenatural e nem milagroso; era tão natural e normal quanto respirar. Ainda assim eu testemunhei, muitas vezes, seus dons extraordinários de cura e alegria, que pareciam definitivamente estar na categoria paranormal.

De todas as memórias e de muitas estórias extraordinárias que poderiam ser contadas das minhas experiências com Alberto, a estória do cardeal é a mais engraçada. Ela aconteceu durante sua convalescença na Costa Oeste. Em uma de suas ligações, ele perguntou em viva voz, "Como você está hoje?"

Eu respondi, "Maravilhosa!"

"Como você está maravilhosa? Todas as vezes que te ligo, você está sempre maravilhosa. Somente os porcos estão maravilhosos o TEEEMMMPO todo!"

Ambos rimos muito. Mesmo quando eu tinha alguma coisa acontecendo na minha vida, eu evitava pedir sua ajuda enquanto ele estivesse tão esgotado. Eu apenas desejava ser acolhedora e estar em modo de doação para ele.

"Que horas você acordará amanhã?"

"Não tenho certeza." Isso era verdade, pois as crianças faziam com que eu tivesse programações diferentes.

"Ora, escolha uma hora," ele disse.

"Okay, 6:30 da manhã."

E então ele continuou a falar sobre coisas mundanas, nunca me dando uma dica do motivo dele querer saber da minha programação. Ele não tinha um horário certo para me ligar durante o dia; era sempre em horários diferentes, mas sempre em algum momento da noite, e esporadicamente durante o dia. Pensando que ele estava querendo saber qual o horário mais cedo que poderia me ligar, não pensei sobre isso novamente.

Na manhã seguinte, um arranhão alto na janela do meu quarto me acordou. Eu morava em uma antiga casa de fazenda, e a cabeceira da minha cama estava posicionada na frente de uma janela no quarto do segundo andar. Uma pequena cabeceira de madeira cobria a parte inferior da janela. Levantando a cabeça do travesseiro para olhar por cima da cabeceira da cama, fiquei ofegante por estar quase cara a cara com um cardeal vermelho brilhante agarrado à tela. Prendi a respiração e não me mexi. Ele estava conversando. Eu estava começando a tremer ao tentar controlar meu corpo físico e respirar fundo. Agora, o tempo estava passando para esse personagem ficar na tela. Então eu finalmente me sentei na cama, esperando que esse comportamento incomum desaparecesse. O cardeal não saiu. Muito devagar e com cuidado, me aproximei da tela, ele continuava imperturbável. Ele é cego? Com ousadia coloquei minha mão suavemente na janela de vidro, o cardeal permaneceu agarrado à tela.

O mínimo a dizer era que eu estava estarrecida. Como poderia ser possível? Eu rapidamente tirei minha mão da janela e pulei da cama. Eu lembrei da conversa que tive com Alberto e olhei para o relógio. O relógio mostrava 6:33 da manhã. Maravilhada eu falei, "Alberto, o que você está aprontando? Ah, que coisa engraçada!"

Eufórica com o incidente e descendo as escadas praticamente pulando degraus para preparar o café da manhã das crianças, eu encontrei o cardeal empoleirado na janela da cozinha, aumentando meu espanto. Permanecendo nesse estado de espanto, olhando fixamente para a janela, a necessidade de testar a situação começou. Então, eu me movimentei para um outro cômodo casa. O cardeal apareceu na janela de cada um que entrei. Eu saí da casa, e ele me seguiu pelo jardim. O último teste para apagar cada pedaço desse ceticismo, me veio à cabeça ir para a floresta. Ele me seguiu, voando de uma árvore para outra, conversando incansavelmente o tempo todo.

Claro que não esperei pelo telefonema de Alberto. Eu liguei para ele. *"Aloooooooo,"* ele disse.

Meio brincando, eu disse para ele, "Quem você pensa que é, Merlin?"

Ele riu e riu. Eu estava muito feliz por ter essa sensação de proximidade.

Todos os dias o cardeal estava comigo, me acordando às 6:30 da manhã, até dez dias após a morte de Alberto. Somente uma vez ele não estava na janela do quarto. Na manhã do dia dos namorados, o ritual de ouvir o arranhado e conversa do cardeal não aconteceu. Nada aconteceu nesta manhã. Eu admito que me chateei. Depois de relutar em sair da cama e ir para o banheiro, ele estava empoleirado no fio elétrico, me dando uma reprimenda real. Dando uma risada de alívio, eu me senti confortada porque sua presença continuava comigo.

Alberto dava seu tempo e atenção para momento presente, e este se mostrou. Ele estava focado no momento presente, e como resultado, podia se conectar com as pessoas – e com a natureza – em um nível pessoal. Sua intuição era espantosa. Para alguns, essa habilidade era alarmante e desconfortável. Para Alberto, era a essência de ser humano. Talentoso como era Alberto em sua habilidade de acessar o interior místico do universo, nada excedia sua capacidade de amar.

Alberto previa fortemente que a morte de sua mãe estava próxima. Ele se sentiu forte o suficiente para viajar para o Brasil. Ele sabia que eu me preocupava com sua viagem. Os episódios de suas passagens pela cadeia no Brasil causaram danos a sua saúde física. O telefonema de que ele havia organizado sua viagem para o Brasil finalmente aconteceu.

"Apenas irei ver minha mãe, me desfazer do meu apartamento e todos os meus negócios no Brasil. Então, voltarei para descansar e usar os meios holísticos, assim como o sistema médico dos Estados Unidos."

"Eu sei que assim como sua mãe, você gosta da cor pêssego. Eu terei um quarto preparado para você."

"Que bacana."

Meus filhos estavam visitando o pai, e eu estava sozinha na antiga casa da fazenda. Minha atenção e orações eram constantes pedindo que ele fizesse uma viagem segura. Assim que chegou na América do Sul, ele caiu criticamente doente e foi hospitalizado. Sentindo sua presença aflita, eu não conseguia comer, fazer qualquer trabalho, ou sair de casa. Recorrendo a todas as coisas que ele tinha me ensinado com Ama-Deus, eu enviei energia de cura para ele.

Me lembrando que durante uma aula, Alberto disse, "Por favor, se um dia eu estiver morrendo, lhe peço que me mande esse símbolo sagrado para me ajudar. Essa é uma das coisas mais importantes no mundo que você poderia fazer por mim." Alberto estava falando do uso de um símbolo sagrado específico que assiste as pessoas durante sua passagem. Ao receber essa forte mensagem de que sua saúde estava frágil, evoquei Ama-Deus usando especificamente o símbolo sagrado para passagem.

O primeiro passo foi limpar minha mente e acender uma vela para ajudar a criar um espaço sagrado. Eu tinha várias experiências usando este símbolo para a passagem de outros, mas não com alguém muito próximo. A experiência em me conectar a esse nível para ajudar sua alma foi no mínimo iluminador. À tarde, durante a primeira sessão de explorar através do Ama-Deus, algumas horas já tinham se passado, mas pareciam apenas alguns minutos quando abri meus olhos e vi que já estava escuro. Eu saí da sessão em um estado de Amor expansivo, sentindo que meu espírito estava calmo e em paz. Isso me deu a sensação do que ele estava sentindo. Apenas não somente me sentei por horas mandando o símbolo sagrado, como ajudei sua alma durante a transição, depois que ele fez a passagem eu segui usando um símbolo sagrado diferente para assistir sua alma a se mover em paz para Luz. Nesse processo final, senti que ele estava envolvido na glória de Deus.

Ele não conseguiu ver sua família. Eles não sabiam de sua morte até que alguém ligou para eles contando. Um amigo que estava com ele perto de sua passagem disse que as últimas palavras de Alberto foram, "Eu sou prata... Estou saindo antes que o casamento se complete."

Assim como aprendi com Alby, que nunca me disse adeus: "Não existem *adeus*, minha querida. Não estou deixando você." Ao contrário, ele sempre terminava nossas conversas com...*Tchau!*

Enquanto a notícia se espalhava, o mundo chorou a passagem de Alberto Aguas. Eu chorei a passagem do meu amigo, meu coração, e meu mentor.

CAPÍTULO 2

O Que Você Faz Pelos Outros Dura Para Sempre

Nada é muito difícil para mim – é muito difícil para meu ego.
—Alberto Aguas

Em julho, durante o verão de 1992, eu estava perdida em algum mundo não familiar. Certamente não parecia ser a terra. Havia quase três semanas que não comia direito. Comunicações estavam vindo de Alberto o que me deixava atordoada e desesperada, especialmente durante o sono. Uma vez, me vi acordando, de repente, segurando o telefone, e percebendo que a conversa era real no meu sono. As cenas eram muito reais, e eu estava lúcida.

Estando acordada apenas trouxe o sentimento de um buraco em meu peito, como se meu coração tivesse sido arrancado do meu corpo. Eu não tinha outros sentimentos e não tinha vontade de fazer, pensar, ou sentir nada. Eu estava fraca com dor emocional, mental e física.

Simplesmente me sentar na casa antiga e olhar para o nada era tudo que eu podia fazer. Esse era um sentimento estranho para mim, pois eu era uma pessoa de grande paixão e muita energia. Apesar dessa realidade, lá no fundo, havia uma sensação de luz a uma distância muito longa. Essa imagem me fez entender isso, em algum momento, eu retornaria a mim mesma. Eu não sabia como cooperar ou quanto tempo esse estado de "não sentimento" duraria. Amigos preocupados me visitaram oferecendo seu apoio. Um dia, chegou uma dúzia de flores vermelhas, entregue por um desses amigos.

"Elas são de Alberto," ela disse. Eu a encarei não acreditando. Como ela poderia saber que essas eram suas flores favoritas? Ela respondeu a minha expressão questionadora com "Eu recebi uma mensagem em um sonho." Então, outra amiga que não tinha ideia do que estava acontecendo em minha vida, me deu de presente, sem motivo nenhum, um cardeal esculpido à mão. Ela disse, "Eu vi isso e sem motivo nenhum pensei em você."

Quando já estava há duas semanas neste tormento, outra amiga preocupada me ofereceu comida. Eu estava sentada no chão de uma pequena sala de estar quando Kathy entrou na sala. Ela havia preparado um prato vegetariano maravilhoso e se sentou no chão na minha frente e gentilmente me encorajou a comer. Mecanicamente, eu fiz o que ela pediu. Sem sentir ou degustar aquela comida maravilhosa, em algum lugar do meu ser, um sentimento de gratidão por essa amizade estava ativo. Um dia ou dois depois, outra amiga chamada Sally veio à minha casa. Ela não entrou na casa, mas ela me entregou um livro através da porta de tela semiaberta dizendo, "Eu penso que você gostaria de ver essa pessoa sagrada comigo. Eu tenho reservas em um hotel. Algumas pessoas que iam comigo desistiram, então tem vaga no meu carro e no quarto do hotel. Esse livro é sobre essa mulher sagrada da Índia. Leia, e se você quiser ir, me avise."

Eu não me lembro de ter falado com Sally, apenas observei enquanto ela dirigiu para fora da garagem. Então olhando para o livro nas minhas mãos, fui para a parte de trás da casa para a sombra de um grande carvalho e me sentei no degrau da porta dos fundos. Nas primeiras páginas, eu emergi na estória de vida de uma mulher única que nasceu para servir o mundo. Sua infância foi cheia de muitas dificuldades. Seu nome era *Mata Amritanandamayi*. As pessoas a chamavam de *Ammachi*, e na sua presença, simplesmente *Amma*. Essa palavra, Amma, me era familiar, e minha leitura constante da palavra Amma era relaxante e muito familiar com minha conexão com Ama Deus, que ultimamente estava constantemente na minha cabeça. Eu não sai dos fundos da casa até a última página. Então, já era tarde da noite, e a sombra da árvore tinha virado escuridão no entardecer.

Na manhã seguinte, em uma conversa curta com Sally, eu aceitei o convite para ir com ela para Chicago para ver a pessoa sagrada. A ida de Michigan para Chicago foi um borrão. A primeira memória que tenho dessa viagem foi de pisar na entrada que levava ao templo Hindu localizado em um pequeno outeiro nos subúrbios de Chicago. A arquitetura do templo chamou minha atenção para os muitos detalhes fascinantes. Na entrada, fomos arrastadas para a presença de uma cultura diferente através dos cheiros, sons, e visões que enchiam nossos sentidos. A roupa ocidental não era dominante, e nem a língua inglesa.

Eu levei um tempo observando o protocolo para respeitar a tradição. Soubemos que essa pessoa sagrada chegaria logo. Centenas de pessoas estavam presente para recebê-la no hall localizado sob o templo. Duas filas de pessoas se formaram da entrada até o hall se preparando para receber a guru. De repente, o hall irrompeu em música, e Amma, com um grande sorriso, entrou no meio dos devotos cantores que jogaram flores sobre ela. Amma, vestida com um sári lavanda, estava passando tocando com ambas as mãos a muitas mãos estendidas e as cabeças das crianças enquanto ela passava rapidamente pelo hall.

Tomando seu lugar na frente, Amma liderou as músicas devocionais. Depois de uma hora de cantoria, as pessoas fizeram uma fila na frente de Amma. Soubemos que cada pessoa poderia cumprimentá-la e receber seu generoso e especial abraço. Esperando na fila atrás dos outros, eu observei como agir e estar com essa guru enquanto ela abençoava as pessoas com sua graça através de um abraço. Os devotos ao redor dela rapidamente deixavam as pessoas entrar e sair assim todos poderiam pessoalmente tocar e se conectar em tempo hábil com essa grande alma.

Momentos chave específicos durante esses três dias se sobressaíram para mim. O primeiro momento foi minha experiência inicial nos seus braços quando ela me abraçou. Me aproximando dela de joelhos, ela se curvou e me trouxe para seu peito enquanto entoava uma prece. Eu senti seus braços pulsando enquanto ela cantava e me abraçava com firmeza. Depois do abraço, ela pressionou seu dedo em alguma pasta de sândalo, que ela passou no meu terceiro olho no centro da minha testa. Ela segurou minha cabeça com sua mão livre e seu dedo aplicou a pasta. Minha cabeça foi inclinada para trás por uma força invisível, acompanhada pelo sentimento de alguma coisa quente fluindo para baixo, para dentro da minha coluna. Ela tinha uma essência calma, e eu senti a tensão sair do meu corpo.

Um abraço normal com Amma termina com a aplicação do sândalo. Ela presenteia cada receptor com um beijinho de chocolate misturado com um punhado de pétalas de flores. Então, seus ajudantes moveriam essa pessoa para o lado, liberando espaço para o próximo participante. Amma, entretanto, disse alguma coisa, e todos foram suspensos e ela tomou um passo extra comigo. Primeiro, ela se sentou um pouco com os braços estendidos, me segurando pelos ombros. Ela estava me olhando por completo, inclinando sua cabeça de um lado para o outro enquanto falava suavemente em sua língua nativa. Ele me olhou nos olhos, e eu perdi a consciência dela estar falando, pois, a presença magnética saía de seus olhos. Ela tirou uma de suas mãos do meu ombro e, em um movimento de limpeza, varreu a área do meu coração físico. Ela fez esse movimento de limpeza várias vezes, me deu outro abraço firme, e colocou um beijinho de chocolate e pétalas de flores na minha mão.

Essa experiência foi muito comovente, agitando alguma vida dentro de mim. Teria ela tido a habilidade de ver a situação da minha vida presente? Eu observei e vi que, uma mudança na sua rotina de abraços acontecia para acomodar a necessidade de outras pessoas. Eu me senti muito abençoada em receber o Amor de Amma dessa forma especial. Esse abraço Amoroso e o sentimento de benção me moveu a participar e acalmou minha sensação de estar fora da realidade. Talvez ela fosse minha luz no fim do túnel. A sensação de energia renovada que eu recebi no seu abraço foi muito bem-vinda.

A minha nova vontade de querer participar fez com que perguntássemos aos organizadores sobre os detalhes das diversas cerimônias com Amma. Descobrimos que tinham tradições específicas para participar com Amma, e todos gentilmente nos orientaram e nos deram atenção especial como participantes de primeira-vez. Haveria três outras oportunidades de ter a sessão de abraços, uma oportunidade de receber um mantra diretamente dela, e a última noite terminaria com uma cerimônia puja. Ficamos encantadas em saber de todas essas oportunidades, embora não tivéssemos certeza do significado de qualquer uma dessas cerimônias. Além disso, Sally ficou encantada ao ver uma nova vida surgindo para mim.

Cercadas por um idioma novo, tentamos nos mover e nos integrar com a multidão, enquanto Amma ficou sentada por horas e recebeu indivíduos e famílias até que todos foram atendidos. Foi então que o segundo momento memorável se desdobrou. Aqueles que já tinham recebido um abraço se sentaram no chão, ou em cadeiras próximas às paredes. Alguns cantavam, outros recitavam mantras, e outros simplesmente observavam Amma.

Sally e eu nos juntamos aos observadores na frente. Minha mente assimilou todos os detalhes de como os devotos trabalhavam com as multidões de pessoas buscando por um abraço. Todos os tipos de situações estavam acontecendo. Algumas pessoas tinham necessidades especiais tipo cadeira de rodas e eram colocadas na fila do lado esquerdo. As famílias tinham que ser acomodadas em um grande abraço grupal. Então eu observei uma segunda fila de pessoas sentadas no chão bem ao lado de Amma. Enquanto ela abraçava as pessoas de uma fila na sua frente, ela também falava com essas pessoas no seu lado direito. Eu me virei para uma mulher, vestindo um lindo sári verde e dourado, que estava sentada no chão, de pernas cruzadas, perto de mim, e sussurrando perguntei. "O que as pessoas da segunda fila estão fazendo?"

Ela respondeu com um sorriso agradável. "Oh, é quando a Mãe falará com você sobre qualquer questão que você tenha."

"Verdade?"

"Ah, sim. Ela abraçará todas as pessoas que você vê na fila, entre ou durante os abraços, ela responderá às perguntas das pessoas que estão ao lado."

"Mas não falo seu idioma."

"Não se preocupe. Você está vendo o swami próximo a ela? Eu a segui com os olhos e vi um homem grande usando uma veste cor açafrão em pé, atrás de Amma, com uma multidão de pessoas ao seu redor. "Ele está fazendo as traduções das perguntas em um cartão para Amma."

"Ah, entendi. Obrigada." Eu balancei para trás para mudar da posição de pernas cruzadas para abraçar minhas pernas junto a meu peito.

"Não fique nervosa por ser sua primeira vez, Amma é maravilhosa!"

"Okay." Eu sorri para seus olhos castanhos escuros que reconheceram minha apreensão.

Encolhendo os ombros para Sally e sem pensar, eu me aproximei da fila dos que faziam perguntas. A fila era curta e tinham apenas três pessoas na minha frente. Estar sentando e ficar mais baixo que o guru é uma postura de respeito. Escrevi em um cartão 3X5 minha pergunta para Amma, que era sobre o que ela pensava da morte do meu amigo e professor Alberto. Certamente, ela viu alguma coisa quando limpou a área do meu coração. Me movimentando ajoelhada para ser a segunda na linha, eu observei a pessoa na minha frente ter a conversa direta com Amma, enquanto o *swami* pegava meu cartão. Quando a pessoa na minha frente saiu e eu estava me posicionando perto a Amma, tudo começou a acontecer rapidamente. O *swami* estava traduzindo meu bilhete enquanto ela estava se movimentando para abraçar um homem. Ela parou abruptamente e parou a tradução do *swami* e virou para me dar sua atenção total. Seus olhos pousaram nos meus enquanto ela falava rapidamente. A pessoa em seus braços ficou momentaneamente esperando enquanto ela se abaixava para ficar perto do meu rosto. Me encolhendo e olhando para cima na sua presença foi avassalador, eu olhei para o *Swamiji* buscando ajuda com a tradução.

Quando Amma terminou, o *swami* olhou para mim e falou, "Ela disse que *VOCÊ* é quem continuará com os ensinamentos dele? A entonação do *Swamiji* do "você" parecia ser uma pergunta quando ele me olhou. Eu olhei para Amma pedindo esclarecimento, apenas para descobrir que ela havia voltado a se focar totalmente no homem que ela estava abraçando. Claramente, ela respondeu minha pergunta completamente. Eu olhei de volta para o *swami*, e ele levantou suas pálpebras, inclinando sua cabeça um pouco para o lado, ele me devolveu meu cartão 3 x 5. Os voluntários de Amma estavam me movendo para frente. Eu me movimentei ajoelhada até ficar respeitosamente fora do caminho.

Eu estava perplexa com essa resposta, pois eu esperava ouvir alguma coisa sobre a alma de Aberto ter sido libertada, ou uma mensagem de conforto dele, ou talvez algumas palavras sobre meu coração que ela tinha trabalhando com tanto cuidado durante o abraço. Eu me senti atordoada e confusa com a informação. Em torpor, me movimentado para longe da fila e retornando para me sentar no chão, eu fiquei bem apertada entre a mulher do sári lindo e Sally. Ambas estavam alegremente engajadas em cantar *bhajans* com as pessoas. Por algum tempo, eu apenas ouvi as músicas e simplesmente observei as cenas arrebatadoras de Amma recebendo a todos. Continuei focada na mensagem de Amma e permiti que a música e os cânticos me envolvessem enquanto ela continuava suas bênçãos. A tradução da mensagem de Amma poderia esperar. Fechando meus olhos, entrei na cantoria e no balanço com a música – um sentimento extremamente agradável.

Amma terminou de atender a todos, horas depois já de noitinha. Ela deixou o hall e retornou na manhã seguinte para repetir tudo de novo. Em uma linda cerimônia de partida todos cantaram enquanto ela partiu. Depois, então as pessoas saíram também. Não queríamos deixar o templo, pois sua presença parecia permanecer no ar.

Na verdade, quando Sally sugeriu que voltássemos ao hotel, eu relutei em sair da área do templo. Então, nos sentamos em uma sarjeta no estacionamento, digerimos os eventos do dia, e compartilhamos nossos sentimentos de admiração. A escuridão veio, e acabamos dormindo no carro. De fato, pelos três dias que Amma esteve lá, nós não saímos da propriedade. A última noite era uma puja, que é uma cerimônia de oferenda que durava até tarde da noite. Além do mais, o evento oferecia uma oportunidade para receber um mantra. Nós ficamos e participamos dos dois eventos.

Depois de um sono rápido e restaurador no hotel, Sally e eu voltamos para casa. Como estávamos atordoadas e maravilhadas com nossos encontros magníficos. Nossa viagem de retorno de quatro horas foi fácil, cheia de conversas, e incluiu minhas palavras de agradecimento a Sally por ter me dado essa oportunidade. O fim de semana com Amma me tirou da tristeza profunda e então eu senti meu coração novamente.

Quanto mais nos afastávamos do templo, entretanto, mais eu estava ciente de ter ficado com o coração pesado. Eu estava radiante por estar ciente dessa experiência direta. Todo meu ser compreendeu um processo. O Amor de cura da Amma me inspirou e me ergueu de forma que pude seguir em frente. Refletir sobre essa experiência me fez compreender como as pessoas podem facilmente se apegar a um guru por simplesmente estarem na energia de uma alma evoluída. A pessoa pode escolher permanecer em suas energias e não sentir dor ou mudar, ou essa pessoa pode continuar sua vida sabendo que, com prática, progressos em algum nível de entendimento espiritual poderia vir dessa experiência. A intenção desse guru não é de nos prender, mas de nos dar suporte para seguir em um caminho próprio de cura.

Além do mais, estávamos claramente fascinadas pelo curso dos eventos com Sally que me permitiu participar. Realmente, existe uma orientação divina. O sentimento de Amor e a similaridade com a energia Ama-Deus de Alberto era confortante, até mesmo a similaridade de palavras, Amma e Ama-Deus. Assim como Alberto citou expressões de Amor, Amma também é citada, pois ela é vista como a encarnação do Amor: "A realização de Deus não é nada além da habilidade e expansão do coração para amar tudo igualmente."

Hoje, milhares de pessoas irão ver Amma, e ela se sentará durante dias até ter visto todos. Estar na presença Amorosa de Amma foi mais do que sincronicidade, foi enviada pelos céus.

Este maravilhoso presente de Amor do Universo me ajudou a curar meu coração cheio de dor, me levantou e renovou o foco da minha relação com o método de cura Ama-Deus. Essa base com Ama-Deus me ajudou a lembrar das minhas experiências com o método de cura, como nas palavras de Alberto: "Nada é muito difícil para mim; é difícil apenas para meu ego." Essa recente experiência com Amma com certeza demonstrou: meu ego estava sofrendo, não minha alma. Revitalizada pela presença Amorosa de Amma, eu voltei para casa com a motivação renovada para focar minha atenção no Ama-Deus.

Pois agora, a prioridade era aprender a confiar, ter os pés no chão e ficar confortável com minha relação com Ama-Deus. Meu maior presente se tornou me manter em Ama-Deus, que era muito querido para Alberto e muito familiar para mim. Em meu estado de me sentir renovada, a mensagem de Amma sobre ensinar me levou a revisar tudo o que havia aprendido nos três anos, especialmente os reconhecimentos de Alberto sobre o meu progresso que se revelaram durante seus últimos sete meses.

Me tornei consciente de que assisti a todas os cursos que Alberto ministrou nos três anos que ele veio para Michigan. Eu havia utilizando muitas vezes os símbolos sagrados no meu cotidiano, assim como em sessões com outras pessoas. Eu ouvi todas as estórias, assim como havia decorado todas as meditações. Essa tradição sagrada oral estava impressa em meu coração, e eu poderia lembrá-la oralmente. Depois de alguns meses de considerações respeitosas e intenção focada, eu aceitei minha missão pessoal de ensinar este método de cura sagrado, da mesma forma e jeito que Alberto me ensinou – com respeito, integridade e Amor.

Cada um de nós cria nossos próprios caminhos. Algumas vezes, sentimos como se as pedras do caminho fossem pré-fabricadas, paisagísticas, e convidasse nossos passos. Outra vezes, existe uma luta como se o chão estivesse úmido e escorregadio, e inclinado para cima. Lutamos passo a passo. Mas sempre que olhamos para trás, nossos caminhos têm significado e propósito. Eles são unicamente nossos e estão impressos em nossas almas. Mal sabia eu que todas as turmas de Alberto que participei e todas as sessões de curas que vieram foram para me equipar para essa grande escolha. Eu estava grata a todos que se preocuparam e me amaram durante meu período de luto e a Amma por ter me colocado de volta ao caminho certo.

O Passado Ilumina o Presente

Além de estar claro sobre ensinar a sabedoria sagrada da Ama-Deus, também descobri que precisava reconstruir o passado de Alberto. As pessoas estavam curiosas sobre a vida pessoal dele, e com sua passagem, eu senti a necessidade de pesquisar o legado do trabalho de sua vida. Visto que a maioria das nossas conversas girava em torno do trabalho espiritual e eventos atuais, eu sabia pouco sobre sua vida anterior. Embora ele encontrasse formas de fazer você se sentir importante em sua vida, era uma pessoa muito reservada. Então, a investigação começou na busca por todas as informações contidas em seus arquivos pessoais e falar com as pessoas que o conheciam.

Ao folhear seus arquivos pessoais, encontrei um anúncio de marketing que referenciava um livro nas inúmeras listas da cobertura da mídia de Alberto. Minha reação imediata foi ligar para a livraria local. Dei sorte. Uma livraria pequena, 30 minutos distante da minha casa, tinha o livro *Psychic Healers* (Curadores Médiuns) em suas estantes! Imediatamente reservei o livro e fui até lá para retirá-lo. Me aproximei do balcão e dei meu nome para a atendente para solicitar a retirada. Ela procurou pelo livro em uma prateleira na parte de trás. Enquanto ela me entregava o livro, deu uma olhada na capa e, aproveitando perguntou aflita, "Sobre o que é esse livro? Curadores Médiuns!"

"Sim, é!", eu respondi, sentindo uma ferroada de intolerância e esperando sair logo do processo.

"Bom, certamente não estamos mais precisando desse livro!"

Segurando minha respiração antecipadamente por não saber o que ela iria fazer, eu a observei trazer um carimbo grande e, com uma tinta preta, marcar o livro como retirado. Então, com o livro na mão ela se dirigiu ao catálogo. Ainda sem saber o que estava acontecendo, eu segui a mulher, virando e sorrindo com deleite em meus olhos para o meu amigo que estava comigo. A bibliotecária virou-se do armário de catálogo e empurrou o livro e o cartão em minhas mãos. Ela nos empurrou para as portas enquanto eu tentava perguntar se ela precisava que eu pagasse. Eu fiquei parada fora da loja com um grande sorriso no meu rosto na escuridão da noite. Atravessando o estacionamento e indo para o carro, eu gritei de alegria, "Obrigada, Universo!"

Eu estava muito feliz em ter o livro comigo, e era meu! Entretanto, depois de olhar o conteúdo mais tarde em casa, fiquei desapontada em ver que faltava o capítulo sobre Alberto. Essa era uma edição anterior. Então quais seriam meus próximos passos? Lembrando que Alberto disse que a mãe do autor morava no Meio Oeste, procurei nas páginas amarelas. O autor recém-falecido, David St. Clair, tinha sido um amigo íntimo de Alberto. St. Clair o ajudou a vir para os Estados Unidos no início dos anos setenta e iniciar com as palestras espirituais e carreira de curador.

Investigando mais, descobri que na verdade a mãe de St. Clair morava perto da minha casa. A ligação para Ruth St. Clair se tornou uma ocasião deliciosa. Ela estava feliz em receber o telefonema, porém, triste em ouvir que Alberto havia falecido. Ruth St. Clair era muito amável, e tivemos uma conversa maravilhosa por telefone.

"Sinto muito em saber dessa notícia," Ruth disse. "Você sabia que o David faleceu?"

"Sim, Alberto me contou."

"Eu lembro de muitas estórias engraçadas de Alberto, enquanto ele ficou aqui em casa. Uma vez, ele decidiu dar uma turbinada em sua saúde. Ele estava comendo só frutas e correndo longas distâncias todas as manhãs. Certa manhã, David e eu ficamos muito preocupados com ele, pois sua cor estava ficando muito estranha. Mas ele nos garantiu que tudo estava bem, e nada aconteceu."

"Eu sabia que ele amava correr, mas não sabia da dieta de frutas. Eu apenas sabia que ele amava comida gourmet, e cozinhar."

"Sim, isso também. Poderia lhe perguntar como você conheceu Alberto?" Eu dei a ela um resumo sobre o Ama-Deus e minha intenção de continuar a ensinar.

"Eu tenho um livro aqui de David que tem o capítulo sobre Alberto. Eu o enviarei para você. Gostaria que você ficasse com essa última cópia."

"Que maravilha, muita gentileza sua, Ruth. Localizar uma cópia dessa edição foi bem difícil. Estou realmente muito feliz que você queira dá-lo! Eu o devolveria com prazer depois de ler."

"Ah, não precisa." Ela hesitou por um momento e então disse, "Existe uma menção sobre Alberto, mas não por seu nome, em um livro anterior de David. Isso dá uma pista de como eles se conheceram quando David estava trabalhando na América do Sul pela revista *Time*."

"Você quer dizer o *Drum and Candle* (Tambor e Vela)?

"Sim. Vou ver se tenho uma cópia extra também. Esse livro dá uma perspectiva interessante sobre os Brasileiros quando se trata de cura."

"Ajudaria muito. De novo, muito obrigada, e por favor, mantenha contato. Você não está longe. Talvez pudéssemos tomar uma xícara de chá qualquer dia desses."

"Sim, seria ótimo. Se você tiver mais perguntas, por favor me ligue sem hesitar. Não sei se poderia ajudar, mas tentarei. Me avise quando receber os pacotes."

Dias depois, eu estava com ambos os livros de David St. Clair, que estavam cheios de informações sobre Alberto. A maioria delas era familiar, pois eu lembrava das conversas que tive com Alberto. Entretanto, detalhes sobre o histórico de sua família preencheu as lacunas – como eu queria. Um capítulo de *Psychic Healers* falava sobre a família de Alberto. O primeiro livro de St. Clair, *Drum and Candle*, um parágrafo pequeno, mas importante, indicava o início da amizade deles. Ruth estava certa. Essa sessão deu mais informações sobre a cultura brasileira e a conexão de como Alberto veio para os Estados Unidos.

Aprendi que St. Clair conheceu esse jovem "não usual" no final dos anos 60 quando morava no Rio de Janeiro e estava escrevendo seu livro *Drum and Candle*. Ele foi apresentado a Alberto por uma das mais famosas atrizes do país. Alberto abriu as portas para o trabalho de St.

Clair ao apresentá-lo para os maiores médiuns brasileiros. Em *Drum and Candle*, St. Clair diz, "se não fosse pelo seu conhecimento e reputação no campo mediúnico do Brasil, eu não teria tido experiências pessoais e visto cerimônias fantásticas como vi."[2]

Em *Drum and Candle*, Alberto é referenciado no final, não por seu nome, mas como um "ator amigo", como segue, "então um ator amigo veio de outra cidade e passou uns dias comigo. Ele estava para iniciar uma novela na TV e terminar de filmar a participação em um filme. Ele é uma boa pessoa e um bom ator."[3]

Alberto veio especificamente para jantar para avisá-lo de uma maldição que haviam colocado sobre ele e pediu que fizesse algo antes que algum evento catastrófico acontecesse. St. Clair não tinha a menor ideia de que Alberto era um curador quando ele o convidou para jantar. Ele apenas o conhecia como ator. *"Ele também é um espiritualista. Eu não sabia desse detalhe."*[4] Em princípio, St. Clair relutou em acreditar que estava em perigo por escrever sobre o movimento psíquico e espiritualista no Brasil.

Entretanto, Alberto foi direto ao ponto da sua visita depois de receber a informação de um renomado médium, que descreveu a maldição que foi colocada sobre St. Clair, bloqueando todos os seus caminhos e meios de informação. Ele ouviu e acatou o alerta de Alberto. St. Clair disse que sua mente americana negava tais possibilidades; entretanto, sua mente brasileira lhe disse que a maldição era real. Detalhes vívidos que desvendaram essa situação foram convincentemente mostrados no *Drum and Candle*, mudando a vida de St. Clair, permitindo que ele recuperasse a saúde e saísse ileso da América do Sul.

Esse cenário intenso estabeleceu uma amizade entre eles e me levou a entender como Alberto veio do Brasil para os Estados Unidos. Juntando as notas pessoais de Alberto e conversas com seus amigos, sabemos que ele deixou o Brasil no início dos anos setenta apressadamente. Pois se envolveu com um grupo de pessoas influentes que se opunham ao regime militar, e lhe foi dito que ou ele saia do país ou perderia a vida. Então, ele fugiu do Brasil levando somente uma mala e entrou nos Estados Unidos com a ajuda de St. Clair. Em uma fita que Alberto enviou para um amigo, ele descreve o que sentiu ao sair de seu país.

> Perdi meu país, minha posição, minha identidade, todo o meu dinheiro. Tive que aprender tudo novamente, que não sou rico e que não tenho trinta e dois empregados, ou uma

limusine à minha disposição, ou fundos ilimitados. Não posso viajar de primeira classe ou ser autoindulgente. Fui torturado mentalmente e fisicamente pelo governo com choques elétricos, e eles tentaram me sequestrar e matar, mesmo quando eu estava em São Francisco. Eu recebo tudo isso como se fosse um grão de sal e estou feliz em fazer meu trabalho aqui. Estou muito ocupado e existem altas extremas nesse trabalho, e baixas. Tudo bem em sentir as baixas, pois sempre tem as altas [sic].

Nos Estados Unidos, St. Clair deu moradia e apresentou Alberto ao mundo psíquico da Califórnia. Além de ser um escritor, St. Clair era muito ativo no mundo de cura mediúnica, tendo um escritório na *Sociedade Californiana de Pesquisa Mediúnica*. Esse envolvimento ajudou Alberto a se estabelecer como curador nos Estados Unidos, eventualmente o levando para palestras na Europa também. Alberto persuadiu St. Clair a republicar seu livro e incluir um capítulo sobre ele no *Psychic Healers*. Concordando finalmente, St. Clair escreveu a segunda edição e inseriu a estória de Alberto. Certamente isso contribuiu para propagar a fama dele.

O capítulo de St. Clair é o único histórico escrito sobre Alberto. Conforme sua reputação foi crescendo, vários artigos de jornais e entrevistas para a televisão em incontáveis cidades para onde ele viajou no seu circuito de palestras e curas contribuíram para a autenticidade do capítulo do livro de St. Clair. Esses relatos podem ser encontrados nos Estados Unidos, Europa, Reino Unido, Irlanda e na Escandinávia pelas suas palestras sobre o mundo espiritual e cura. Onde quer que ele fosse, as salas estavam sempre cheias, pois sua reputação cresceu por ser um excelente curador.

Além do mais, o livro de St. Clair deu garantia de acuracidade, devido a comunicação direta e revisão do Alberto. Seu desejo forte de que St. Clair republicasse seu livro para incluir seu capítulo pessoal, deve ter sido o que ele queria que o mundo soubesse. Quando aprendemos sobre a rica herança de Alberto que esse capítulo contém, entendemos como ele poderia se movimentar e porque ele gostava de estar entre a elite, fosse em Hollywood, Londres, ou ficando com condes na Europa. Mas o mais importante, St. Clair nos deu uma amostra da base de sua missão de cura, que abraçava todos os níveis de pessoas, em todas as situações. Conhecer suas raízes e infância ajuda a entender os passos que moldaram seus últimos anos. Vamos dar uma olhada em seu histórico pessoal tirado basicamente do *Psychic Healers* e de outras palestras.

Nas palestras, Alberto descrevia seu pai, sua mãe e seu avô materno. Ele falava com muito Amor sobre sua mãe. Ele contava como ela o levava, ainda muito jovem, para um Centro Espírita em São Paulo enquanto ela fazia curas, algumas vezes permitindo que ele participasse. Ele descrevia sua mãe como uma doutora em psicologia. Ela veio de uma família rica do norte do Brasil. Seu pai era um cirurgião e diretor de um dos maiores hospitais na área. Seu avô materno também tinha interesse nas técnicas de cura e incorporava o conhecimento das ervas que ele havia aprendido com os índios. Muito jovem, Alberto foi exposto à sua missão de vida, como o terceiro curador da família.

Alberto compartilhou que seus pais o ensinaram sobre o Amor e a espiritualidade. Enquanto falava, ele fechava os olhos e amorosamente expunha diversas situações pessoais com seus pais. Por exemplo, seu pai Octavio o levava para fora à noite, apontava para as estrelas e contava estórias. Alberto ficava muito emotivo quando falava dos pais, dizendo no final: "Minha mãe era parecida com Susan Hayward e meu pai parecido com Clark Gable"[5]. Qualquer um podia ver e compartilhar os sentimentos intensos quando ele falava deles.

O namoro de seus pais foi um caso de Amor à primeira vista. No entanto, nos anos posteriores, isso mudou e foi um choque emocional para ele. Sua mãe ficou amarga com a falta de um relacionamento pacífico. Seu pai ficava fora por longos períodos, apesar de permanecerem casados. Alberto falava dos tempos bons com orgulho de sua herança.

O avô paterno de Alberto era conde e ministro de Carlos I, rei de Portugal. Quando o rei foi deposto, os revolucionários perseguiram a família. Seu avô paterno colocou o pai e os irmãos de Alberto em um barco e os enviou para o Brasil, para o estado do Pará, rico em borracha. Mariquinhas era a irmã mais velha, que tinha dezoito anos, e se tornou o único apoio de seus dois irmãos mais novos e uma irmã, pois nunca mais viram seus pais. Mariquinhas rapidamente estabeleceu sua própria casa e conta bancária após uma estadia com um tio rico, no Pará. "Ela era uma beldade que sabia como fazer os homens suspirar na sua presença."[6] Alberto lembrou-se de estar em sua mansão quando caixas de mercadorias chegaram de todo o mundo e testemunhou seu entretenimento luxuoso. Alberto descreveu sua tia Mariquinhas como o personagem em *Auntie Mame e Travels with My Aunt*.[7]

Mariquinhas, nesse novo país, tornou-se autossuficiente através de negócios em propriedades, manufaturas e importações à beira-mar. Ela era fluente em várias línguas, divertida e viajava extravagantemente; a certa altura, chegando a ir para Hollywood para estrelar vários filmes mudos; nada era bom demais para viver sua vida ao máximo; mantendo um olhar atento e protetor sobre os irmãos mais novos, até procurando uma noiva para o pai de Alberto, Octavio. Quando Octavio apresentou a noiva que escolheu, Mariquinhas fortemente reprovou, alegando que estava se casando com uma pessoa abaixo dele. Isso deve ter sido uma manobra, pois Mariquinhas ficou impressionada com a origem da mãe de Alberto. O que mais a preocupou foi a pressão política que havia sobre à família da noiva. Eventualmente ela se acalmou e finalmente aprovou o casamento, financiando várias fábricas e negócios para Octavio.

A mãe de Alberto, Idalía, era parente do imperador brasileiro com muitas de suas tias e tios enterrados no cemitério real.[8] Um dos irmãos de Idalía insistiu em se envolver com a política, incitando as pessoas contra o governo central. Ele foi capturado por soldados e levado para o mar, para nunca mais voltar. Logo após esse evento, o governo exerceu pressão sobre o resto da família. Os impostos foram aumentados, os amigos os evitavam temendo por suas próprias vidas, e essas pressões fizeram com que o pai de Idalía perdesse sua posição no hospital.

O pai de Idalía, Joaquim Felipe da Costa, acabou trabalhando como médico de uma empresa fora de São Paulo, com um grupo de ingleses, construindo uma ferrovia. Idalía ajudou no sustento ensinando em uma escola primária em São Paulo, a duas horas de trem. Em uma dessas viagens, ela notou um homem olhando para ela de outra janela. Na próxima parada de trem, ela desceu e ele também. Depois de se apresentar, Octavio deu a Idalía uma corrente que estava em seu pescoço...eles se casaram dez dias depois.

Alberto compartilhou que seu pai era um empresário astuto e logo aumentou o valor do negócio que sua irmã, Mariquinhas, financiara para ele. Alberto descreveu sua vida como abundante com criadas, jardineiros, carros de luxo e as melhores escolas. No entanto, no final dos anos sessenta, parceiros inescrupulosos e má gestão levaram seu pai à beira da falência.[9]

Quer tenha sido influenciado por sua tia Mariquinhas, ou pelos muitos médiuns e celebridades famosas que frequentavam sua casa ou ambos, Alberto foi atraído para o mundo do cinema. Nos anos sessenta, Alberto emergiu como um ator de sucesso, estrelando dois filmes de TV conhecidos: *Libertinas* em 1968, dirigido por João Callegaro e Antonio Lima; e *O Terceiro Pecado*, dirigido por Sergio Britto. Ele ganhou da indústria cinematográfica brasileira o equivalente ao Oscar da indústria cinematográfica americana por três anos consecutivos.

Sua vida rica e opulenta não o impediu de buscar a verdade, dar um passo à frente e falar. Alberto devia ter nele um pouco do tio de sua mãe, pois também se envolveu em atividades que se opunham à política. Ele precisava rapidamente sair das vistas da ditadura militar no Brasil e da má situação econômica devido suas ligações com a oposição. Como vimos antes, a amizade com St. Clair foi a passagem de Alberto para os Estados Unidos.

Uma vez nos Estados Unidos, Alberto se estabeleceu com St. Clair em São Francisco. Ele praticou inglês e reviveu suas habilidades de cura. Logo, a Livraria Metafísica na Rua Sutter pediu a Alberto que fizesse uma palestra sobre o espiritismo brasileiro. O sucesso desta palestra abriu as portas para sessões particulares de cura. Como curador, sua fama se espalhou rapidamente, e ele recebia reservas para consultas com várias semanas de antecedência. As pessoas ligavam a qualquer hora do dia ou da noite procurando ajuda. O capítulo do livro de St. Clair sobre ele descreve em detalhes maravilhosos a profundidade da sua capacidade de cura. Os detalhes não demonstram apenas sua a capacidade natural de curar, mas também seu Amor pelas pessoas e a paixão por sua missão.

O sucesso rápido levou Alberto à Europa com a ajuda de St. Clair, que conseguiu entrevistas com a *Physic News* em Londres, com a intenção de encontrar patrocinadores que o recebessem. Nesta mesma época, em 1978, Don Galloway, um médium da Inglaterra, dividiu os palcos com Alberto nos Estados Unidos em uma palestra sobre a Fronteira Espiritual no Meio Oeste. Galloway reconheceu as fortes habilidades de cura dele e sua personalidade carismática. Como foi relatado no *Psychic News* em Londres: "Alberto Aguas estará em Londres e em outras cidades [no Reino Unido], graças a gentileza e visão de um dos médiuns mais conhecidos de nossa nação, Don Galloway. Ele esteve nos Estados Unidos em abril e dividiu o palco com Alberto na Reunião Da Fraternidade Espiritual. Ele ouviu a palestra de Alberto, o viu canalizando as energias de cura, e observou os resultados."[10]

Logo, Galloway fez com que Alberto reorganizasse sua agenda lotada para incluir seis semanas em Londres. Artigos nos maiores jornais do mundo continuaram a mostrá-lo atuando na Alemanha, Áustria, Suécia, Dinamarca e Suíça. Ele fez várias aparições em documentários na televisão e falou em shows de rádio. Médicos de várias partes do mundo o procuravam para pedir conselho.

Alberto estava construindo uma vasta rede de conexões devido a sua habilidade de curar. Algumas vezes ele dirigia por muitas milhas para ajudar alguém. Quando perguntado por que agia dessa forma, ele respondia:

As pessoas precisam de mim. Estamos passando por um período estranho, um período de muita confusão e agitação. As pessoas precisam saber que o mundo material não é o único mundo. Eles precisam ter esperança na escuridão. Se eu puder ser uma pequena luz para tornar sua escuridão menos temerosa, eu o farei. Chegou o tempo de que todos nós no mundo espiritual devemos aparecer e estar prontos para ajudar.[11]

Com esse histórico de informações e infinidade de estórias, uma rica trama do seu mundo privado foi reunida. Com certeza Alberto amava a vida assim como amava sua tia Mariquinhas. Apesar disso ele sempre foi um agente da verdade. Ele tinha desejos humanos intensos como todos nós de ter uma família, de ter filhos. Mesmo assim ele deu sua vida para primeiro ajudar os outros.

Essa vida de ajuda começou quando tinha cinco anos de idade. Enquanto seus pais e avô estavam fora da cidade, ele caiu seriamente doente e foi levado às pressas para o hospital. Em uma entrevista a um jornal de Londres, ele descreveu:

Eu fiquei desidratado e inconsciente por três dias. Mais tarde eu acordei e o quarto todo parecia estar da cor de café. Era marrom e brilhante. E na minha frente eu vi uma pequena luz dourada movendo-se para cima e para baixo. Eu percebi que era uma 1 hora da manhã. A próxima coisa que eu lembro é que era de manhã e as luzes estavam entrando pelas cortinas. O relógio mostrava que eram 6 horas da manhã. 5 horas haviam se passado. Eu notei minhas mãos sobre minha cabeça e meu plexo solar. Eu estava bem. Pulei da cama e fui para casa.[12]

Logo após chegar em casa, uma amiga de sua mãe que estava visitando sua casa estava com enxaqueca. Alberto disse que ele poderia ajudá-la. Colocou suas mãos sobre a mulher e repetiu o que aconteceu com ele no hospital, a mulher ficou assustada e disse que sua dor tinha passado. Esse ato foi o início para acompanhar sua mãe ao centro de cura. Enquanto ele crescia, sua habilidade também cresceu.

Realmente, a habilidade de cura de Alberto era excepcional. Isso foi sua reivindicação para fama. Mais do que uma ideia ou crença, ele tomou posse de sua natureza espiritual e viveu dentro dela. Em suas notas, suas palestras, seus relatórios, ele repetidamente descreveu como ele se via durante as sessões.

Enquanto estava em transe, Alberto podia flutuar, se separar do confinamento do seu corpo, e observar as interações de metafísica acontecerem lá embaixo. Segue uma descrição sua:

> Primeiro eu tenho um curto período de tontura. Meu coração começa a bater muito rápido. Depois vem o sentimento de letargia. Então não estou mais em meu corpo. Estou flutuando perto do teto. Eu deixei meu corpo físico e me vejo trabalhando. Eu me vejo colocando minha mão direita sobre o plexo Solar do paciente, e a esquerda em sua testa. Eu acredito que todos os curadores trabalham na mesma energia. É a energia de Deus para o uso de todos.[13]

Relatórios de um calor grande, calma, e relaxamento mental dominaram as experiências vividas em suas seções onde muitos adormeceram buscando curas milagrosas. Relatos de sentir o cheiro de cânfora durante estas também foram documentados.

Milagres são aleatórios, embora aos olhos de muitos, seu método de cura desafiava a lógica, a relação que ele tinha com a energia não era aleatória. Ele dizia, "Esse poder de cura está ao meu redor. É uma Inteligência que está sempre lá. Não é porque eu quero que esteja lá. Apenas está". Repetidamente, ele insistia que milagres não são predominantes, e ele apoiava as pessoas para que elas continuassem com seus tratamentos médicos.

Ele sabia que existia primeiro como um ser espiritual e, a partir dessa realidade, entendia seu propósito de ser espiritual no mundo material e de ser um doador de Amor. "Eu gosto de pensar que daqui a cem anos, eu terei sido um instrumento que colocou uma pedra de pavimentação no caminho para as grandes coisas que virão na questão da cura."[14]

Tudo em uma Foto

Muitas vezes, pessoas que trabalhavam na área médica, que sabiam da taxa de sucesso de Alberto enviavam pacientes para ele. Do seu ponto de vista da necessidade de cura, não havia competição com médicos e cientistas, pois ele acreditava que "o Amor e a cura vem de muitas fontes. Existem muitas pessoas que vieram até mim apenas uma vez, e elas estão curadas. Outras vieram seis vezes, e não estão. Eu as mando para outros curadores assim como outros as mandam para mim quando não podem ajudar. Na maioria das vezes, estou apto a ajudar."[15]

Também havia cientistas que declaravam que Alberto e curadores como ele eram "Fraudes". Com milhares de curas documentadas dando suporte a seu trabalho, isso não é justificado, e Alberto nunca tentou se esconder da avaliação científica - muito pelo contrário. Ele dizia, "Se os cientistas viessem até mim e admitissem que eles não têm o equipamento adequado, mas se tivessem a mente aberta o suficiente para ver o que aconteceria, eu trabalharia com eles. Eles dariam um pouco, e eu daria um pouco, e possivelmente nasceria alguma coisa dessa investigação."[16]

Após meses mergulhada nas notas, palestras, e entrevistas para jornais, e lembrando de conversas pessoais, repetidamente me veio à mente seu senso profundo de obrigação para mostrar ou provar a eficácia da cura através da energia. Podemos ou devemos saber com certeza que nossa saúde - mental, física, emocional e espiritual - é totalmente dependente do Amor, essa inteligência que rodeia suas sessões de cura? Se for verdade, temos que saber. Para alcançar especialmente a mente Ocidental, a verdade precisa estar presente em um quadro que seja aceito de forma que impacte o sistema de crença das pessoas. Na medicina ocidental, existe a obrigação de buscar evidências que apoiem os sistemas de tratamento, e nada é verdade até que seja colocado dentro do enquadramento científico.

O fluxo constante de perguntas dos buscadores da verdade e os golpes dos que tem a mente fechada, sem dúvida levaram Alberto a procurar pesquisadores que desejavam explorar a cura energética através de ferramentas do método científico. Algumas informações falam que Alberto se envolveu com um estudo na universidade de Kent. Entretanto, o evento no Reino Unido foi o mais próximo do seu sonho. Segue a estória.

Entre seus resultados, encontrei fotos e slides correspondentes que mostravam esferas turvas e formas oblongas difusas ao redor de pessoas que não dava para identificar. Elas eram datadas de 1979. No meio das fotos havia notas escritas por: Walter Kilner, St. Thomas Hospital, London. Eu procurei por Kilner, pensando que ele e Alberto tinham tido conversas. Realmente, havia um Dr. Walter Kilner - A Associação Profissional Britânica respondeu à minha carta. Entretanto, ele havia falecido em 1920 aos setenta e três anos.

Com essa nova informação, minha investigação não estava acabada. Qual era seu interesse por esse médico? O livro de Kilner e outras anotações mostrava o interesse de Alberto. Dr. Kilner fez as primeiras fotografias investigativas para capturar as imagens do campo de energia humano.

Então de onde vieram essas imagens nos arquivos de Alberto? E o que elas provaram, se é que provaram alguma coisa? Eu continuei a cavar e encontrei algo em um pacote de newsletters da *Life Spectrum*. Uma cópia da capa era igual àquelas no arquivo de Alberto, e a manchete dizia, *"Revelações Eletrônicas na Cura."* O artigo afirmava que as imagens eram de slides individuais tirados de um vídeo de Alberto performando uma cura no Reino Unido, e os detalhes tecnológicos ainda estavam sendo analisados. Abaixo das imagens no newsletter, o crédito da foto era dado a um engenheiro eletrônico chamado Trevor Stockill.

Eu estava extasiada. O que esse vídeo me mostrava? Onde foi isso? Teve algum resultado? Sentindo que havia alguma coisa importante aqui, eu não poderia deixar passar. Uma prova visual é uma ferramenta muito importante. Por exemplo os raios- X; imagine o médico explicando a necessidade de uma cirurgia sem eles. Se Alberto encontrou um método confiável de demonstrar visualmente a presença de uma energia específica para cura, eu não apenas queria detalhes, como tinha grandes ideias de replicá-lo! As fotos representando as linhas de energias em um corpo encontradas em suas notas pessoais definitivamente eram indícios, demonstrando que alguma coisa importante aconteceu nas suas sessões de cura. Não havia dúvida de que Trevor Stockill poderia dar mais detalhes, e eu voltei minha atenção para localizá-lo.

Eu tinha muita sorte em encontrar pessoas através de sua agenda de endereço, pois já tinham se passado 12 anos desde sua morte. Então usar sua agenda de endereço para encontrar Trevor era o último item da minha lista. Pessoas mudaram, morreram, mudaram de endereço e mudaram de telefone fixo para telefone celular; tudo isso complicava a busca. Depois de várias tentativas de localizar Trevor Stockill contratei um investigador particular, que o localizou em uma semana vivendo serenamente na Grã-Bretanha. Assim que eu li o endereço no relatório do investigador, veio uma necessidade de verificar a velha agenda de endereços. E vi que o endereço estava lá. Existe alguma coisa sobre gastar dinheiro que torna as pessoas de repente intuitivas. Algumas vezes a sorte sorri, outras vezes ela dá de ombros. Eu tenho certeza de ter ouvido Alberto rindo.

No início, Trevor ficou com um pé atrás com meu interesse. Como eu poderia culpá-lo após ter sido apresentada através de um investigador particular? Após algumas conversas por telefone, ele concordou em me conhecer. A excitação estava criando a perspectiva de ficar mais próxima de encontrar a verdade por trás das fotos. Meu filho concordou em me acompanhar, então reservei imediatamente o voo para Londres. Há dez anos, praticando Ama-Deus eu nunca tinha me imaginado em tal missão.

Sentada com meu filho do lado de fora nos degraus do Museu Britânico em Londres em uma manhã fresca de Primavera, esperávamos por alguém com quem eu tinha falado somente por telefone. Trevor estava vindo com sua filha, havíamos combinado de nos encontrar às 10 horas da manhã, e 10 minutos já tinham passado. Eu puxei meu cachecol mais próximo ao meu pescoço e olhei para Christopher.

"Talvez devêssemos ligar para eles?"

"Vamos aguardar mais uns minutos."

Olhando para cada rosto que passava, eu imaginava qual deles seria Trevor, e nunca parava de pensar em como era estranho eu ter viajado milhares de milhas para almoçar com uma pessoa completamente estranha. A intuição estava muito forte e se sobressaindo sobre qualquer sentimento contrário a tal ação. De repente, uma jovem saiu da multidão e me olhou nos olhos. Mantendo o contato visual, ela sorriu quando se aproximou.

"Beth?"

"Sim?" Ela era linda, alta, e magra com movimentos graciosos. Seu rosto amigável me relaxou instantaneamente. Ela irradiava bondade e gentileza e parecia ser exatamente o tipo de pessoa que Alberto teria como amigo.

"Eu sou Júlia, a filha de Trevor."

"E esse é meu filho Christopher."

Trocando cortesias com Christopher, Júlia continuou, "Uma pequena mudança de planos. O papai está vindo de fora da cidade e chegará logo. Ele estava se atrasando e perguntou se eu poderia encontrar com vocês e marcar um local para nos encontrarmos."

"Christopher e eu temos um restaurante preferido nessa rua, achamos que poderia ser um bom lugar."

"Parece ótimo. Vou ligar para meu pai e lhe dar os detalhes."

Um quarteirão a frente entramos em um pequeno restaurante grego cheirando a orégano e outras especiarias. Ainda estava cedo para o almoço e ficamos com o restaurante somente para nós. Enquanto estava me sentando a porta abriu, e certamente era Trevor. Júlia se levantou para cumprimentar seu pai com um abraço caloroso e um beijo no rosto, enquanto ele se juntava a nós. Ele era um homem alto, largo e com aspecto gentil e vestia um paletó escuro. Júlia nos apresentou, e depois das apresentações formais, o garçom, que estava cantando "Opah", trouxe pão e um grande prato de *saganaki*, queijo frito ensopado com suco de limão. Enquanto o garçom flambava o prato, um flash de luz e o calor se projetaram sobre nós. Quando o prato foi colocado sobre a mesa, entusiasmados cada um de nós pegou uma porção.

Sentado na minha frente, Trevor estava olhando para baixo e tocava seu garfo com seu dedo.Ele parecia que queria mais falar do que comer. Ele levantou o olhar, me olhou nos olhos e foi direto ao ponto.

Eu jamais esquecerei a primeira coisa que ele me disse. Ele começou, "Eu hesitei bastante em encontrar com você, como você deve ter percebido pela nossa conversa ao telefone, minha esposa era quem tinha uma conexão forte com Alberto. Ela já faleceu. Desde que Alberto morreu, muitas pessoas têm tentado me contactar, para saber sobre sua vida, ignorei educadamente todos eles. Eu não sei por que retornei sua ligação ou concordei em lhe encontrar. Eu apenas senti que deveria fazê-lo."

Absorvendo cada palavra sua, relaxei escutando aquilo e concordei. "Foi realmente difícil." Rindo para aliviar a tensão virei para meu filho e disse, "Por isso que trouxe o Christopher! E sim, senti sua hesitação ao telefone. Entretanto, eu queria muito encontrar com você. Hesitei por um momento antes de dizer, "Sinto muito por sua esposa, Trevor."

"Foi difícil, mas as coisas estão melhores agora." Senti por seu tom e sua linguagem corporal que o assunto estava encerrado.

Virei para minha mochila e tirei uma pasta. "Essas são as fotos e os slides das notas de Alberto." O semblante de Trevor se transformou. Seus olhos se arregalaram de prazer quando pegou as fotos.

Excitadamente ele começou a explicar. "Ah, sim, veja, aqui estão as linhas, e aqui está a orbe. Estas foram tiradas do filme. Eu gostaria muito de ter uma cópia delas."

Respondendo com entusiasmo "Claro! Trevor, estou muito agradecida por seu tempo e por essa oportunidade. Senti que precisava fazer isso, que Alberto gostaria que eu fizesse, é importante que essa informação seja compartilhada."

Ele pausou por um momento, olhou profundamente nos meus olhos, e disse, "Compartilharei com você as fitas originais. Eu tive que desenterrar, encontrar e transformar as velhas fitas Betamax em CDs. Um pouco da qualidade foi perdida, mas as imagens estão boas." Trevor procurou em sua pasta os CDs em capas de plástico.

Finalmente, a evidência estava na minha frente. Eu mal podia acreditar em meus olhos. "Minha nossa! Me conte tudo sobre essa estória e vamos celebrar com vinho e música. Espero que você goste de comida grega."

Trevor e Julia responderam juntos, "Sim, amamos comida grega! Esse foi o lugar perfeito para nos encontrarmos." Toda a tenção inicial do primeiro encontro e da primeira conversa desapareceu. Christopher e eu sorrimos um para o outro, felizes com nossa decisão de comer no restaurante grego e o desdobrar maravilhoso do encontro. A entrada acabou rapidamente, e pedimos o almoço. O tempo que passamos juntos voou e apreciamos imensamente a companhia uns dos outros e falamos sobre as coisas que nossas famílias tinham em comum.

Depois que ele explicou seu passado com a situação, eu entendi melhor porque Trevor hesitou em nos conhecer. Sua relação com Alberto era mais do que profissional; eles tinham uma amizade. Alberto tinha se hospedado com Trevor e sua esposa Ruth muitas vezes e por muitas semanas. Ruth tinha uma paixão pelo ocultismo. Ela abriu sua casa para Alberto durante sua turnê pela Inglaterra e o havia auxiliado agendando as curas. A casa dos Stockill se tornou um descanso para Alberto, e sua estadia lá deixou impressões duradouras. Era muito claro pelas suas descrições, que Alberto se sentia confortável em sua casa, e sua natureza brincalhona conquistou os Stockills, especialmente sua filha mais nova, Júlia, ou como Alberto a chamava, "Bananas." Adulta, Júlia continuava carregando lembranças vívidas e coloridas de Alberto.

Com alegria em sua voz, ela me contou uma de suas primeiras lembranças. "Desde o primeiro dia em que o conheci, eu o adorei. Eu andava sorrateiramente pela casa para ver cada movimento dele. Para mim, ele era misterioso e adorável. Alberto também brincava comigo. Na minha cabeça, ainda o vejo usando roupões mágicos, mas acredito que sejam apenas as memórias imaginativas de uma criança. Certa manhã, eu me rastejei o mais silenciosamente que pude até a porta do quarto de Alberto e olhei pelo buraco da fechadura para espioná-lo, mas me olhando de volta tinha um grande globo ocular. 'Estou te vendo, Bananas!' Eu o ouvi falar, e então eu corri pelo corredor me encolhendo e rindo. Eu fingia que não, mas eu adorava que ele me chamasse de Bananas."

Durante uma das estadias de Alberto, Trevor trouxe um equipamento para o escritório de sua casa de um projeto que estava em andamento. De um estojo grande e pesado, ele retirou e montou uma câmera de vídeo, sensores, cabos e uma variedade de lentes destinadas a gravar a energia térmica infravermelha. Alberto olhou com curiosidade e interesse, e encheu Trevor com perguntas. Enquanto Trevor descrevia as funções da câmera, Alberto ponderou seu potencial, "Se esse equipamento capta e mede a informação energética que a maioria das pessoas não podem ver, eu imagino se ele se compara com as coisas que eu posso ver? você me filmaria enquanto eu estivesse fazendo uma cura? Eu gostaria de ver se a câmera consegue ver como vejo."

Naquela noite, os dois montaram um quarto com a câmera e uma maca para massagem, e Ruth, sendo a cobaia da cura e gravação, esperou do lado de fora. Naquela noite, eles não obtiveram resultados gravando com o equipamento. Tudo funcionou como deveria ser, e Trevor fez vários ajustes, pensando em cada aspecto que poderia trazer qualquer tipo de resultado. Alberto estava desapontado. Por muito tempo, uma grande parte de sua identidade tinha sido encoberta por alguma coisa que a maioria das pessoas não poderia ver ou se identificar imediatamente. Ele havia sido abençoado com uma conexão intangível de grande importância, e teve grandes esperanças de ser capaz de compartilhar melhor essa conexão e o incrível bem que isso poderia fazer se outros pudessem, de alguma forma, se identificar melhor com isso.

Uma semana se passou, e somente para si, Alberto não deixava de pensar na ideia de filmar uma cura. Alguma coisa dentro dele o incentivava a tentar novamente. Ele falou sobre o assunto com Trevor novamente. Uma palestra pública e uma sessão de cura estavam programados no salão Stansted da Faculdade Arthur Findlay, Noroeste de Londres, e Alberto, indiferente pela possibilidade de não ter público, pediu de novo a Trevor para montar o equipamento.

"Não irá funcionar," Trevor disse, acreditando que ele tinha feito tudo o que poderia na primeira vez.

Alberto sorriu e colocou a mão no ombro de Trevor. "Desta vez será diferente", afirmou.

Na majestosa e espaçosa sala de reuniões do salão Stansted, Alberto se sentou no escuro, suas mãos flutuando sobre uma mulher deitada em uma maca para massagem. Cortinas pesadas cobriam as janelas para esconder o brilho das luminárias das ruas e as únicas fontes de luz eram os pequenos botões eletrônicos da câmera e de um aparelho de som no canto da sala. A plateia se sentou imóvel, seus olhos totalmente dilatados pela falta de iluminação, e seus ouvidos capturando cada timbre, cada nota musical que estava tocando suavemente, preenchendo o ar ao redor deles. Primeiro foi o *Adagio de Albinoni em G Menor,* depois o etéreo Spectrum Suite de Stephen Halpern. A eletricidade da antecipação tocou cada pessoa com um arrepio.

Momentos antes, enquanto as luzes ainda estavam acesas, Trevor removeu a embalagem plástica de uma fita cassete nova. Ele inseriu na câmera e gravador. Alberto explicou rapidamente para aqueles que estavam assistindo que a cura seria gravada e aconteceria em luz diminuída, e fora isso, nada seria diferente de qualquer cura que ele havia oferecido a outros.

"Eu peço a todos que fiquem em silêncio e que foquem seus pensamentos em um simples ponto de Amor," Alberto disse. Andando suavemente, ele caminhou para o aparelho de som e iniciou a música. Então, ele se sentou próximo à mulher, olhou nos seus olhos, e sorriu amorosamente. Ele fechou seus olhos, inclinou levemente sua cabeça para trás, e respirou profundamente. Sua face expressava paz e serenidade.

"Por favor apague as luzes," ele disse. Enquanto ele estava levantando suas mãos sobre a mulher, a vibração visível da Luz deixou a sala. Minutos se passaram em semiescuridão. A plateia agora estava relaxada. Mesmo que eles não tivessem habilidade de ver, todos sentiam a energia de cura e Amor na sala. Ela sempre esteve lá, somente agora seus corações tomavam conhecimento de sua presença.

Trevor se concentrou completamente no visor da câmera. A todo momento, ele virava um olho da câmera na direção de Alberto, confuso e rezando para que ele pudesse ver através das lentes modificadas o que estava sendo gravado no vídeo tape.

Depois de 25 minutos, Alberto expirou profundamente e falou calmamente, "Acabou. Pode acender as luzes." Ele se dirigiu para o aparelho de som, o desligou, e então se aproximou da mulher. Colocando suas mãos sobre seus ombros disse suavemente, "Por favor fique deitada confortavelmente e o tempo que quiser, e quando estiver pronta, pode se sentar." Ela balançou a cabeça em entendimento.

Enquanto Trevor voltava o videoteipe e colocava o monitor de televisão no meio da sala, Alberto afastou a maca para massagem para o lado. "Essa maca tem mais quilômetros rodados do que os carros que estão estacionados lá fora, ouso dizer. Mas não pensem que alguma vez ela já viu uma massagem." Alberto riu de sua piada, como ele sempre fazia. O espírito do seu riso era altamente contagiante. "Eu sempre tento chamá-la de mesa de cura, mas sempre recebo de volta olhares questionadores, pois ninguém sabe o que é uma mesa de cura. Nunca houve uma mesa feita para cura, como sabem, porque a cura é uma coisa assustadora. Precisamos mudar a mente de todos. Acertar os seus bolsos. Dizer para todos que quando forem comprar uma mesa para massagem dizer que é uma mesa para cura. Eventualmente, certamente mudarão o nome." Houve uma explosão de riso na plateia.

Alberto e Trevor se sentaram próximos um do outro, nas laterais, mas próximos ao monitor. As luzes foram diminuídas novamente, e a gravação da sessão foi tocada. No primeiro minuto, a tela mostrou um brilho branco, as luzes da sala estavam paradas neste momento, sobrecarregando a sensibilidade das lentes da câmera. Através dos minúsculos alto-falantes, os sons gravados de uma música serena podiam ser ouvidos. E então a voz de Alberto dizendo, "Por favor diminua as luzes."

Uma quase escuridão preencheu a tela. Mal se podia ver a silhueta de duas formas humanas pinceladas de cinza. Minutos se passaram. Nada. A melodia suave do adágio em G menor continuava a tocar ininterruptamente sem qualquer mudança visual. E então aos seis minutos de gravação, uma anormalidade apareceu. Difícil de notar no início, uma pequena forma laranja redonda pairava onde certamente estavam as mãos de Alberto. Conforme os momentos foram se passando, a forma brilhou com uma intensidade crescente e definição, uma aura distinta e separada apareceu.

"Ah meu Deus," sussurrou Alberto. Sua voz não era a única que estava surpresa. Ao redor da sala, murmúrios circulavam como eletricidade através de um fio sob tensão. A bola laranja ou esfera de repente ziguezagueou erraticamente sobre a tela, e então parou.

Trevor virou para Alberto e disse, "Aquilo foi minha culpa. Eu pensei que deveria tentar ter um foco mais claro, e então sacudi a câmera acidentalmente. Esse foi o mais nítido que pude conseguir."

"Ah, é maravilhoso," disse Alberto.

Ao redor do corpo da mulher, luzes coloridas brilhavam suavemente. Gradualmente, essa cortina de luz se tornou mais brilhante e pulsou. Parecia estar viva. O brilho e a coloração das linhas mudavam e se moviam em ondas de acordo com o tom e ritmo da música ao fundo. Respirações ofegantes eram ouvidas da plateia. Era lindo e espantoso de observar.

Alberto se inclinou mais para perto de Trevor e disse, "Você viu como as cores mudam e ficam mais fortes sobre áreas diferentes? A energia se move exatamente dessa forma! Existe significado nas cores."

No canto esquerdo da tela da televisão, fluxos de luz branca apareceram. Dentro dos fluxos de luz, gotas mais brilhantes de luz brilhavam e giravam e entravam na cortina de cores do arco íris que cercavam a mulher. Embora um ponto exato de entrada não pudesse ser definido, era claro para todos que a maior parte da energia da luz era direcionada para a área abdominal da mulher. Os fluxos de energia se mantiveram por quase dez minutos antes de se dissiparem.

Todos estavam estáticos com essa demonstração física. A sala interrompeu em alegre entusiasmo. A visão surpreendente de linhas energéticas marcou um momento histórico para todos na plateia.

Nem Alberto e nem Trevor puderam tirar qualquer conclusão desta gravação, exceto uma: mais estudos eram necessários! Este vídeo foi mostrado outra vez para uma plateia nos Estados Unidos. A reação, como no Reino Unido, foi enorme. Não foi uma decisão fácil, mas Trevor e Alberto decidiram não mostrar esse vídeo novamente em um fórum público.

Em uma outra viagem à Londres, eu tive o privilégio de ver as sessões gravadas no Home Office sofisticado de Trevor. Enquanto analisávamos o monitor, eu perguntei:

"Por que vocês hesitaram?"

"Naquela época, a intenção de solicitar acesso a esse trabalho não foi através de um meio espiritual ou científico. Nós não tínhamos as conexões certas nesse campo de estudo. A única coisa que poderíamos ter ganho seria a popularidade, e este não era nosso objetivo. Uma explosão de popularidade teria sido desastrosa para o trabalho que Alberto estava cumprindo do seu jeito quieto."

"Nossa!" Eu exclamei, voltando nossa atenção para o monitor, "Veja! Essa é a mesma imagem da foto, a esfera da Luz laranja Dourada."

"Sim é."

"Trevor, você sabia que em um artigo de um jornal de Londres, Alberto descreveu a imagem do orbe dourada que ele viu quando curou a si mesmo pela primeira vez aos 5 anos de idade? Talvez esse orbe laranja dourado que foi captado nesse filme seja o que ele estava se referindo naquele momento. Nossa, isso é marcante!"

Esse orbe dourado nebuloso era uma imagem animada na tela, enquanto Trevor continuou a narrar e me levou para o restante do filme. A gravação original em Betamax foi cuidadosamente restaurada e digitalizada, mas devido ao tempo do filme, junto com a transição de uma tecnologia de revelação em um formato mais baixo, não havia como chegar a dados conclusivos. Com ou sem evidência, Trevor manteve a opinião de que as imagens das linhas energéticas eram um resultado direto da cura de Alberto. As discussões se moveram para a ideia de replicar o estudo, pois as novas tecnologias de imagem estavam melhores. Empolgada em revisar os dados, eu pude ver que a agitação da descoberta na mente científica de Trevor reacendia cada vez que ele contemplava a lembrança daquele dia. Ele esperava um fracasso; entretanto, ele caminhou na fronteira entre a ciência e o inexplicado.

Nos anos que se seguiram à gravação da cura, aqueles que tiveram a sorte de estar presentes continuaram a falar do evento memorável. Eu escutei de pessoas que estavam presentes na apresentação nos Estados Unidos, assim como daqueles que estavam presentes na apresentação inicial na Inglaterra. Alguns meses após esta viagem, eu recebi um telefonema inesperado de uma estudante estrangeira. Ela falou sobre um manual de seu tio que fazia referência a este evento em uma instituição no Meio Oeste. O manual foi enviado para mim, eu li, e descobri que uma das pessoas no Salão Stansted era Moiz Hussein, um professor do Instituto de Ciências da Mente e da Fundação Espiritual do Reiki no Paquistão. O professor Hussain escreveu sobre a cura gravada com detalhe acadêmico no seu manual de ensino como uma forma de apoiar a investigação científica da cura energética para seus alunos. Não sei se Alberto soube dessa referência.

Embora o sonho de Alberto de validar a cura energética tenha dados poucos passos adiante, ele foi encorajado pelo interesse crescente de pesquisadores mundo afora neste campo. Hoje, existem muitas investigações científicas em fotografar ou gravar os campos energéticos humanos com resultados encorajadores.

Harry Oldfield, um pesquisador, concordou em se encontrar comigo em Londres durante uma visita para passar as fotos do Alberto em seu equipamento de imagem. Imediatamente, ao ver a imagem, Harry exclamou, "Meu Deus, você precisa mantê-los em um local seguro. Eu não deixaria nem a rainha ver!" De novo um cientista com mente espiritualizada entendeu a importância das fotos. Alberto teria amado o comentário de Oldfield.

Tendo encontrado a estória por detrás das fotos e ainda tendo slides das correntes de energia, o próximo passo era entender o resto dos arquivos que estavam abarrotados de palestras e apresentações da cura Ama-Deus. Sua vida foi viajar pelos circuitos mediúnicos de conferências globais que eram abertas para seu tipo de trabalho. Ele era sempre chamado para dar palestras, para liderar um círculo de cura, e fazer sessões de cura. E ele o fez pelo mundo todo.

Após muitos anos no autoexílio, Alberto desejava voltar para sua terra natal. A mudança no governo brasileiro abriu caminho para ele voltar às suas raízes. Os arquivos e sua agenda de viagem indicavam uma reviravolta abrupta nos eventos que aconteceram quando ele voltou para o Brasil.

Subitamente, ele viajou para o Brasil e, rapidamente, envolveu-se com essa tribo Guarani específica. Ele reconstruiu o seu trabalho de forma que ficasse metade do ano no Brasil e a outra metade viajando pela América do Norte. Ele estava desenvolvendo o Ama-Deus e fazia tour apenas nos Estados Unidos e no Canadá.

Não estando mais em uma programação anual de palestras agendadas na América do Norte e na Europa, ele dedicou metade do ano a viver no Brasil. A outra metade, ele continuava a viajar pelos circuitos conhecidos. Entretanto, suas palestras mudaram para incorporar estas novas experiências em encontros, estudos, e trabalhos com os Guaranis do Amazonas. As palestras gravadas, bem como suas anotações pessoais das palestras escritas em português intituladas o *Reino Amazônico da Cura,* são claras, comoventes e lindamente descritivas sobre sua jornada com os Guaranis. Nessas palestras iniciais ele fala sobre o método de cura que ele chamava de Ama-Deus que estava aprendendo com essas pessoas maravilhosas. No curto período de tempo que ele teve para aprender, e compartilhar, Alberto só pode ensinar Ama-Deus na América do Norte.

Mais tarde, minha investigação sobre os Guaranis me deu uma evidência impressionante da sua natureza espiritual, e eu entendi completamente a mudança súbita de vida de Alberto para estar com eles. Parecia que alguma coisa estava pré-organizada para seu envolvimento - os Guaranis sabiam que ele estava vindo. Sua última missão importante foi se posicionar pelos Direitos Humanos de um povo indígena que estava perdendo seu modo de vida. O mais importante, antes de Alberto fazer a passagem, com o incentivo dos Guaranis, ele preservou um sistema de cura antigo - um pedaço precioso de sabedoria Sagrada. Eu sinto que essa foi a sua grande realização e presente para o mundo.

CAPÍTULO 3

As Pessoas da Floresta

A verdadeira religião é viver realmente, viver com toda a alma,
com toda a bondade e integridade.
—Albert Einstein

Antes dos Europeus lhes darem esse nome, os Guaranis simplesmente se chamavam "Ava" que significa homens. Alberto usava o nome europeu Guarani, o que significa o Povo da Floresta. Nas palestras ele dizia que os Guaranis poderiam ser incluídos e ranqueados como um dos povos indígenas mais antigos do mundo e estimava que a estória de sua cultura poderia existir há mais de 6000 anos.[17]

Minha primeira visão sobre essas pessoas veio ao ouvir Alberto durante suas aulas. Podíamos visualizar um povo simples que vivia uma vida altamente espiritualizada e que estavam dispostos a dividir com um homem branco seus caminhos sagrados. Eu encontrei mais detalhes sobre as experiências de Alberto em seus arquivos de notas escritas à mão em inglês e algumas em português.

Alberto descreveu mais profundamente o modo de vida deles, assim como suas experiências em trabalhar lado a lado com o pajé - xamã. Os Guaranis o receberam com Amor incondicional, nunca questionando - sempre dando e sempre dividindo. Ele falava de como eles eram pessoas profundamente espiritualizadas, tendo reverência por todas as vidas. Alberto dizia, "Os rios, a vegetação, as árvores, as montanhas, as estrelas são todas consideradas como seus lares. Tudo é incondicionalmente espírito e alma"[18] Essa relação incondicional com todas as formas de vida é o que mantém seu equilíbrio espiritual; é o que dá uma vida terrena rica e paz mental.

Ele destacou fortemente a reverência e respeito que é especialmente estendido a todas as crianças, pois elas são vistas como almas reencarnadas. A reencarnação "é fundamental para a vida e a existência da tribo."[19] Os Guaranis têm uma estima muito alta pelas crianças. Alberto aderiu completamente a essa visão de vida e amava falar sobre como os Guaranis se relacionavam com suas crianças.

Meu primeiro filho me trouxe essa perspectiva de vida horas depois que meu pai faleceu. Durante os últimos três meses de vida do meu pai, eu e meus dois filhos moramos com meus pais. Meu pai e meu filho de três anos de idade criaram um laço especial. Eles podiam se comunicar de uma forma excepcional e um completava os pensamentos do outro. Quando meu pai foi hospitalizado e já estava perto de fazer a passagem, organizei para que uma amiga da família ficasse durante à noite com o Michael. Ele dormia, enquanto eu e minha mãe fomos para o hospital, levando junto o meu filho de dois meses de idade e planejando ficar até a passagem do meu pai.

Voltamos para casa às 5 horas da manhã para ficar com os membros da família e todas as suas conversas, o que acordou Michael. Rapidamente fui para seu quarto, coloquei-o no colo, e abracei-o fortemente enquanto caminhava de volta para sala onde todos estavam reunidos. Enquanto caminhava, eu buscava cuidadosamente as palavras para lhe dizer que seu avô havia falecido. Nós estávamos nos preparando para esse momento através da leitura de alguns livros infantis cujas estórias eram relacionadas à perda de um avô. Conforme meu pai foi ficando mais doente, Michael entendeu como as estórias se relacionavam a seu avô. Abraçando-o bem forte, eu disse, "Michael, o vovô faleceu."

Imediatamente, ele ficou zangado, gritando, "Você não me levou com você. Você não me levou para vê-lo! Eu precisava dizer adeus, mãe!"

"Ah, Michael, me desculpe por não tê-lo ajudado com isso." Ele se agarrou fortemente ao meu pescoço e chorou. Confusa, eu imaginava como poderia acalmar sua alma e encontrar uma resposta adequada.

Ele levantou sua cabeça, segurou meu rosto entre as mãos, hesitou por um momento, e falou totalmente confiante com uma voz terna e sincera, "Não se preocupe, mãe, o vovô nascerá novamente."

Eu parei de andar, olhei profundamente em seus olhos imaginando de onde esse pensamento tinha vindo, e finalmente respondi, "Sim, Michael, o vovô nascerá novamente."

Minha mãe respondeu a essa pequena interação, "Pelas bocas de bebês."

Desse momento em diante, Michael se comportou no funeral como se fosse uma celebração. Ele amou ficar com as pessoas e falar sobre seu avô.

Esse foi apenas um dos muitos momentos que meus filhos me lembraram de quão sábios e reflexivos eles poderiam ser. Quando Alberto conheceu meus filhos, ele arrumou sua postura e falou em um tom de reverência, "Huuummm, duas almas muito antigas." Procurei ter isso em minha mente enquanto criava meus filhos, pois sei que sou apenas a cuidadora dessas duas lindas almas.

No meu papel de cuidadora amorosa de crianças, eu ficava encantada pela forma como os Guaranis se relacionavam com suas crianças através da perspectiva da alma. De acordo com Alberto, os pais ensinavam seus filhos de que o lar não termina na porta de entrada; a terra, as árvores, a vegetação, os pássaros e, os animais, os lagos, os rios, os mares - todos são uma extensão de sua casa. Muitas famílias Guaranis dormiam e se juntavam como uma única família sob a mesma habitação de madeira com teto de palha. Dentro dessa estrutura, sempre havia o fogo aceso. Quando os visitei, quase não ouvi choro de criança, o que é comum na sua cultura comunitária.

Os Guaranis ensinam meditação as crianças, pois presumem que elas, como todos, tem habilidade de trabalhar com energias de cura. Algumas crianças cantam para desenvolver uma habilidade natural reconhecida para se tornar pajés ou xamãs. Àquelas crianças que estudam para se tornar pajé aprendem sobre as plantas que curam com as mulheres mais velhas que são especializadas em manter o conhecimento do reino das plantas. Alguns exemplos dessas plantas são vinho de *crues* para o fígado, *pipi* para o resfriado e gripe, *carqueja* para o estômago e a flor vermelha (*pau-d'arco*) para o câncer.[20] Outras plantas são usadas para preservativos, compressas, e chás, pois a bacia amazônica brasileira é o lar de milhares de espécies, que são curativas nas suas propriedades medicinais.

O pajé é o líder espiritual e o guia para a comunidade Guarani. No seu treinamento, ele aprende a ser calmo e amável com as pessoas - ele não é um ditador ou um juiz. No seu treinamento, ele aprende "a respeitar outras formas de culturas, governos, e o homem branco."[21]

A casa de orações é construída da mesma forma que suas casas e é um lugar para que toda a comunidade se encontre incondicionalmente todas as noites. Alberto falava desses encontros noturnos e de como as pessoas ficavam hipnotizadas quando fixavam sua atenção na lua e nas estrelas.

A casa de orações dos Guaranis serve como centro espiritual da aldeia e o centro de foco das pessoas. Quando Alberto morou com os Guaranis, ele se unia à aldeia todas as noites, sem falha, para rezar, meditar, e realizar curas. As mulheres preparavam duas bebidas. Uma chamada de *kangui* que era doce e usada nas comemorações sociais, a outra chamada de *kanguijy* que era amarga e usada somente pelo Pajé durante as curas. Os homens usavam instrumentos parecidos com guitarras e os tocavam como se fossem violinos. A crença de que a música ajuda com a meditação é muito importante para o povo da floresta - a música os mantém próximos de Deus, a Fonte da cura.

Cantar músicas sagradas criava um senso de proximidade com o mundo espiritual para os Guaranis. Todos na aldeia cantam enquanto o pajé se movimenta em transe. O pajé começa cada cerimônia noturna acendendo seu cachimbo e criando muita fumaça. Ele cantará, dançará, entoará cânticos, enquanto os outros o ajudarão cantando as músicas sagradas.

Alberto notou que quando as músicas eram cantadas, ele sentia uma vibração física inconfundível, uma sensação inexplicável que era sentida no corpo de forma palpável e estava além de qualquer audição normal. Quando a conexão era feita ou percebida fisicamente e uma vibração era estabelecida, o pajé começava as cerimônias de cura. Ele então se tornava *Ñande Ru* - O termo Guarani para a forma mais sagrada de ser o "Pai" deles. Alberto notou também que o pajé bebia muita água morna e que falava muitas vezes ou rezava a palavra *Ñandéva* enquanto ele trabalhava. *Ñandéva* é uma palavra em Guarani para o aspecto de Amor de Deus (literalmente significa todas as pessoas), o ingrediente essencial no processo de cura Guarani.

Depois de dois anos e meio vivendo com eles e ganhando sua confiança, finalmente eles permitiram sua participação nas cerimônias e lhe deram livre acesso ao *Opy*. Alberto teve a honra de estar ao lado do Pajé, observando e trabalhando com ele durante a cura. Alberto revelou, no final de um ritual de cura, que o pajé incorporado como Ñande Ru tocou-o no centro do seu coração chamando-o de Ñandéva - o amor de Deus.

Os Guaranis não acreditam na doença; eles veem tudo como espírito e acreditam que forças exteriores causam desequilíbrio. Se a força externa ou espírito indesejável ou energia for removida, seu efeito sobre o estado físico, emocional, e mental da pessoa será retirado e o equilíbrio será restabelecido.

Muitas pessoas de fora da aldeia vinham para se curar; algumas ficavam 21 dias. Dietas especiais eram seguidas pelo pajé assim como pelos visitantes. Os Guaranis entendiam os conceitos de meridianos e usavam pedaços de bambu nos lóbulos das orelhas como uma prática de acupuntura. Durante os 21 dias de permanência, membros da comunidade traziam água sagrada do Amazonas, dividiam alimentos especiais para ajudar no processo, ofereciam massagem, tratamentos com acupuntura, informações dos seus sonhos, e o Ñandéva - tudo dividido incondicionalmente.

Durante todo o tempo que Alberto esteve trabalhando junto com os Guaranis, o impacto social da perda de suas terras era a preocupação primária. Ele observava que muitas vezes os membros da tribo ficavam aborrecidos e tristes porque "as pessoas brancas estavam sempre buscando levar algo, e eles sempre traziam doenças de propósito ou não."[22] Alberto se preocupava com a geração mais jovem e o impacto psicológico do desmatamento e literalmente a perda de seus lares. Alberto estava tão preocupado com o bem-estar deles que organizou para psicólogos irem até a Aldeia para ajudar com essa situação. isso aconteceu na época que os adolescentes Guaranis estavam se enforcando devido as pressões da perda de identidade cultural e encarando o relocamento e a perda de suas terras.

Durante uma dessas temporadas estressantes na aldeia, Alberto se aproximou de uma *mulher encantada*, que tinha a habilidade de ver através dos sonhos. Enquanto ele se aproximava dela, chorando, ele abriu o seu coração para ela. Ela disse, "se você cria sua própria realidade, não tem nada com que se preocupar."

Mais tarde ele, apaixonadamente, declarou em uma de suas palestras, "Aqui estava alguém que via a destruição de sua casa e cultura e continuava tendo o entendimento claro e uma grande consciência espiritual."

Alberto se tornou um ativista extremo pelos direitos dos Guaranis e se juntou a organizações como a *Fundação Salve a Floresta,* o Green Peace e a Anistia Internacional. As demonstrações explícitas e a luta para ajudar os Guaranis o levaram muitas vezes à prisão no Brasil. Esses embates com as forças governamentais brasileiras trouxeram prisão e torturas severas; uma delas foi choque elétrico que resultou em trauma físico, e outro foi ter contraído doenças como a cólera. A polícia confiscou todas as suas anotações, ervas, e qualquer material relacionado às suas experiências com os Guaranis. Esse tratamento desumano e a devastação de doenças contraídas nas prisões brasileiras levaram ao colapso de sua saúde; no entanto, isso não influenciou sua determinação em ajudar os Guaranis.

Através de suas palestras, Alberto deixava claro sua paixão por salvar os Guaranis e sua terra natal, e ele mostrou uma visão da sua linda relação com essas pessoas. Ele não compartilhou a localização desse povo. Encontrar povos indígenas no Amazonas, que não eram conhecidos pelo mundo, rapidamente se tornou notícia. A interação com os indígenas é de interesse público, e isso jamais teria acontecido através de Alberto.

Alberto expressava o perigo envolvido no contato com os indígenas. Havia o ambiente físico a ser considerado, e a luta dos indígenas por sua terra com o governo no início dos anos 80 era intensa. Encontrei essa citação em uma palestra datilografada na qual Alberto explicava sua luta em seu inglês não fluente,

> Ele iniciará esse ano em meu tour fazendo uma parada, [significando que ele mudaria suas viagens] para passar um tempo com a tribo que eu adotei. Claro que não sou um índio... Eu não nasci na floresta amazônica. O que eles me ensinaram. Eles são muito seletivos. Eles não gostam de ensinar o homem branco porque eles acham que o homem branco só vem para tirar deles, nunca para dar ou dividir [compartilhar]. A oportunidade, isso foi circunstancial, que eu tive de chegar aos seus corações foi porque meu tio e meu primo estão tendo suas vidas ameaçadas se você começar a expor isso para o mundo [sic].[23]

Em um certo ponto, quando Alberto deixou a floresta, o cacique tocou seu coração e simplesmente disse, "Não se esqueça do Ñandéva." Uma vez o cacique disse a Alberto que eles queriam dividir todas as suas curas, ervas, e o Ñandéva. O seu único desejo era manter sua terra - o presente do Grande Pai Ñande Ru para o povo da Floresta manter a sua vida espiritual.

Embora o governo tivesse confiscado suas anotações durante sua prisão e todas as suas posses relacionadas aos Guaranis, eles não puderam tirar de Alberto sua iniciação às margens do Amazonas. Ele guardou no seu coração suas formas sagradas de cura. Dedicado, ele então ensinou o método de cura deles em respeito aos Guaranis que apelaram a ele para dividir o Amor, o Ñandéva, com o mundo. Em uma referência a preservar a tradição oral antiga sagrada, o método de cura Ama-Deus é um presente dos Guaranis e um sacrifício de Alberto Aguas.

Antes de seguir descrevendo os ensinamentos de Alberto sobre o método de cura Ama-Deus, eu trouxe um olhar profundo sobre os Guaranis, cuidadores por milhares de anos dessa tradição oral sagrada. As estórias de Alberto foram mais do que confirmadas. Registros dos séculos passados das estórias místicas da vida dos Guaranis confirmaram que sua cultura carregava uma tradição oral de imenso significado espiritual. Certamente, isso traz um entendimento claro do motivo de Alberto ter sido tão apaixonado pelo Povo da Floresta.

PARTE II
A HISTÓRIA DOS GUARANIS

♦　♦　♦　♦　♦

Mbaracambri se arrastou para o lado do pajé mais velho que estava morrendo. Com a voz entrecortada e sussurrada o pajé falou para Mbaracambri rezar, "Não pare! Não pare! Mbaracambri, você deve cantar e dançar o tempo todo. Não seja fraco em suas preces. A prece manterá você no caminho correto. Ore e dance para receber a iluminação sagrada. Você deve ser agora o pajé principal para trazer a palavra das almas para as pessoas boas da floresta." Assim que terminou seu apelo, o Grande pai Pajé fechou seus olhos e relaxou seu corpo na rede. Ele sorriu e murmurou um canto sagrado, uma música que conduziria seus caminhos para a terra sem mal nenhum. Mbaracambri pegou seu maracá na cabana onde havia presenciado o ataque. Ele precisava de um instrumento para rezar, como o ancião havia pedido.

Tangara veio até Mbaracambri e exclamou, "Devemos retaliar, Mbaracambri!"

Mbaracambri falou para Tangara, "Vá e procure por pessoas feridas e volte depois que tiver feito o que for necessário. Eu tenho que cantar para alma do avô pajé que está partindo." Tangara observou com compaixão enquanto seu amigo, que perdeu sua esposa e filho, pegava seu instrumento sagrado, seu mbaraká.

Mbaracambri voltou-se para o pajé moribundo, enquanto Tangara respeitosamente foi fazer o que lhe foi designado. Muitas pessoas já tinham se reunido ao redor do pajé mais velho. Mbaracambri levantou sua cuia sagrada e começou a cantar a música de despedida para a alma do ancião quando de repente ouviu seu nome.

"Mbaracambri! Aproxime-se, você vê? É tão brilhante. Eu vejo a luminosidade. Meu coração está transbordando com o amor de Ñandéva...eu estou ouvindo lindas palavras das Almas...escute enquanto falo essas palavras lindas!" Mbaracambri abaixou o braço que estava segurando o mbaraká e aproximou seu ouvido do rosto do seu avô para melhor ouvi-lo. "O povo da floresta fará uma jornada, onde o princípio e o fim são diferentes, mas são os mesmos." Com sua voz se tornando mais arrastada nesta última mensagem, o ancião sussurrou, "As pedras, retire as pedras sagradas, Mbaracambri," então ele *deu seu último suspiro. As mulheres gemeram em pesar. Mbaracambri levou para seu coração a última mensagem do ancião e começou a cantar.*

Abrindo seus braços, Mbaracambri cantou com muito amor para o Avô Pajé. Os outros se juntaram a ele. Ele pode sentir a energia crescendo enquanto a cantoria tomava conta de toda a aldeia. Com os olhos fechados, Mbaracambri observou enquanto um cordão de prata deixava o corpo do pajé mais velho, e um brilho de luz se moveu em um fluxo cintilante em direção ao caminho onde a grande luz de Kuarahy nasce. Então ele testemunhou uma chuva de luz dourada descer sobre o povo da floresta, o preenchendo com o Amor extasiante. Mbaracambri soube que ele e seu povo da floresta não estavam sozinhos. Enquanto recebia a energia do Amor, ele a distribuiu do seu coração para o ancião e para todas as pessoas, mesmo para Tupanchichù e seus guerreiros. Ele sabia que essa benção dourada seria seu apoio e força; e sem ela, poderia não existir vida ou direcionamento. Então seu coração derramou músicas de gratidão a Ñande Ru.

Devagar Mbaracambri abriu seus olhos. Por um momento, ele não estava consciente da duração da cantoria. Ele localizou a posição do grande Kuarahy, que agora já havia viajado um pouco mais da metade através do céu. Tangara estava próximo a ele, as mulheres continuavam gemendo pela perda do pajé mais velho e pelos outros que foram perdidos no conflito. Seu filho Veraju tinha um grande corte na perna, mas estava bem. Mbaracambri se sentiu voltar ao corpo e pediu ao povo da aldeia para ajudá-lo a envolver o pajé com sua rede e levar seu corpo para casa de orações. Veraju confirmou com a cabeça sua vontade de ajudar.

Tangara ficou um pouco com Mbaracambri para lhe informar as novidades da aldeia, "Mbaracambri, apenas outros dois receberam flechadas e há uns poucos com ferimentos leves."

Mbaracambri avistou àquelas famílias que tinham perdido membros e falou diretamente para eles, "Vamos ajudar suas almas e preparar seus corpos para viajar para terra sem mal nenhum. Mulheres, por favor juntem todos os itens pessoais dos seus entes queridos, e, homens, coloquem seus entes queridos respeitosamente em dois vasos kangui. E em sua moradia, cavem um buraco na terra para guardar os vasos de barro. Quando isso tiver sido feito, nos reuniremos no Opy com o resto da grande luz e cantaremos para as almas que partiram para que tenham uma jornada segura. Cantaremos e dançaremos até escurecer para então seguir a luz de Jesyju."

De todas as pessoas na aldeia, Mbaracambri era quem tinha recebido o maior número de músicas sagradas. Ele havia demonstrado muitas vezes para a comunidade sua habilidade de falar com Ñande Ru e os deuses menores, já tendo recebido músicas e visões por muitas estações. Ele trabalhava com o pajé falecido. As pessoas agora buscavam liderança em Mbaracambri. Ele sentiu seu coração pesado ao pensar em sua esposa e filho. Ele havia perdido sua primeira esposa, a mãe de Veraju e Kitu, para o grande gato enquanto ela estava trabalhando nas plantações de mandioca e milho. Sua esposa atual Yyvkuaraua era a filha mais velha do pajé. Muito jovem, ela aprendeu a curar com seu pai. Ela recebeu sua música para curar em um sonho quando ainda era criança. Como era costume deles não se envolver em relações íntimas enquanto estavam estudando os caminhos sagrados, o casamento para Yyvkuaraua veio mais tarde. Ela escolheu Mbaracambri luas depois da passagem de sua primeira esposa.

Uma estação inteira de milho se passou depois do seu casamento, quando Mbaracambri, após muitos dias de danças e cantos durante as celebrações da colheita, teve um sonho maravilhoso. Os deuses o chamaram para seguir para um lugar de grande beleza. A vinda de uma grande alma que logo chegaria para ele e Yyvkuaraua. Para se preparar para a chegada desta alma, Mbaracambri e Yyvkuaraua mudaram sua rotina diária, onde comiam somente certas comidas e restringiam suas atividades de trabalho, pois assim era o costume das pessoas da floresta. A alma que viria era tida em grande estima, e essa reverência continuou na concepção, gestação, nascimento, e muitos meses após ela ter nascido.

O nascimento de Arapotiyu trouxe grande alegria para sua família e para a comunidade do povo da floresta. O avô pajé presidiu a cerimônia que trouxe a mensagem poderosa quando ele recebeu o nome de seu neto, a Flor Dourada do Dia. Mbaracambri observava enquanto o pajé mais velho dava atenção especial ao crescimento dessa criança como se ele pudesse ver as habilidades especiais e o papel que ele desempenharia para o povo da floresta. Conforme a criança foi crescendo e começou a ficar mais frequentemente com o avô pajé, foi anunciado para a comunidade que Arapotiyu também estaria envolvido em quaisquer curas necessitadas pela aldeia.

Esse flash passou pela mente de Mbaracambri enquanto ele observava a aldeia. Ele foi trazido de volta para o presente pelas muitas preocupações e perguntas do atordoado povo da floresta. Ele lutou contra os sentimentos de melancolia e voltou para suas músicas e seu coração, sentindo a luz dourada. Tomando para si o papel do pajé mais velho, Mbaracambri instruiu às pessoas a carregar madeira para a choupana onde os corpos estavam sepultados nos vasos kangui. A madeira era necessária para manter o fogo aceso para os dois dias de cantoria. Os pés dos falecidos eram colocados na direção da luz do amanhecer para ajudar suas almas a encontrar o caminho para o além. O fogo iluminava o caminho para as almas ascenderem até a terra do paraíso. Para o povo da floresta, essa era uma ajuda importante para que a alma pudesse se mover para o paraíso, a terra sem mal nenhum. A morte para Mbaracambri e para o povo da Floresta não causava medo ou tristeza, pois a alma não morre e pode renascer.

O único medo do povo da floresta associado à morte era das anguêry ou almas errantes. Eles têm mais medo delas do que daqueles que lhes atacaram. Mbaracambri manteve-se forte nas orações para levar a comunidade a apoiar a transição das almas para a luz e para que elas não ficassem vagando pela floresta. O povo da floresta com grande sinceridade e devoção no coração seguiu Mbaracambri na sua cantoria para ajudar as almas na direção da luz que levava à terra sem mal nenhum.

Enquanto Mbaracambri organizava as cerimônias e as reuniões no Opy, Tangara se aproximou e de novo demonstrou seu desejo de rastrear e resgatar seu povo.

"Somos amigos próximos, Tangara. Enquanto jovens, você foi atraído para danças que tornaram seu corpo mais rápido, forte e ágil para caçar. Hoje, você é o líder nas músicas sagradas e na dança para caçar. Por outro lado, eu sempre busquei desenvolver meu poriee. O mais velho se foi. Nossa boa amizade com nossas muitas músicas ajudará a aldeia a ganhar mbiroy. A aldeia precisa de sua força aqui no Opy. É o costume do povo da floresta de escutar os deuses, pois as mensagens deles nos darão a verdadeira orientação." Assim que Mbaracambri terminou de falar, Kitu se aproximou suavemente e gentilmente colocou uma mão no ombro de Mbaracambri.

Ele se virou de Tangará para sua filha e falou com ela em um tom gentil, "Não se preocupe, minha querida criança, pois sua segunda mãe é muito esperta, e ela não será machucada. Devemos orar por um retorno seguro. A grande luz Kuarahy está mostrando sinais de descanso, e logo entraremos no Opy. Kitu, você poderia avisar seu irmão?" Olhando para baixo, ela balançou a cabeça em entendimento e escutou as outras instruções, "Mantenha seus pensamentos em prece de cura enquanto você estiver cuidando da perna do seu irmão. Procure pelas ervas que sua segunda mãe lhe ensinou. Eu precisarei de você ao meu lado para ajudar a cantar mais tarde no Opy."

Com os últimos raios da luz dourada do sol diminuindo na floresta, Mbaracambri continuou a organizar as atividades necessárias e transmitiu força através de sua voz para o povo da floresta da aldeia de Takuaty.

Todos entenderam as preparações para a cerimônia de partida das almas que duraria duas noites e dias e esperavam com a energia renovada para silenciosamente seguir as instruções de Mbaracambri. Eles ansiavam pela noite de canto que os traria mais perto da linda Fonte. Dançar e cantar sempre abria seus corações, e suas mentes e corpos sentiam-se mais leves. Enquanto eles cantavam suas canções sagradas, os sentimentos mundanos pesados iam embora.

A cerimônia iniciou com o compartilhamento de uma bebida especial. O kangui foi passado para todas as pessoas da floresta, enquanto o kanguijy foi especialmente preparado e reservado para Mbaracambri. Enquanto bebia seu kanguijy especial pouco antes de entrar no Opy, Mbaracambri sentiu um vento suave acariciar seu rosto. Ele olhou rapidamente para o céu, e com seus olhos fechados, ele pode sentir Yyvkuaraua. Ele pode cheirá-la, e seus sentidos relaxaram no conforto dessa presença. Ele sabia que ela estaria cantando pela alma de seu pai e para o bem de toda a sua aldeia.

Mbaracambri entrou no Opy com o coração mais leve e com grande foco para liderar a cerimônia, e por um breve momento, ele pode ouvir as palavras do ancião em seus ouvidos. Ele sabia que deveria manter a força. Ele não poderia se deixar levar pelos sentimentos malignos de atacar e perder sua família. Ele deveria orar e dançar para obter orientação. Com suas experiências passadas, Mbaracambri sabia que ele era sempre tentado antes de receber uma grande música. Dons espirituais sempre vem com um desafio, e agora, perante ele estava seu grande desafio. Com a agitação e a grande quebra do mbiroy na aldeia nesse dia, Mbaracambri encarou seus medos mais íntimos sozinho e confiou completamente nos caminhos sagrados de seu povo.

Nos seus sonhos anteriores, os espíritos o ensinaram a curar, dançar, cantar e viver. Mbaracambri sabia, que se ele escutasse o medo de seu povo, poderia perder sua conexão com o mundo espiritual. Para receber um sonho ou uma visão especial, ele precisaria orar e dançar por longas horas. Desta forma, ele apoiaria sua comunidade como o pajé mais velho através da comunicação com o mundo espiritual para trazer paz e Amor. Através de suas músicas sagradas – a palavra das Almas – eles seriam guiados, e isso confortou enormemente a pequena aldeia do povo da floresta.

Como Pajé, Mbaracambri fumou seu cachimbo e murmurou um som baixo enquanto movia seus pés junto com o canto de todos. Com a partida de Yyvkuaraua, Kitu agora ajudava seu pai com o seu takuá e cantava enquanto ele se movia em transe. De um lado os homens cantariam, e as mulheres responderiam batendo seus takuás no chão para criar um som terrestre ritmado. Enquanto a cantoria se intensificava, Mbaracambri dançava, cantava, e rezava com seu chocalho e não parou até que duas noites e dois dias tivessem passado.

Durante a longa cerimônia de preces e dança Mbaracambri teve uma visão do avô pajé que falou para ele, "Mbaracambri, as últimas instruções são as palavras das almas para você. Escute novamente! O povo da floresta fará uma jornada, onde o fim e o início são diferentes, porém o mesmo. Lembre-se disso, e recupere as pedras sagradas."

Depois da última noite de Cerimônia, antes que os raios dourados anunciassem a vinda de Kuarahy, os espíritos vieram até ele em sonho. Os deuses menores, instruídos por Ñande Ru, o Único Pai, disseram para Mbaracambri continuar a viver no caminho sagrado. Ele foi encorajado a levar a aldeia para uma jornada em um caminho na direção da Grande Luz nascente. Eles mostraram a ele o novo local para onde relocar o povo da Floresta, um local para o mbiroy florescer com o mundo celestial. Foi mostrado a ele comidas simples de raízes selvagens, bagas, kangui, mel, e água no caminho para todos comerem. Os lindos seres também elogiaram a aldeia por sua cantoria para assistir seu pajé mais velho e entes queridos com segurança para a terra sem mal nenhum.

Mbaracambri saiu do seu transe profundo para compartilhar a palavra das almas com o povo da floresta. Relocar a aldeia quando alguém morre é seu costume. Então, a jornada não foi surpresa para a aldeia; entretanto, para onde e como eles viajariam veio das almas. A aldeia olhou para Mbaracambri para ouvir as lindas palavras dos espíritos, e então ele falou, "Nossos familiares estão seguros na terra sem mal nenhum sob os cuidados dos seres celestiais. Fomos instruídos para fazer uma nova jornada. Todos devem se preparar agora para partir depois do próximo Kuarahy. Por favor, nesse dia juntem as coisas que não serão um fardo para vocês durante a jornada. Reservem um tempo para se alimentar com mandioca e milho e se limpar no rio."

Depois de responder às perguntas e observar todos se dispersarem para começar as preparações, Mbaracambri com os olhos fechados levantou sua cabeça para o céu e balançou seu mbaraká enquanto uma música saia em agradecimento pela orientação. Logo, ele sentiu um aquecimento percorrer seu corpo, e uma luz dourada brilhante apareceu na sua visão interior. Essa luz se tornou uma visão do espaço embaixo do altar do Opy. Ele seguiu a visão até a casa de orações. Ele se ajoelhou e limpou a sujeira com suas mãos, como a visão interior instruiu. Ele cavou um pequeno buraco e encontrou duas pedras. As pedras, uma ametista e um quartzo rosa, eram do tamanho do pulso de uma criança. Hesitando com as pedras nas mãos, ele lembrou da mensagem do pajé mais velho. Ele colocou as pedras em uma pequena bolsa de junco tecida à mão, e a colocou ao redor do seu pescoço e perto do seu coração.

Ainda ajoelhado na sujeira, ele tomou um tempo para se conectar com sua respiração e fez uma prece de gratidão enquanto ele fechava suas mãos sobre a bolsa. Ele seguiu as palavras das almas dadas pelo avô pajé em seu último suspiro, e agora, ele deveria se preparar para a viagem.

CAPÍTULO 4

Pelo Amor à Natureza e Todos os Seus Habitantes

Não podemos fazer grandes coisas nesta Terra, apenas pequenas coisas com grande Amor.
—Madre Thereza

A estação é inverno de 2009, e o nível da água do rio Amazonas é baixo o suficiente para expor um banco de areia. Um grupo de 25 pessoas, incluindo eu, cruzou o rio em canoas para um trecho exposto de praia.

Enrolada em um cobertor, tremendo de frio, e excitada com a aventura, busquei o céu noturno enquanto me deitava de costas em um tapete fino no banco de areia do Rio Amazonas. Olhando para o espetacular céu noturno, as constelações de estrelas eram hipnotizantes, tão brilhantes e incontáveis, e tão diferente do que eu costumava ver no hemisfério norte. Parecia e eu sentia que elas estavam mais próximas.

Entre a fascinação e a maravilha do céu noturno e o frio incômodo no meu corpo, meus olhos ficaram pesados enquanto a música do curandeiro tomou conta dos meus sentidos. Fechando meus olhos em rendição, minha consciência flutuou em sua voz melódica e tentei focar na minha intenção de cura.

Eu vim para as margens do Amazonas pela minha longa vida de Amor pelos costumes indígenas e pela minha jornada contínua de cura. Meu sonho de infância, quase 40 anos atrás, era ter uma carreira em estudo de culturas antigas, muito antes do Ama-Deus e Alberto Aguas. A imagem clara do dia na minha infância em que escolhi esse caminho é muito querida para o meu coração.

Em uma noite de verão, quando tinha 23 anos, eu estava deitada no chão da sala de estar folheando a grade curricular da universidade, que era do tamanho de uma folha de jornal para organizar os cursos do meu próximo semestre. Meu pai estava sentado em sua cadeira lendo o jornal e tomando um coquetel noturno. Eu havia decidido que arqueologia e geologia seriam a matérias principais e francês seria a secundária, após retornar de um período de um ano estudando fora na Universidade de Grenoble. Olhando o programa, outra matéria chamou minha atenção.

"OK, pai, que tal astronomia?"

"Sério?"

"Claro! Talvez seja uma carreira financeira melhor do que arqueologia. Eu poderei ir até o final para o meu doutorado. Então eu seria a Dra. Cosmos!" Ambos demos uma boa risada dessa ideia.

Lendo um pouco mais, eu exclamei, "Ah meu Deus, astronomia está fora! Todos os cursos apresentados nesta grade são de matemática. Definitivamente isso não dará certo. Minha nossa, por que eu preciso de matemática para estudar as estrelas?"

Meu pai riu da minha explosão. Embora ele fosse parcialmente a favor da arqueologia, uma carreira que ele sentia que não traria segurança financeira, ele não me dissuadiu a mudar; ao contrário, ele me deu sua opinião. O apelo e sentindo no coração a fascinação por qualquer curso em arqueologia reforçou minha convicção de não mudar de curso; então as disciplinas do final do ano foram selecionadas para completar minha graduação.

Desde cedo a busca pelo entendimento da existência humana era fundamental para mim. As chamadas culturas perdidas eram fascinantes de ler e decifrar, como um detetive espiritual trabalha para responder as perguntas incessantes sobre a vida. O motivo que me levou a estudar um ano fora durante a faculdade não foi só de visitar as ruínas gregas e romanas, mas também de experimentar culturas diferentes que viviam antes de serem estudadas como mortas ou perdidas. Enquanto crescia, o subúrbio do Meio Oeste americano oferecia um ambiente de proteção cultural. Eu sentia a necessidade de viver entre outras culturas e aprender a observar através da perspectiva de outras pessoas e tradições.

Sendo filha única, criada dentro da etiqueta social proverbial de ser vista e não ouvida, tornou fácil o diálogo pessoal interior. Observar o meu meio ambiente se tornou natural. De todos os lugares, a natureza era o mais confortável. Ela tinha tanto para se observar, o pequeno e o grande, as plantas, os animais, a água, e os reinos minerais, que muitas vezes acabavam no meu bolso como tesouros reais para levar para casa. A natureza inspirava minha imaginação e encorajava introspecções mais profundas dos princípios do universo. Estar fora era estar no céu. Deus, ou o que chamo agora de Universo Imutável, A luz não Criada, o Amor Divino, a Fonte de Tudo o que É, estava viva para mim em todos os lugares.

Um livro sobre um herói Nativo Americano chamou minha atenção na escola e eu comecei minha jornada de procurar por qualquer estória que falasse da forma de vida dos indígenas. Sua forma de vida era interessante, estando em total equilíbrio com a natureza. Esse primeiro livro cujo título era *Gerônimo* também se tornou meu apelido na escola depois que os garotos da minha sala descobriram meu material de leitura.

O nome pelo qual era chamada e a vergonha não me fizeram parar de procurar por qualquer material sobre índios ou *primeiras* pessoas. Essa busca continuou, e a pequena coleção de livros escolares me levou eventualmente à descoberta de outras culturas perdidas na revista *National Geographic*. Todos os meses eu ficava completamente absorvida lendo sobre culturas antigas na área do Mediterrâneo, Oriente Médio, ou de dinastias mais antigas do Extremo Oriente. Entretanto, as mais atraentes e envolventes eram as culturas Maia e Inca. Esse foco indígena das Américas Central e do Sul permaneceram comigo fortemente através dos anos.

Durante meu primeiro ano na faculdade, meu tio me ofereceu a oportunidade de viajar com ele para o México para visitar Akumal na península Yucatan. Akumal era uma comunidade praiana entre as cidades Playa del Carmen e Tulum. *Akumal* significa "lugar das tartarugas" no idioma Maia.

Adquiri memórias maravilhosas dos Maias em pequenas aldeias e seguindo caminhos pela selva antes da área ser desenvolvida para o turismo. Dessa oportunidade, antes de multidões de turistas e rodovias divididas, eu andei pelas ruínas de Tulum e Chichen Itza, me apaixonando pela ideia de estudar as culturas indígenas não somente através de livros, mas imergindo nos remanescentes das culturas passadas. E assim o fiz.

Me formei na faculdade, e a melhor notícia para meu pai foi meu emprego no Novo México no museu Ruínas de Salomão. Esse emprego era um trabalho muito excitante e satisfatório, e meu pai estava contente, pois isso apresentava uma aplicação dos meus estudos e o interesse em uma carreira que poderia me sustentar.

O pequeno museu dedicado às primeiras pessoas brancas que moraram na área era localizado em um trecho de uma terra inabitada entre Bloomfield e Farmington, Novo México. O curador desse pequeno museu era um arqueólogo. Nos anos setenta, os campos de óleo e gás estavam explodindo com extração, e uma grande área dessa atividade estava localizada em áreas reservadas e nas terras do Ministério de Gerenciamento de Terras (BLM). Quaisquer atividades em ambas as terras requeriam uma pesquisa arqueológica de acordo com a Lei Federal de Antiguidades. O curador estava maravilhado com a necessidade dessas pesquisas para que se cumprisse com a legislação. Minha vinda ajudou a aliviar os pedidos atrasados e me ofereceu uma experiência de trabalho de campo.

Por quase 10 anos, eu fui contratada pelas três maiores empresas de óleo e gás para fazer pesquisas arqueológicas e trabalhar nos campos de diferentes reservas. Esse trabalho de campo também me trouxe interações com governos tribais diferentes na área, tais como os mais diferentes Pueblos, os Ute da Montanha, os Navajo, e conselhos de governo das nações Apache Jicarilla. As interações com tribos diversas, assim como as inúmeras pesquisas de terra, se mostraram ricas em experiência e satisfizeram minha sede de estar perto e aprender os costumes indígenas.

Meu histórico de profundo interesse e experiências com os costumes indígenas acenderam meu senso de eventualmente investigar além das notas e palestras de Alberto sobre os Guaranis. Essa investigação profunda clareou o motivo dele ter se apaixonado pelos costumes desse povo. Ainda mais para mim, neste estágio da minha vida, a investigação sobre os Guaranis refletiu um entendimento claro das raízes naturais da humanidade e um entendimento claro sobre as pessoas que levam as práticas indígenas tradicionais. Minha procura desde a infância, por respostas das culturas "perdidas" foi ricamente recompensada mais tarde na minha vida ao descobrir o estilo de vida dos Guaranis.

CAPÍTULO 5

Registros Históricos dos Guaranis

Encontro esperança no mais escuro dos dias, e foco nos mais
claros. Eu não julgo o Universo.
—Dalai Lama

Com paixão e foco, levei bem um ano para investigar com determinação as principais fontes de informação sobre os Guaranis. Encontrei um tesouro de material escrito em livros, manuscritos, e dissertações sobre eles em todos os aspectos de sua vida social. Meu objetivo era peneirar e localizar narrativas que coincidissem com as experiências de Alberto. Os resultados mais do que confirmaram suas descrições. Meus olhos se abriram para uma cultura indígena fascinante que continuava bem viva.

"Os Guaranis do Brasil e Paraguai moram em algumas das maiores florestas subtropicais do mundo, habitando uma área extensiva, embora descontínua, que abrange milhares de quilômetros, do Rio Amazonas até a Bacia do Prata."[24] Mantenha esse meio ambiente em mente enquanto ler a história dessa tribo e seu encontro original com os homens e culturas.

A maioria das histórias dos Guaranis foram escritas em espanhol, português, alemão e francês. Essas línguas dominaram as primeiras narrativas escritas porque os exploradores e os missionários nos séculos dezesseis e dezessete eram europeus. As primeiras narrativas dão vislumbres, pois não existe documentação escrita conhecida ou achado arqueológico que descreva a vida indígena pré-hispânica.

Alguns dos relatos mais amplos documentavam o impacto das "reduções," um tipo de assentamento criado pelos missionários Jesuítas para os indígenas. Crônicas posteriores dos missionários e de inúmeras narrativas étnico históricas mergulharam no impacto dos colonizadores.

Do século quinze até século vinte, as crônicas reportaram ondas de doenças epidêmicas como sarampo, catapora, e pneumonia; a invasão de comerciantes de peles; a explosão da borracha; fazendeiros; madeireiros; projetos de hidroelétricas; projetos nucleares; minas, estradas e pistas - tudo isso lançou ameaças a malha social dos povos indígenas da América do Sul.

Eu poderia ter ficado facilmente presa nas dificuldades de moral social desse descortinar histórico dos eventos, nada diferente de muitos movimentos expansionistas da habitação humana na terra. Meu trabalho às vezes era angustiante pois eu lutava para manter o foco em expor descrições que demonstrassem a natureza espiritual dos Guaranis. Essas narrativas registradas têm a capacidade de incitar questionamentos pessoais assim como globais para a mudança necessária.

Crônicas dos séculos XV e XVI foram substancialmente sobre as rotinas diárias dos missionários de se mover rapidamente pelas aldeias e batizar o máximo de nativos que eles pudessem. Mais tarde, no século XVIII, muitos dos missionários viveram em aldeias diferentes. Missionários Jesuítas, tais como Montoya e Dobrizh, que moraram com os Guaranis, ofereceram uma descrição mais narrativa sobre morar na floresta, que estava em contraste com as histórias missionárias anteriores de conversão.

Essa dinâmica de morar dentro de aldeias diferentes continuou no século XIX. Curt Nimuendaju, nascido alemão, que trabalhou para o governo brasileiro, morou com um grupo Guarani chamado Apapokúva e foi formalmente batizado e adotado na comunidade deles. Nimuendaju, significa "aquele que soube como limpar sua própria estrada nesse mundo e ganhar seu lugar," foi o nome que os Guaranis deram para ele. Ele compilou as primeiras narrativas detalhadas da mitologia e das práticas espirituais desse povo. Outros que desejavam aprender sobre os Guaranis seguiram o exemplo de Nimuendaju, adotando o estilo de vida dos Guaranis para testemunhar e registrar suas tradições e seus costumes. Alguns que contribuíram foram Alfred Métraux em 1948, Egon Schaden em 1962, o Antropologista Leon Cadogan em 1962, o Jesuíta Bartolomé Melia em 1977, e Viveiros de Castro em 1986, pois tentaram capturar a verdadeira essência cultural dos Guaranis. Alguns destes trabalhos mencionados acima foram traduzidos para o inglês, e os elementos dessas traduções serão discutidos mais à frente neste capítulo.

Após mergulhar em montes de manuscritos traduzidos, dissertações e livros, eu gostei muito de *Prophets of Agroforestry* (Profetas da Agrofloresta) de Richard Reed. O trabalho de Reed é do mesmo período das experiências de Alberto com os Guaranis no início dos anos 80. Reed viveu, estudou e escreveu uma narrativa completa sobre os Guaranis Chiripa nas florestas do leste do Paraguai entre 1981 e 1984. Reed compilou em um livro bem abrangente a documentação histórica mais aceita para dar suporte a suas ricas narrativas pessoais.

Em um outro livro, dez anos após o trabalho de Alberto, Bradford Keeney, um psicólogo e editor do "Ringing Rock Profiles", escreveu narrativas sobre os Guaranis no livro *Guarani Shamans of the Forest* (Xamãs Guaranis da Floresta). Keeney compartilhou suas experiências pessoais e testemunhou o estilo de vida dos Guaranis através das vozes dos pajés ou xamãs atuais. Essas narrativas pessoais deles continuam a ecoar as mesmas estórias sagradas vistas como tema principal de todas as narrativas etnológicas e antropológicas sobre os Guaranis. Esse livro ilustra e demonstra as narrativas detalhadas nas estórias de Alberto.

Em todas as narrativas escritas que encontrei recentemente, somente a experiência de Keeney se compara com a de Alberto. Sua intenção de interagir veio unicamente de uma busca espiritual. Ambos, Alberto e Keeney, se aproximaram dos Guaranis com os olhos espirituais, e não com uma missão evangélica ou de documentação histórica. Não quero dizer que os Guaranis não receberam outras pessoas que observaram e experimentaram seus costumes sagrados. Melhor, essas são apenas narrativas que encontrei que sugeriram que o propósito inicial de buscar os Guaranis foi com intenção espiritual.

Como hoje, as narrativas iniciais repetidamente mostraram como os primeiros exploradores nos anos 1500 foram tocados quando conheceram e interagiram com os Guaranis. Por outro lado, outros estavam cegos.

De Selvagens a Místicos

As primeiras narrativas escritas sobre os Guaranis no século XVI vieram dos Jesuítas. As descrições deixaram claro que eles tinham a intenção de batizar e converter os "selvagens". Os missionários tinham como objetivo primário evangelizar o mundo e "os Jesuítas eram os maiores instrumentos nas mãos de Deus."[25] Realmente os selvagens eram um grupo que parecia que deveria ser salvo. Nos primeiros encontros, os missionários mais zelosos não tiveram olhos para reconhecer a natureza espiritual desse povo. Os missionários estavam em uma cruzada religiosa para a qual eles foram treinados e instruídos. Nós, entretanto, somos gratos aos autores dos registros iniciais que capturaram algumas das descrições das práticas espirituais que são descritas nas próximas sessões.

As descrições a seguir juntam diversas crônicas espanholas tiradas do livro de John Monteiro *As Crises e as Transformações de Sociedades Invadidas: Brasil Costeiro no Século XVI)*. A apresentação de Monteiro de diferentes observações tornou óbvio os papéis de liderança em uma determinada aldeia, mostrou as narrativas iniciais de uma tradição oral, e sugeriu fortes práticas espirituais coletivas.

> As habilidades oratórias figuravam na formação de um grande líder entre os Tupi (Guarani)...o que chamou sua atenção não foram apenas os métodos retóricos, mas também o conteúdo dos discursos frequentes. Segundo Fernão Cardim, todos os dias antes do amanhecer, o chefe "prega durante meia hora, lembrando [aos moradores] que eles trabalharão como seus antepassados, e divide o tempo deles dizendo o que devem fazer".

> O padre Manuel da Nóbrega, escrevendo de São Vicente em 1553, relata: "Todos os dias, antes do amanhecer, de um lugar alto, o [mandante] estabelece a tarefa do dia para cada família e lembra-os de que devem viver em comunidade".

> Magalhães Gandavo comentou: "Essas pessoas não têm um Rei entre eles, nem qualquer outro tipo de justiça, exceto um *mandante* em cada aldeia, que é como um capitão, a quem os homens obedecem por escolha e não pela força."[26]

Essas referências em forma de crônicas nos deram um vislumbre do modo de vida espiritual intenso desse povo. Esses "chefes" que pregavam pela manhã eram os xamãs ou pajés e, de acordo com os relatos de Yves d´Evreux, um historiador e explorador francês (1577) "exerciam múltiplas funções como curar os doentes, interpretar sonhos e afastar as principais ameaças externas à sociedade local, incluindo espíritos e demônios"[27]. As narrativas posteriores fundamentam a estrutura dessa liderança na comunidade. Aprendemos que a comunidade escolheu e designou quem preencheria essa liderança espiritual. O pajé conquistava seu lugar na comunidade como líder espiritual, demonstrando seu poder de palavras ou canções de palavras que recebeu em um estado de sonho.

Esse tipo de liderança representava um desafio considerável para os primeiros observadores, pois estavam mais acostumados à divisão da liderança política e religiosa. Mais tarde, os Guaranis adaptaram o que é chamado de "cacique", uma liderança patrilinear, mas não mais forte do que o pajé, provavelmente em resposta à dominação ocidental. Essa importância colocada na liderança espiritual e no poder da palavra ficou mais clara em registros posteriores.

Uma lenda registrada pelos primeiros missionários foi a narração de uma grande enchente. Por que essa descoberta não despertou nenhuma intenção dos missionários de se aprofundar na cosmologia Guarani? Porque "os jesuítas eram todos consistentes em seus relatos, não encontrando idolatria ou nenhuma forma de adoração; no entanto, quaisquer contos relatados durante suas observações, infelizmente mitos, eram considerados contos divertidos ou se não se encaixavam em seu próprio entendimento de 'cosmogonias' eram obras do diabo."[28]

Relatórios posteriores contam e evidenciam várias destruições na Terra na história oral dos Guaranis. Além disso, o medo dos espíritos que os nativos tinham foram mencionados em vários documentos. Esses relatos do pajé diante do sol nascente em oração, uma história de inundação e descrições de espíritos ligados à terra deram dicas úteis de que os "selvagens" tinham algumas crenças no reino espiritual.

É digno de nota a aceitação e a paciência deles mantidas ainda hoje. Nimuendaju afirmou que um princípio importante da vida cotidiana Guarani é a tolerância: "Mesmo que o Guarani, em sua alma, esteja convencido da verdade de sua religião como o cristão mais ardente, ele nunca é 'intolerante'"[29]. A tolerância é demonstrada de várias maneiras. Para eles, o conhecimento espiritual passado e presente vem do Grande Pai exclusivamente para cada um de seus filhos. Portanto, a etiqueta de ouvir ou ser tolerante quando alguém está falando é um ato de reverência sincera a alguém. Escutar era ouvir a alma da outra pessoa, e isso era de grande importância no mundo deles. Depois de muita escuta e observação dos "estrangeiros", encontramos registros de como os Guaranis não se sentiam menos afortunados, mas sentiam pena dos intrusos que pareciam ser dominados por sua natureza animal.

De Léry compartilhou em 1578 como ele observou os Guaranis recebendo-os: "Eu observei entre eles que, assim como eles amam aqueles que são felizes, alegres e liberais, pelo contrário, odeiam aqueles que são taciturnos, mesquinhos e melancólicos".[30]

O antropólogo do século XX, Jonathan Hill, também esclareceu esse conceito: "Tristeza e 'seriedade' são valorizadas negativamente. De fato, uma das coisas que mais os surpreendeu [...] sobre o comportamento dos brancos foi a flutuação inexplicável de humor e não rir é um eufemismo para o rancor...a noção de 'alegria' ou tori tem ressonâncias filosóficas profundas...os cognatos de tori designam atividade ritual".[31]

Para se diferenciar da intolerância e mau humor dos outros, os Guaranis usam a frase "o estilo de vida Guarani" com dignidade e humildade. Ñande reko é uma expressão de sua identidade que significa "nossa lei", "nossos costumes" e "nosso comportamento". Meliá, em sua cuidadosa análise da língua Guarani, assume os significados do dicionário mais antigo Tesoro de la Lengua Guarani (1639), compilado por Pe. Antonio Ruiz de Montoya. Ele descreve a personalidade Guarani em duas expressões "ñande reki katú e ñande reko marangatú [nosso verdadeiro e autêntico modo de ser, e nosso bom, honorável e virtuoso modo de ser, com relação ao lado religioso da pessoa]. Como esse lado religioso da personalidade se desenvolve e vive no presente é o mesmo que perguntar sobre a experiência religiosa dos Guaranis."[32]

O desenvolvimento do lado religioso ou espiritual do indivíduo é de extrema importância. Cada indivíduo aprende a acrescentar à unidade da comunidade, através da constante expressão poética da música para o Divino. Em resumo, não existe divisão entre os dois conceitos Guaranis dos mundos material e espiritual.

Para a maioria dos primeiros colonizadores, exploradores e membros das ordens religiosas, o modo de vida simples na floresta mascarava o rico interior do relacionamento sagrado entre as pessoas e a terra e a compreensão de seu lugar no Universo aos olhos que apenas viam e valorizavam o mundo material ou questões religiosas preconcebidas. Os Guaranis mantinham a vida simples em termos materiais e cercavam-se de riquezas no reino espiritual.

Os relatos étnico-históricos posteriores registraram um estilo de vida mais detalhado que revelou uma vida espiritual. Metraux os descreveu como "homens que desejam viver na companhia [do mundo espiritual]."[33]

Egon Schaden, como citado nas obras de Hélène Clastres, escreveu sobre os Guaranis: "Meu reino não é deste mundo. Toda a vida mental dos Guaranis está voltada para o além".[34] Tantos pesquisadores, que estudaram os Guaranis, ficaram fascinados com seu nível de entendimento da alma e perspectivas de vida. Eles passaram de selvagens nos primeiros registros para o que Clastres descreveu como místicos e atribuíram aos Guaranis o título de "teólogos da América do Sul" em relatos acadêmicos posteriores.

A Terra e o Lar

As primeiras documentações mescladas com relatos recentes da vida na aldeia Guarani forneceram a textura e a cor de suas vidas. Eles foram roçadores (cortar e queimar), plantaram e alternaram conforme necessário, movendo a comunidade para permitir a regeneração do solo. Os Guaranis tinham um sistema de agrossilvicultura sustentável,[35] que eles regulavam pelas estrelas. Observadores anteriores notaram o cultivo de variedades de vegetais: milho, mandioca, abóbora e feijão. Um relato etnográfico posterior em 1948 descreve:

> Os Guaranis primitivos parecem ter sido horto culturistas hábeis [eles] suplementavam sua dieta com todos os tipos de frutas e com caça e peixe...toda a comunidade, Guaranis antigos e modernos, cooperava na limpeza de um grande campo através do método de corte e queima em uma floresta densa e depois subdividida em parcelas familiares. O plantio e a semeadura foram regulados pelo curso das plêiades. A principal ferramenta na agricultura era a vara de cavar. Após cinco ou seis anos de cultivo, os campos eram considerados esgotados e abandonados."[36]

Outros observadores notaram que eles mantinham dentro de suas casas os papagaios, cujas penas eram usadas como adorno pessoal.[37] Eles cultivavam algodão e erva-mate e domesticavam o pato moscovita.[38] [39] O cultivo de importância primária era mandioca e milho. Sua dieta foi complementada pela caça, pesca e coleta de frutos silvestres e coisas como mel para subsistência, o que ocorria entre as produções agrícolas.

Hoje, apesar de não conseguirem se mover na floresta, os Guaranis ainda realizam cerimônias sagradas que giram em torno do plantio e colheita de seu milho e mandioca com o movimento dos planetas e estrelas.

Instrumentos Musicais e Danças

Para os Guaranis, dos povos antigos até os dias atuais, toda a vida é um ritual. Existem cerimônias para concepção, nascimento, nomeação de filhos, puberdade, paternidade, doença, transição, alimentação, caça, plantio e colheita. Todos os aspectos da vida eram sagrados e, portanto, as ferramentas usadas para uma cerimônia também são importantes e têm papéis específicos.

Instrumentos musicais, principalmente o chocalho de cabaça, e as baquetas são ferramentas sagradas importantes. Os homens usam os chocalhos, chamados de *mbaraká*, durante as cerimônias, e as mulheres usam o takuá (ou *takuará*) e baquetas. Os homens marcam o ritmo através das canções, chocalhos e batida de pés, e as mulheres respondem na música enquanto batem ritmicamente o takuá e fazem passos de dança com os pés. As flautas foram usadas entre os Guaranis antigos, como observado nas narrativas iniciais, enquanto os instrumentos de cordas foram introduzidos nos tempos mais recentes.

Acredita-se que a "voz" do chocalho ou "o som seja dotado de poder sagrado. O chocalho se comunica com Deus. As sementes dentro representam os filhos da comunidade. Agite-o e toda a comunidade reza".[40] São feitos de pequenas cabaças cheias de sementes e, depois montados com alças pequenas de bambu."[41] Geralmente são decoradas com penas presas a um cordão de algodão. Os xamãs são capazes de sacudir chocalhos, criando os mais variados padrões rítmicos.

"O tubo sonoro [com cerca de um metro de comprimento] é um pedaço de bambu fechado em uma extremidade, enfeitado com penas e com desenhos no estilo de tabuleiro de damas. O instrumento é reservado para mulheres que o batem no chão para produzir um baque surdo que marca a cadência de suas danças."[42] Batido na terra lisa, um tom retumbante pode ser ouvido por quilômetros na floresta.[43]

Os dançarinos ficam em uma fila - as mulheres em uma fila se movendo para cima e para baixo e os homens em outra fila jogando os pés para frente em rápida sucessão. As danças envolvem uma fila de pessoas, que estão voltadas para o leste, e se houver um movimento, a fila gira e se move para o norte, oeste e sul.[44]

Shaden, autor de Aspectos Fundamentais da Cultura Guarani, escreveu: "Todas as diferentes orações que acompanham as danças religiosas e que se estendem pela noite até o romper do dia...não passam de caminhos que levam à presença dos deuses. Sem um caminho, não se chega ao lugar que se pretende alcançar."[45] A dança é uma técnica usada pelos Guaranis para iluminar o corpo. Ao iluminar o corpo, a pessoa tem mais acesso interdimensional.

Plantando com o curso das Plêiades, instrumentos sagrados usados para comungar com o mundo espiritual e dançar para iluminar o corpo para viagens interdimensionais, todos começam a demonstrar as práticas espirituais intensas, que levam os aspirantes a se conectar e, eventualmente, a residir na terra sem mal nenhum.

Língua e Alma

Nos relatos iniciais dos colonizadores, foram registrados eventos importantes, como a atividade comunitária matinal de reunir-se em torno do chefe. A comunidade seguia o "chefe" por escolha, e não pela força. Aprendemos que esses chefes são os xamãs ou pajés e que a comunidade os segue por causa de sua palavra das almas. A palavra das almas é uma linguagem divina e era sagrada para os Guaranis. Essa importância foi ilustrada com perspicácia na seguinte explicação de Nimuendaju sobre o significado linguístico para alma:

> Os apapocúva [Guaranis] não se referem à alma como *ang*, assim como outras tribos da mesma família linguística, mas como *ayvucué*. Não tenho certeza sobre o [significado] do início desta palavra *"ay"*, que pode corresponder ao termo *ang*; *vu* significa "brotar" e *cué* significa "linguagem" [é a forma simples do pretérito do verbo "ayou", que também significa emitir um som].[46]

Alma e som são sinônimos. A palavra alma é o termo Guarani traduzido que é usado para descrever música e linguagem. A laringe dá à alma encarnada uma voz e o poder de expressar a linguagem da alma através de canções e belas palavras, enquanto os lábios são simples portais para transmitir esses sons para as dimensões terrenas. Enquanto comunidade, os Guaranis já tiveram séculos de comunhão com a alma e preservando um caminho celestial para o reino espiritual, para equilíbrio e harmonia durante suas jornadas terrenas. A bela linguagem ou palavra da alma é a linguagem recebida dos deuses. Schaden, em 1969, diz que ayvú [que significa alma] "significa apropriadamente linguagem...é de origem divina; isto é, compartilha a natureza dos espíritos sobrenaturais. É responsável pelos desejos, sentimentos e manifestações mais nobres do indivíduo. A função básica e primordial da alma é conferir ao homem o dom da linguagem; e dessa maneira, a designação."[47]

Um testemunho de Keeney, em 2000, dos atuais xamãs Guaranis, demonstra uma continuidade ininterrupta, correspondente a esses relatórios anteriores. Ayvú, "palavra alma", o principal aspecto da vida Guarani é percebido quando o espírito toca o coração de alguém e ele é levado a se expressar através da fala. "É tão puro que, quando ele vem através do seu corpo, dá pura sabedoria e verdade. Se você não age corretamente e, portanto, quebra a harmonia entre seu corpo e a palavra das almas, comunidade e natureza, você possivelmente morrerá. A fonte da palavra alma vem do Deus principal e dos deuses menores".[48]

Os Guaranis reconhecem duas almas. Uma é considerada a alma humana *ayvucué* e a outra uma alma animal *acyiguá*. Segundo a crença Guarani, a alma humana é "inteiramente boa e se manifesta imediatamente. A alma animal é mais ou menos agressiva, dependendo do tipo de animal envolvido, e começa a se manifestar quando crianças pequenas exibem irritabilidade ou insatisfação."[49]

> A parte humana da alma é definitivamente sempre boa - não há diferença entre uma pessoa e outra. A qualidade da alma animal varia muito: de uma borboleta a uma onça. Como a alma animal morre junto com o corpo, ela também não está sujeita a julgamento nos pós vida. A sede da alma humana no corpo físico é o coração; a sede da alma animal é a cabeça.[50]

Nessa crença na alma, os Guaranis não têm espaço para o purgatório ou o inferno. A alma que entra é divina e recebe todo o respeito devido da comunidade. Essa percepção lembra a descrição de Alberto sobre reencarnação e crianças. Nimuendaju faz um dos primeiros relatos que descrevem a alma:

> O *ayvucué*, a alma do nascimento, logo recebe um elemento adicional para completar a entidade dual, que é uma alma humana. O novo elemento é o *acyiguá*. Esta palavra consiste em duas partículas: *acy*, que significa "dor" e o resto, que significa "intenso". O *acyiguá* é a parte animal da alma humana. Ações gentis e boas são atribuídas ao *ayvucué*; atos maus e violentos são atribuídos ao acyiguá. A tranquilidade é uma expressão de *ayvucué*, a inquietação de *acyiguá*. As características do animal, em que um determinado *acyiguá* se baseia, determinam o temperamento de uma pessoa.[51]

Na morte, a alma se divide nos dois componentes originais. A alma animal morre com o corpo, e a alma humana tem a opção de reencarnar.

Esse conceito é tão parte dos Guaranis que não há medo da morte. Espíritos terrestres são mais temidos que a morte.

O autor Nimuendaju, relata isso através de sua experiência pessoal com o processo de morrer:

> Os Guaranis temem os mortos mais do que temem a morte. Uma vez que estão convencidos de que realmente chegaram ao final, sua imperturbabilidade é admirável. Isso tem muito a ver com o temperamento deles, ao qual é adicionado sua fé religiosa. Os Guaranis não temem nem o Purgatório nem o Inferno, não há dúvida para onde a alma vai depois da morte. Uma pessoa que está morrendo é, portanto, totalmente equilibrada ao entregar instruções finais a seus herdeiros, que são executadas sem falhas; depois, ele canta sua música medicinal, se tiver uma, e ignora todas as observações sobre possível remissão, além de recusar todos os medicamentos. Se ele deve morrer, ele deseja morrer - o mais quieto possível. Até o pensamento de se separar dos entes queridos tem pouco peso, pois sua crença na reencarnação garante que ele viverá novamente entre eles. [52]

Estas descrições mais recentes revelaram uma imagem de que a linguagem e a alma estão intrincadamente ligadas. A compreensão dessa perspectiva proporcionou mais discernimento e importância para a compreensão completa do modo de vida Guarani e de suas cerimônias.

CAPÍTULO 6

Vendo seu Mundo como Almas Divinas

Você deve provar a existência de Deus primeiro para si mesmo, por meio de nossa própria experiência direta..nesse ponto, tanto a fé quanto a esperança serão canceladas e o que permanecer será o amor.
—Padre Maximos

Em 1986, Viveiros de Castro relata que os Guaranis têm a mais elaborada "teoria da pessoa...desenvolvendo ao máximo a distinção entre os princípios celestes e terrestres dos seres humanos".[53] Em nenhum lugar isso é mais evidente do que na cerimônia de nomeação de uma alma que chega. O nome de um Guarani é considerado parte de sua alma, quase idêntico a ele e indivisível da pessoa. Nas palavras deles, não dizemos que um Índio "é chamado" tal ou tal; ele "é" tal e tal. O uso indevido de um nome é infligir danos a seu proprietário".[54]

Os Guaranis distinguiam entre uma alma de origem divina e destino, ligada ao nome pessoal, "orações" individuais, fala e respiração e uma alma com conotação animal e um destino terrestre póstumo, ligada ao temperamento individual, alimentação, sombra, e o cadáver. A primeira é dada completamente no nascimento; a segunda cresce com a pessoa e manifesta sua história.[55]

A cerimônia de nomeação dá um exemplo tangível de sua perspectiva sobre a alma e como a "palavra das almas" têm tanto poder e importância na vida cotidiana dos Guaranis. O nascimento de uma criança é o nascimento de uma alma. Toda a comunidade se reúne incondicionalmente e participa na celebração e no regozijo pela alma que chega. A cerimônia de nomeação começa com a esposa e a filha apoiando o pajé no canto e no uso dos instrumentos sagrados. Eventualmente, toda a comunidade se junta ao canto à noite, enquanto o pajé entra em transe para recuperar o nome da alma que chega. O nome tem grande significado para os Guaranis. Novamente, um relato maravilhoso é encontrado no relatório de Nimuendaju:

Quando uma criança nasce, o bando inteiro se reúne depois de alguns dias e o curandeiro inicia sua cerimônia para descobrir "Qual alma chegou até nós." A alma pode vir da habitação de Ñanderiquey, que é o zênite, ou de "Nossa Mãe" no Leste, ou da morada do deus da chuva Tupã no Oeste. Essa alma chega completamente formada, e o trabalho do curandeiro é apenas de identificá-la. Isso ele faz abordando os vários poderes desses pontos cardeais com canções apropriadas e perguntando de onde a alma veio e qual o seu nome. É necessário muito esforço por parte do curandeiro para conectar-se a esses poderes celestes, pois isso é possível apenas em transe. Geralmente, ele se senta logo após o anoitecer apenas para cantar e balançar o chocalho. A princípio, ele é acompanhado apenas por sua esposa e filha, que cantam e tocam ritmicamente a *taquara* de dança. De vez em quando, todas as mulheres da aldeia se reúnem de frente para o leste em uma única fila ao longo da parede da casa. Os homens permanecem em segundo plano. Isso continuará por horas. Enquanto isso, o curandeiro recebe ocasionalmente poderes sobrenaturais das entidades para as quais ele está cantando que são transferidas para a criança. Esses poderes são considerados silenciosos, tangíveis, embora invisíveis. O curandeiro parece pegar essas substâncias com as mãos acima da cabeça. Ele então faz movimentos de embrulhar antes de espalhá-los sobre a criança...quando o sol começa a nascer, a música do curandeiro se torna mais alta e mais solene, à medida que seus acompanhamentos rítmicos desaparecem e ele se entrega inteiramente ao transe. Ele não é mais acompanhado por outros cantores e seu chocalhar flutua entre meramente audível para muito energético. Este é o Ñeengarai, o culminar de qualquer dança religiosa. Cantando, o curandeiro circula dentro da cabana algumas vezes...a pequena procissão caminha para oeste, sul, leste e norte...Finalmente, todos os presentes se alinham com as mãos levantadas e se curvam ao sol nascente. Assim termina esta dança medicinal em particular, assim como todas as outras.[56]

Essa cerimônia de nomeação registrada na virada do século não parece ter sido perdida ou alterada, como é visto nesta descrição atual pelo xamã Tupa Nevangayu.

> Em nossa comunidade, chamamos todos de criança, não importa quão jovens ou velhos eles sejam. Quando você batiza alguém, você pergunta a Deus de onde a criança vem - leste, oeste, norte ou sul. Deus diz a você de onde a criança é e depois diz o nome espiritual Guarani. Quando você foi concebido, Deus lhe deu um nome espiritual. Deus te dá isso. O xamã pergunta a Deus como ele o nomeou e, em sua cerimônia de batismo, esse nome é anunciado à comunidade. Nós dançamos e comemoramos esse evento.[57]

Bem antes de eu começar a pesquisar sobre os Guaranis, muitas oportunidades de visitar o Brasil apareceram para mim. Christian Vianna, em 2005, foi meu primeiro contato no Brasil, e um anfitrião muito gentil. Ele organizou uma visita a uma aldeia Guarani no sul do Rio de Janeiro. Subsequentemente, em cada viagem de volta, eu visitava essa aldeia em particular, e desenvolvi um certo sentimento e laços com essas pessoas - *saudade* em português. Em 2007, durante minha terceira viagem ao Brasil e visita a esta Aldeia, eu tive a experiência da cerimônia de nomeação dos Guaranis.

Essa viagem aconteceu no outono no Brasil, e a temperatura estava agradável, e a folhagem estava lindamente verde. Em casa, no Michigan, o tempo estava mais fresco na primavera, com apenas o toque de cor retornando. O calor foi uma boa recepção. Viajei de carro como carona e desfrutei da bela costa ao longo de uma estrada de duas pistas em direção ao sul do Rio de Janeiro. Christian organizou com um amigo, Teodoro, para me levar até a aldeia Guarani. Assim como Christian, Teodoro mantinha boas relações com o cacique desta aldeia e fala fluentemente Guarani. Eu o conheci, e fiquei em sua casa na minha primeira viagem ao Brasil, através do meu anfitrião Christian. Nos tornamos bons amigos.

Eu estava voltando ao Brasil para aprofundar minha pesquisa sobre os antecedentes de Alberto e fazer uma terceira visita aos Guaranis para comprar alguns de seus artesanatos. Sabendo do retorno à aldeia, durante todo o ano coletei roupas, que deveriam ser distribuídas entre as crianças da aldeia. Todas as roupas e alguns itens pessoais para o cacique foram embalados em uma mala grande. O plano era dar ao cacique o conteúdo e a mala. No ano anterior, quando trouxe roupas para a aldeia, o cacique parecia ter ficado um pouco desapontado porque a mala não foi incluída. Este ano, foram feitos os preparativos para presenteá-lo com tudo.

"Téo, eu queria parar para comprar alguma coisa divertida para as crianças, como Christian sugeriu em minha primeira visita."

"Sim, essa é uma boa prática. Conheço um mercado de fácil acesso e com boas opções para você. Eu também gostaria de levar algo para o cacique."

Paramos no caminho em um mercado a vinte minutos da aldeia para comprar vários pacotes de biscoitos para as crianças. Lembrei-me vividamente da alegria das crianças na visita anterior, quando os mesmos biscoitos foram distribuídos; eu esperava que eles respondessem alegremente novamente. A aldeia era pobre em termos de bens materiais.

O principal objetivo dessa visita, além de entregar roupas, era reabastecer minha coleção de artesanato. Todo o ritual de olhar para muitos brincos, colares, cestas e pulseiras de cada uma das mulheres tornava a visita excitante, pois elas amavam mostrar seu trabalho manual. Comprar diretamente das mulheres ajuda a aldeia a se manter.

Quando voltamos para o carro e seguimos pela estrada de duas pistas, Teodoro explicou por que estava empolgado com essa visita e conversar com o cacique de noventa e três anos de idade. "No início do ano, eu tinha negócios em uma cidade perto da aldeia. Então, reservei um tempo para visitar o cacique. Ele me contou como compartilhou com seu povo que eu era um verdadeiro amigo. Eu até falo o idioma deles. Ele me disse que ele queria compartilhar um verdadeiro nome Guarani para mim."

"Sério? Que maravilhoso! E como é isso?"

"Essa é uma boa pergunta. Cada vez que o visito, ele me diz que não é a hora certa. Acredito que a hora certa será em cerca de um mês, quando eles terão a importante cerimônia de colheita e celebração do milho. Fiquei muito emocionado pelo gesto dele, mas acho que estou sem paciência para esperar a hora certa!"

Saímos da estrada asfaltada para uma estrada de terra sinuosa através da mata Atlântica. A estrada seguia um pequeno rio sinuoso. Subia muita poeira enquanto ele habilmente conduzia o veículo em torno de grandes buracos na estrada. Teodoro explicou durante o passeio esburacado que a estrada era intransitável durante a estação das chuvas. Depois de vinte minutos com Teodoro pilotando energeticamente e eu segurando firmemente na porta, chegamos à entrada da aldeia.

Ele parou, desligou o carro e disse: "Por favor, espere aqui enquanto eu procuro o cacique. Ele me dirá se é possível fazermos uma visita."

Não vi nenhuma atividade humana visível e ouvi apenas os sons dos pássaros e insetos da floresta. Esperei no veículo enquanto Teodoro desaparecia por um pequeno caminho de terra que serpenteava entre casas de telhado de palha em busca do cacique.

Em pouco tempo, Téo voltou, andando, conversando e sorrindo com o ancião. Este ancião de noventa e três anos, que se movia bem e parecia não ter mais do que setenta anos, deve ter previsto a nossa chegada. Meu coração ficou feliz quando abri a porta e saí da caminhonete. Nós éramos bem-vindos.

Minhas duas visitas anteriores ocorreram da mesma maneira. Todos os encontros aconteceram na entrada da aldeia, na presença do velho cacique. Saudados com um abraço gentil e um grande sorriso de Cacique Tata Ti (Fumaça Branca), trocamos gentilezas enquanto outros membros da comunidade apareciam e se juntavam ao nosso redor. Entregamos nossos presentes apenas ao cacique, pois essa é a tradição deles. O dever do cacique é distribuir de maneira justa a todos os membros de sua aldeia. O cacique abriu a mala no chão em uma clareira na beira das habitações de palha. Um grande sorriso surgiu em seu rosto quando ele inspecionou o conteúdo e ficou sabendo que a mala estava incluída nos presentes para a aldeia. Tata Ti gesticulou para alguém levar a mala grande e pesada para sua casa.

Teodoro sussurrou para mim: "O cacique disse que determinaria como as roupas seriam distribuídas posteriormente, em outro momento, de acordo com as necessidades diretas de cada família."

Eu perguntei: "Quando podemos dar os biscoitos para as crianças?" Teodoro olhou para mim e virou-se para o cacique falando em Guarani.

Se voltando para mim, ele respondeu: "Vamos fazer isso agora", disse ele. As sacolas de compras contendo os pacotes de biscoitos foram trazidas para os pés do cacique. Ele se sentou e entregou os biscoitos para algumas crianças próximas. Parecia haver uma linha telepática para as crianças pois elas saíam correndo de todos os ângulos da floresta para receber os biscoitos. Eles deram grandes sorrisos e gritavam de alegria. Enquanto Tata Ti trabalhava com os pequenos adultos que se amontoavam ao seu redor, sua esposa ajudou os menores que eram mais tímidos a receber sua parte. Vendo rapidamente o número crescer, Teodoro me chamou: "Precisamos dividi-los ao meio para que haja o suficiente para todos."

"OK!" Comecei a juntar os pacotes cercados por rostos animados e sorridentes. "Aqui, estou com minha faca. Você os passa para mim e eu os corto ao meio." Parecia que o número de crianças havia crescido desde nossa última visita!

Alguns adultos estavam por perto observando a ação. Um homem de meia idade sentado ao lado segurava um instrumento que parecia um pequeno ukulele com três cordas; no entanto, ele estava tocando como um violino. Ele estava discretamente do lado, repetindo uma música específica que chamou minha atenção.

Com os biscoitos distribuídos, Teodoro se afastou alguns metros com o cacique e, meio se virando para mim, explicou: "Vamos planejar o aniversário dele que será daqui a um mês", e virou de costas rindo e brincando com Tata Ti.

Silenciosamente me posicionei ao lado da esposa de Tata Ti. Ela me abraçou carinhosamente enquanto ouvíamos os homens e observávamos as crianças comer seus biscoitos. O tempo todo, a música tocava suavemente. Simplesmente observar as interações e estar com as pessoas era agradável, enquanto Teodoro estava planejando o aniversário de Tata Ti.

Teodoro finalmente trouxe o cacique de volta para onde estávamos. Este foi o momento de dar os presentes a Tata Ti. Teodoro traduziu para o cacique a razão dos presentes pessoais adicionais. Um cachimbo feito à mão foi dado a Tata Ti, um Ojibwa nos Estados Unidos. Antes de receber o presente, ele cuspiu no chão todo em volta do cachimbo. Então, Tata Ti recebeu um grande pacote de velas brancas e um grande pacote de tabaco orgânico - um pequeno gesto de gratidão. Ele deu um sorriso largo e repetiu "Aguyje", que é obrigado em Guarani, e eu tropecei em responder "Tere guahe porâite". De nada.

Nossa visita produziu uma lenta reunião de pessoas da aldeia. Como as formalidades e a entrega dos presentes terminaram, procurei na pequena multidão as mulheres que faziam e vendiam o artesanato. Geralmente elas ficam junto dos outros, que não estão envolvidos na reunião formal, esperando sua vez de interagir.

Eu olhei para Teodoro com um rosto interrogativo.

"Téo! Onde estão as mulheres com seus artesanatos?" Teodoro fez um gesto para eu ir mais para dentro da aldeia: "Você vem comigo?" Eu perguntei.

"Eles falaram que não há problema em você ir até eles. Estarei lá em um momento". Com apreensão, me dirigi para o interior da aldeia em busca das mulheres com seus artesanatos. A perspectiva de ir mais fundo na aldeia sem escolta era nova e eu me senti um pouco inquieta, mas logo senti leveza e uma facilidade de aceitação quando entrei no bloco de casas de palha. Subindo uma pequena colina e vendo as mulheres com seus xales no chão, me perguntei como elas sabiam que eu estava chegando a esse lugar. Não vi ninguém correr na frente e anunciar minha chegada.

Elas sorriram e gesticularam para eu me aproximar e olhar o trabalho delas. Aproximando-me, e depois sentada no chão com as mulheres, elas conversaram comigo e apresentaram seus trabalhos. As mulheres com seus bebês agarrados a seus corpos voltaram a amamentar ou brincar com seus filhos, enquanto meus olhos e mãos tocavam e selecionavam todos os animais esculpidos em madeira, cestas de tecido, lindos brincos de penas, colares e pulseiras de miçangas. Teodoro acabou se juntando a mim para ajudar a escolher entre os muitos itens e traduzir a transação.

"Então, quais você vai comprar?"

"Não sei há tantas peças maravilhosas para escolher e tenho que decidir o que as pessoas em casa gostarão."

"É melhor você se apressar porque o sol está se pondo."

"Ok, então pergunte a eles quanto custa isso tudo", enquanto apontava para os artigos que escolhi.

A escuridão desceu rapidamente e nós fomos tropeçando no semi-crepúsculo pagando às mulheres e ajudando-as a arrumar suas coisas. As mulheres rapidamente sumiram na escuridão. Quando Teodoro e eu nos viramos para o espaço vazio, não tínhamos a menor ideia de como encontrar o caminho de volta, dizendo: "Nossa, acho que precisamos de uma lanterna!"

"É tão incrível a rapidez com que fica escuro na floresta."

"Você vai primeiro porque não tenho certeza da direção da saída."

"Segure minha mão."

"Você definiu os detalhes do aniversário do cacique?"

"Ah, sim, eu acredito que ele está muito feliz. Esse ano será uma celebração especial". Enquanto conversávamos e íamos para o nosso veículo, um jovem se aproximou, falou com Teodoro, que então se virou e encolheu os ombros, dizendo: "Ele quer que o sigamos."

Fiquei grata que alguém apareceu para nos guiar. Descemos a ladeira com cuidado no escuro e percebi que estávamos perto de uma grande casa de palha. Quando dobramos a esquina da estrutura, o jovem gesticulou para que entrássemos. Prendi a respiração quando passamos por uma pequena porta e entramos em uma grande sala que eu sabia instantaneamente ser a Opy, a casa de oração. Nem Teodoro nem eu falamos; só nos entreolhamos espantados. Eu não tinha ideia do motivo dessa ocorrência ou do que aconteceria a seguir.

Fiquei comovida por estar aqui, por ser incluída nesta reunião.

Os Guaranis consideram a Opy sagrado e geralmente, forasteiros não tem permissão para entrar. Meu coração estava batendo tão rápido enquanto eu escaneava o espaço mal iluminado. Meus olhos se ajustaram rapidamente a luz das velas, e Teodoro e eu obedecemos ao gesto do nosso acompanhante para nos sentar. No interior da sala havia bancos de madeira simples e baixos em duas fileiras e o altar no lado oposto da entrada. O Altar tinha 1.50 metro de altura e era composto por um quadro estreito em dois postes. No Altar havia velas, chocalhos, e outros instrumentos musicais - inclusive aquele que eu testemunhei mais cedo sendo tocado pelo homem durante a nossa chegada.

Nos movemos silenciosamente para o canto perto do altar e nos sentamos em um banco baixo. Eu coloquei minha mochila com os artesanatos aos meus pés. Um menino, que parecia ter uns 10 anos estava fumando um cachimbo e rezando enquanto circulava pela sala e passava pela frente do altar e de cada pessoa sentada nos bancos. Fixamos nossos olhos nele para entender suas intenções.

Enquanto isso acontecia, a Opy foi se enchendo de crianças e adultos que se posicionaram nos bancos em ambos os lados. O homem que mais cedo estava tocando a pequena guitarra entrou e pegou o instrumento no altar e se sentou no lado oposto ao nosso. Ele começou a cantar suavemente enquanto tocava.

O menino fez diversos círculos completos dentro da Opy enquanto rezava e fumava um cachimbo, passando perto de todos que estavam sentados. Cada vez que ele passava pelo Altar, ele direcionava uma fumaça forte para o ar em cada item sobre o altar e nos instrumentos musicais, o takuá (que parecia e soava como tubos de chuva) que estava apoiado embaixo do altar. O garoto estava fazendo uma cerimônia preparatória de limpeza. Logo depois que todos entraram a porta foi fechada.

Então o cântico dos jovens começou a cerimônia, iniciando no lado oposto de onde estávamos sentados. Ele inalava de seu cachimbo, e então direcionava um forte sopro diretamente no topo da cabeça de cada pessoa. Os bancos eram baixos, o que permitia que o jovem realizasse com facilidade seu movimento de limpeza - mesmo no meu amigo que era o mais alto.

Muitas das crianças estavam em fila de frente para o altar. Os garotos que estavam mais perto do altar começaram a cantar; alguns usavam chocalhos, o mbaraká. As garotas estavam enfileiradas atrás dos meninos e usavam o takuá batendo ritmadamente no chão em sintonia com o canto. As garotas respondiam em voz alta ao que os rapazes estavam cantando, e ambos moviam seus pés de forma específica e diferente para cada música.

O cacique Tata Ti colocou uma jarra de água com folhas de tabaco sobre o altar e então retornou para o fim do nosso banco e começou a fumar um cachimbo perto da porta com outro ancião. Enquanto as crianças cantavam ele fumou e orou.

Enquanto Tata Ti continuou a fumar seu cachimbo e orar, as crianças cantaram muitas canções, algumas levavam seriamente sua tarefa, e outras estavam rindo e se divertindo. O menino que fez a cerimônia de limpeza estava agora entre os demais meninos que riam e brincavam, embora demonstrassem respeito enquanto estavam cantando. Ele manteve uma postura de reverência durante a cerimônia, não se incomodando com a alegria dos seus vizinhos. Aparentemente, esse jovem estava em estado de transe, e ele veio e sentou-se junto a um homem muito velho, sentado em um canto perto de nós.

Em determinado momento durante a cerimônia, um jovem rapaz que não tinha mais do que 15 anos entrou e procurou um lugar para se sentar. O único lugar disponível era um espaço bem pequeno entre mim e outro adolescente. Esse rapaz não hesitou em se espremer perto de mim. Esperando sentir uma repulsa quando nossas peles se tocaram, pelas experiências que tive com crianças em casa quando eles não têm escolha a não ser se sentar perto de um adulto desconhecido, essa criança não mostrava sensação de estranheza. Essa experiência era tão carinhosa. O sentimento se tornou grande e quente no coração.

Esse sentimento no meu coração era uma combinação de ter permissão para participar na cerimônia, o conforto da criança sentada perto de mim, e aceitação da natureza de todas as pessoas dentro do aposento.

A essa altura, eu parei de ser uma observadora. Fechando meus olhos e ouvindo a música das crianças, ouvindo o som dos takuás batendo percorrendo minhas pernas através de meus pés descalços no chão sujo e os barulhos dos chocalhos sendo agitados na casa de oração acalmaram minha mente e unificaram meus sentidos. Eu me rendi ao meu redor.

O timbre dos cantores se moveu em diferentes expressões do som vindo dos chocalhos e takuás e meu corpo deixou sair toda a tensão e naturalmente entrou no ritmo.

Reconhecendo palavras familiares tais como Ñande Ru, eu me juntei e cantei em voz alta com as garotas. Rapidamente me senti em harmonia com grupo. Nossa intenção coletiva de apelar para um poder superior era muito evidente e nós rapidamente entramos em sentimento forte de exaltação e gratidão pela vida.

Em determinado momento durante o canto devocional, que durou mais de uma hora, eu me tornei consciente de uma presença pulsante e amável expandindo o centro do meu coração. Parecia não haver separação, e o sentimento de unidade encheu a Opy. O grupo clamou a Deus - Ñande Ru - para que ele ouvisse nossas orações e, alegremente intoxicada, me senti flutuando além das fronteiras do meu corpo.

A música mudou. Teodoro se moveu do seu lugar e eu fui parcialmente trazida de volta ao meu corpo físico. Sem quebrar a música eu escaneei rapidamente o aposento e o localizei com o cacique no final do banco perto da porta.

O cacique Tata Ti estava orando sobre a cabeça de Teodoro, segurando uma jarra com água e folha de tabaco ele jogou as folhas de tabaco dentro da água e tocou áreas específicas do corpo de Teodoro, especialmente ao redor da cabeça e na parte de trás do seu pescoço. Sentindo paz e felicidade pelo meu amigo, meus olhos pesados se fecharam facilmente e sem fazer esforço voltei para o ritmo da cantoria.

De repente a cantoria cessou abruptamente, e Teodoro voltou para seu lugar. Descansando lá em silêncio, observamos enquanto os instrumentos eram colocados no altar, e todos saíram da Opy. Fomos os últimos a sair, deixamos a casa de orações em transe e nos encontramos sozinhos, surpreendidos e extasiados. Ficamos sob a luz de uma lua cheia em um céu sem nuvens.

A copa das árvores ao luar desenhava sua silhueta enquanto eu olhava ao redor e falei com reverência minhas primeiras palavras desde que entrei na Opy, "Sinto-me inundada de alegria. Não tenho palavras, só me sinto maravilhosa. Meu coração sente como se fosse explodir, e me sinto tão humilde com o compartilhamento dessas pessoas Amorosas."

Sonhadoramente, Teodoro respondeu, "Sim, foi maravilhoso." olhando ao redor, não havia ninguém à vista.

"Onde todos foram?" Eu pensei em voz alta.

"Eu não sei, mas agora temos a luz para nos ajudar a sair da Aldeia!"

"O que aconteceu lá, Téo?"

"Eu recebi meu nome Guarani, Karai Tupã."

Eu prendi minha respiração dizendo, "Que maravilha! Eu vi brevemente o cacique em algum tipo de cerimônia com você. Então esse foi o seu batismo? Que honra! O quê Karai Tupã significa?"

"Significa 'ajudante de Deus'. Sabe, eu tenho que lhe agradecer por esse acontecimento. Eu não sabia que esse batismo iria acontecer agora."

Eu respondi em uma explosão, "Não, eu que tenho que agradecer a *você*!"

"Por favor escute, eu preciso lhe agradecer e explicarei o motivo." Parados sobre a luz da lua cercados por cabanas de palha e na quietude da floresta, Téo explicou. "O cacique disse que a razão do meu batismo ter acontecido essa noite foi porque você estava cantando. O cacique me chamou quando ele viu você imersa na canção, e essa ação permitiu meu batismo."

Fiquei sem palavras quando me lembrei da explicação de Alberto sobre como as pessoas sentiam aquela música que as aproximavam de Deus. Como eles se reuniam incondicionalmente todas as noites para cantar. Assim que um certo sentimento, ou o que Alberto explicou como uma vibração específica, fosse atingido com esse som, então, e somente então, as cerimônias ou curas aconteciam.

Senti a unidade que Alberto descreveu ao se entregar ao som do takuá, ao tremor dos chocalhos, à fumaça e, acima de tudo, ao canto.

Naquele momento, entendi que não compreenderia a profundidade de tudo que havia acontecido. No entanto, podia acolher os genuínos sentimentos de alegria e exuberância no centro do meu coração. Para mim, esse encontro foi um dom espiritual, uma experiência autenticada da história de Alberto de como as pessoas se reuniam à noite para cantar louvores até que um sentimento de conexão harmoniosa fosse alcançado antes de prosseguir com o ritual. Comunitariamente, os participantes tocavam em um fluxo de consciência que era Amor.

Minha experiência humilde na Opy foi um conhecimento direto do poder da música deles, mais ainda, do poder comunitário do amor e da reciprocidade. E isso vive no meu coração. Alberto havia começado todas as aulas dizendo com sua voz rica e apaixonada: "Eles estão sempre dando, estão sempre compartilhando."

Téo e eu partimos encantados com a bela noite passada com essas pessoas gentis, que doam. Essa experiência e expansão do centro do meu coração me abriu para ver melhor o mundo através do prisma do amor incondicional. Em êxtase, dirigimos para casa em silêncio.

As mensagens de Alberto foram esclarecidas, mas eu também percebi outro ponto sobre a natureza musical dos Guaranis. Em todas as aulas de Ama-Deus que Alberto ministrava, ele fazia todos cantarem e incentivava as pessoas a assistirem ao filme *A Missão,* que segundo ele estava sendo filmado em outra área durante sua visita aos Guaranis. Este filme demonstrou fortemente sua natureza espiritual; no entanto, a inclinação musical natural dessa cultura também se tornou óbvia. A experiência na Opy me permitiu encontrar o poder da música deles em primeira mão.

Para mim, pessoalmente, todas essas experiências foram uma continuação do meu amor por aprender culturas indígenas - um verdadeiro tesouro e muito mais do que apenas um estudo arqueológico. Depois de rever relatos substanciais por escrito dessas pessoas e sua cerimônia de nomeação, senti um profundo amor por esse trabalho e pelo povo Guarani.

Nesta celebração, que participei com Teodoro, o cacique fez a cerimônia. O pajé na época tinha 104 anos e ele atendia várias aldeias localizadas por várias centenas de quilômetros. Ele visitava as aldeias mais necessitadas. Muitas das cerimônias podem ser realizadas pelo cacique ou por qualquer pessoa que a comunidade julgue ter demonstrado um nível de elevação espiritual. Receber uma canção sagrada em um sonho habilita o sonhador a batizar os outros. Pajé Tupa Nevangayu diz que a percepção da alma e o conhecimento da alma vêm do reino espiritual ou divino. "Há um grande espírito em nosso peito, próximo ao coração. Ele nos protege enquanto dormimos. Quando dormimos, esse espírito vai para o céu. É assim que sonhamos e temos comunicação com o céu. Esse é o caminho para onde as músicas são enviadas."[58]

Teodoro e eu concordamos, pelas nossas observações, que o jovem garoto cantando em transe e realizando a cerimônia de abertura estava se preparando para o papel de pajé para sua comunidade. Essa cerimônia que experienciamos não durou até de manhã, como registrado em relatos iniciais, mas com toda certeza o poder da palavra das almas foi experimentado, bem como a participação da comunidade. Os Guaranis hoje continuam a praticar seus caminhos espirituais e continuam vendo o mundo da perspectiva da alma.

CAPÍTULO 7

Os Pajés são Mestres da Divina Palavra das Almas

Deixe sua mente começar uma jornada por um mundo novo e estranho.
Deixe todos os pensamentos sobre o mundo que você conhecia antes.
Deixe sua alma levá-lo aonde você quer estar...
Feche seus olhos, deixe seu espírito elevar-se, e
você viverá como nunca viveu antes.
—Erich Fromm

O que configura uma pessoa sábia na cultura Guarani? A música define ou expressa o nível de consciência espiritual de uma pessoa - a música no coração da pessoa, que é trazida através do estado de sonho. O número de canções ou palavras das almas determina como as pessoas participam das cerimônias da comunidade. A importância de uma música é o determinante para conquistar o papel de pajé - xamã. Desde os primeiros relatos até os dias atuais, o pajé ou o opara´iva, que significa "quem canta", é o líder espiritual importante da comunidade. Novamente, Nimuendaju trouxe a primeira descrição que também foi registrada por vários observadores desde então. Ele descreveu quatro categorias de realização espiritual, e esse ranking tem sido muito respeitado na sociedade Guarani. Ele começa dizendo: "Os curandeiros Guaranis são diferentes dos de outros grupos nativos, pois não se torna um curandeiro aprendendo ou sendo iniciado, mas apenas por inspiração".[59] Suas quatro categorias começam classificando os que não têm uma música, depois aqueles que receberam uma ou algumas e as usam em contexto privado (a maioria dos adultos com mais de 35 anos se encaixa nessa categoria), então aqueles que sentem vontade de assumir um papel de liderança nas danças sagradas para servir à comunidade, e finalmente aqueles que aperfeiçoaram seus poderes espirituais ao mais alto grau e se tornaram os pajés.

A comunidade finalmente decide quem será pajé depois de muitas demonstrações de um indivíduo. Ele deve revelar não apenas sua capacidade de receber músicas, mas também a vontade de poder servir à sua comunidade. Metraux adicionou essa observação em seus relatos:

> Nenhuma quantidade de treinamento pode transformar um *Apapocuva-Guarani* em um xamã se ele não for inspirado sobrenaturalmente com cânticos mágicos...Sua posse confere uma certa imunidade a acidentes. Um xamã é um homem que possui muitos cânticos mágicos, que ele usa para o bem comum de seu povo...ele também deve ter sonhos frequentes, porque eles lhe conferem um conhecimento superior e uma visão do futuro... Lendas e tradições históricas atestam o prestígio extraordinário de alguns xamãs da antiguidade que eram os líderes de suas tribos. Depois de receber sua inspiração, esses grandes homens se retiravam para a mata, onde viviam com comida celestial. Dançando constantemente, alguns xamãs *apapocuva-Guarani* gradualmente subjugaram a alma de seus animais, fortalecendo sua ayvucué, ou alma pacífica, até que pudessem voar em direção à terra celestial Sem Mal Nenhum.[60]

O relato apresentado a seguir é de Keeney das palavras de um xamã atual, Tupa Nevangauy, que confirma o trabalho de Nimuendaju e Metraux e torna óbvio que as tradições ainda são fortemente mantidas.

> Uma criança de sete a oito anos de idade pode ter um sonho espiritual e se tornar um xamã. Não há exigência de idade para se tornar uma pessoa santa. Isso é algo que Deus decide. Eu tinha 12 anos quando tive minha primeira visão. O dono de uma música sagrada apareceu para mim. Ele estava vestido como um xamã...[61] Se você não veio à terra para ser um xamã, não há nada que possa fazer para se tornar um. Deus escolhe você. Você não pode se tornar um xamã se não tiver sido escolhido para ser um. Ninguém pode te ensinar como sê-lo.[62]

O mesmo acontece com os Guaranis. Os Pajés eram e ainda são os líderes de sua comunidade. A honra vem de sua habilidade natural dada por Deus para acessar a palavra divina ou "palavra da alma", a demonstração de maior reverência e bondade e o reconhecimento completo da comunidade. Aqueles que podiam liderar desse ponto de vista estavam apaixonados pelos reinos divinos. Viveiros de Castro relata sua experiência do papel do pajé:

> Toda noite...nas primeiras horas da manhã, eu ouvia surgir do silêncio uma entonação solitária alta, às vezes exaltada, às vezes melancólica, mas sempre austera, solene e para mim um tanto macabra. Era o xamã cantando a *Maï maraca*, a música dos deuses. Somente durante a fase mais aguda da epidemia de gripe e por um período após a morte de uma mulher de meia idade, essas músicas pararam. Algumas noites, de três a quatro xamãs cantavam ao mesmo tempo ou sucessivamente, cada um experimentando sua visão pessoal. Às vezes, apenas um cantava, começando com um cantarolar suave e um zumbido, gradualmente levantando a voz, traçando a articulação staccato que se destacava no cenário contínuo e sibilante de um chocalho, até atingir um tom e intensidade mantidos por mais de uma hora. Depois, voltando lentamente à primeira luz do nascer do sol, na "hora em que a terra foi revelada" [*iwi pi dawa me*], até retornar ao silêncio.[63]

Essa experiência de Viveiros de Castro deu suporte às estórias de Alberto de como a comunidade se reunia incondicionalmente a noite na Opy e cantava com o pajé. A noite hipnotizava o povo. Por seu grande amor por eles e por sua inabalável atenção à beleza de sua vida, certamente poderíamos supor, nos dez anos das interações de Alberto, que ele também foi apresentado e hipnotizado pela música e sua poética história oral.

Ainda hoje, nos relatos mais recentes de Keeney, Pajé Tupa Nevangayu, em sua humildade, compartilha o valor da música e a importância da divina palavra das almas.

> Quando me coloco em uma atitude de oração, falo com grande humildade, reconhecendo que não sou nada como pessoa. Confesso que sou simples carne feita da terra. Essa atitude ajuda a me tornar um berço para a alma. Para os Guaranis, a palavra

105

das almas é o principal. Sou apenas um meio para os espíritos que carregam a palavra das almas. Nós criamos a palavra das almas para o bem do mundo... sempre que estou prestes a receber uma nova música, algo maligno geralmente vem para me distrair ou me tentar. Todos os dias tenho que pegar meu chocalho e orar: "Grande Deus, você deve me proteger. Meu verdadeiro pai e verdadeira mãe, por favor, me ajude". Você também deve orar por ajuda. Os dons espirituais sempre vêm com um mal que o desafia. Sempre peça ajuda aos deuses.[64]

O quadro apresentado a partir de relatos antigos e os mais recentes indicam uma vida espiritual abrangente dos Guaranis e uma visão da atração e dedicação de Alberto por essas pessoas. Todos os numerosos relatos que se concentram nos aspectos espirituais da vida Guarani encontraram grande alegria ao registrar suas descobertas e demonstraram que todos aqueles que realmente passaram esse tempo foram profundamente tocados e até mudados por essas pessoas. Os pajés ainda encontram esperança na palavra das almas, e ainda cantam. De um pajé atual, Ava Tupa Rayv:

> Dizem que somos xamãs fortes.
> Nós somos os Ka´aguygua,
> o "Povo da Floresta."
>
> A floresta não é simplesmente
> o lugar onde moramos.
> Nós somos a floresta.
> É a nossa vida.
>
> Nosso maior presente é dar voz ao
> espírito da floresta:
> O som da palavra das almas.
>
> Alguém sonhou que mais
> e mais pessoas
> estão falando sobre xamãs:
> dizendo que subimos e descemos
> para a Visão,

dizendo que temos ajudantes de espírito,
dizendo que buscamos poder,
dizendo que o chocalho,
independentemente de qualquer Deus, é suficiente
dizendo que ele encontra almas perdidas,
dizendo todo tipo de coisas.

SAIBA ISSO:
Nós, entre os mais fortes que vemos espírito
e experimentamos seu poder,
dizemos que muitos que falam sobre
essas coisas não têm visto, ouvido ou sido
tocados pelo que é mais essencial. Assim,
somos chamados a falar nossa simples verdade:
Um xamã é alguém que reza para seu Deus.
A oração é o instrumento, o elo.
Todos os outros caminhos apenas fingem.
É oração, oração e mais oração.
É isso que lhe dá voo,
Traz para você a visão mais pura,
E reconecta você
À teia da luz.

Você conhecerá um xamã pelo
som de sua oração.
Eles carregam a palavra das almas.
Sem música, sem xamã.
Canções para oração vêm de
um coração que serve.
Eles limpam, perdoam,
e reacendem a esperança.

Não há outro caminho para o xamã do que
oração e música.
É assim que conhecemos Deus,
É assim que nos tornamos a floresta,
Essa é a forma mais verdadeira.[65]

A palavra das almas, as canções que vêm do reino espiritual nos sonhos, mantêm os Guaranis num estado de espírito presente. Os Pajés continuam sendo os mestres da palavra das almas e os líderes espirituais dos Guaranis que buscam orientação fora do reino terrestre até hoje.

Sonhos como Caminhos para Receber Músicas

Agora entendemos que os pajés acessam o conhecimento quando estão em transe e são induzidos através da música e da dança, e que o estado de sonho é muito respeitado e contém conhecimento inestimável para a comunidade. Qualquer pessoa da comunidade era elegível e poderia receber uma música sagrada em seu sonho. Alberto lecionou sobre o que chamou de "mulheres encantadas". Elas traziam informações recebidas de seus sonhos para a comunidade na Opy todas as noites. Estados alterados de consciência, sejam transes ou sonhos, eram normais e aceitos pelos Guaranis. As primeiras narrativas de Nimuendaju falam:

> No que diz respeito aos sonhos, os Apapocúva [Guaranis] concordam com todos os outros índios [aldeias] de que esses são eventos reais de grande significado. Mesmo que um sonho não esteja conectado a um resultado imediatamente tangível, os sonhos ainda são experiências que podem afetar o conhecimento e a habilidade. Quem sonha sabe mais do que quem não sonha; O curandeiro pode, portanto, cultivar o sonho como uma fonte importante de sabedoria e poder.[66]

As notas de Metraux apoiam essa importância: os sonhos são experiências da alma e recebem muita atenção, especialmente dos xamãs, que deles extraem seu conhecimento sobrenatural e poder.[67] E durante um período de coabitação em meados da década de 1980, Reed recorda sua experiência:

> Os líderes mais velhos fornecem orientação religiosa para suas famílias. Essa habilidade aumenta com a idade, à medida que os residentes mais velhos acumulam experiência na comunicação com o sobrenatural. O conhecimento é visto ou ouvido durante o sono, ikérupi. Por exemplo, não era incomum entrar em uma comunidade após uma ausência de semanas ou meses e ser recebido por crianças proclamando minha chegada com

entusiasmo, mas sem surpresa: "Ele chegou!" ao invés de "Ele voltou!" Após as primeiras saudações, seus líderes explicariam que minha vinda havia sido sonhada e a notícia espalhada pela comunidade. Eu era esperado.[68]

A comunidade Guarani se alegra com o indivíduo que compartilha o sonho recebido, pois esse é um sinal de continuidade ao acesso às orientações para a comunidade. Cânticos meditativos também podem ser caminhos para o conhecimento sobrenatural. Reed descreveu o *poraé* que literalmente significa "cantar", e é frequentemente recebido em um estado de sonho "através da inspiração pessoal, que não é solicitada nem ensinada por especialistas religiosos. O canto é usado por indivíduos em busca de orientação...após um período de intenso *poraé*, que muitas vezes pode durar vários dias, a entonação se torna parte dessa ferramenta do indivíduo para acessar o sobrenatural."[69]

Schaden afirma eloquentemente: "Sem nenhum exagero, pode-se dizer que o Guarani deixa de ser Guarani quando deixa de sentir a necessidade de se dedicar às suas devoções religiosas, ou seja, ao *porahêi* (música)"[70]

Não existe um formato educacional para receber informações em sonhos; este é um evento que ocorre naturalmente. A vida junto à Terra em ritmo com as estrelas, cultivando a produção de alimentos baseada em ciclos espirituais, apoio da comunidade e reverência ao sonho - tudo isso faz um ambiente nutritivo. Schaden aponta mais uma vez nesta descrição a visão Guarani da vida, uma perspectiva da alma é o principal. Deus lhe ensina sobre Deus é o tema Guarani:

> Com relação a alma, isto é, a individualidade psíquica e moral, existem algumas práticas de tratamento educativo-mágico, mas de importância secundária. A alma já nasce pronta, ou pelo menos com certas qualidades, por assim dizer embrionárias. Em geral, portanto, nenhuma tentativa é feita para forçar o desenvolvimento da natureza psíquica. Vários remédios mágicos são desenvolvidos pela cultura, a fim de influenciar a formação da personalidade dos imaturos...O Ñandéva me disse que as orações não são ensinadas às crianças porque, sendo individuais, são enviadas diretamente pelas divindades...[Um dos anciãos com um ar de desdém me disse] "Não precisamos de dinheiro, nem qualquer escola pois Deus assim diz. Uma criança não precisa ir à escola, porque o conhecimento vem de Deus."[71]

Um exemplo de recebimento de informações nos sonhos, conforme relatado anteriormente na cerimônia de nomeação, a alma que chega é identificada e recebe um nome para sua jornada terrestre. Alberto falava frequentemente sobre como as crianças eram adoradas e respeitadas pela comunidade, uma vez que as pessoas acreditavam na reencarnação. O "Amor extraordinário" que ele testemunhou foi pelos entes queridos que retornaram a eles. Geralmente, o pai é o primeiro a receber a informação de que um filho virá em um sonho. Ele conta o sonho para a mãe, e ela fica grávida. "Portanto, a criança é enviada pelos deuses...as ideias relativas à conexão existente entre concepção e relações sexuais são obscuras" e registradas por Schaden.[72] A vida é dada por causa do mundo espiritual. Precauções específicas na preparação para a alma que chega são seguidas pelos pais para o cuidado pré-natal e pós-natal. Dieta e horários de trabalho e estados emocionais são considerados. "A mulher grávida não deve ficar com raiva porque a raiva deles passa para a carne, os ossos e o espírito da criança".[73]

A consciência completa da alma está envolvida em todos os aspectos da vida. Mais adiante, no capítulo sobre Ama-Deus, a importância da cura a nível da "alma" é evidente e reforça o pensamento de que a "consciência da alma" é a chave para a compreensão da cosmologia Guarani. Através das palestras de Alberto, primeiro aprendemos sobre sua natureza espiritual. E agora esses relatos adicionais de séculos de descrições parecem indicar "um acordo unânime de que a estrutura mental dos Guaranis está suspensa no mundo espiritual".[74]

Palavras das Almas para Compartilhar

Lembre-se de que todas essas informações citadas de fontes escritas nos chegam originalmente em transmissões orais. A língua Guarani é rica em imagens e expressões. As ilustrações da linguagem poética Guarani permitem que a mente ocidental absorva a beleza e a potência de seu mundo divino. Suas palavras das almas demonstram uma manifestação de todo o seu refinamento espiritual.

Desde os primeiros relatos, De Léry relembrou sua experiência com as músicas deles;

> Eu recebi em recompensa tanta alegria, ouvindo as harmonias medidas de tanta multitude, e especialmente na cadência e refrão

da música, quando a cada verso todos eles deixavam suas vozes seguir dizendo *Hew, heuaure, heura, huarue, heuta, heura, oueh* - eu fiquei lá transportado pelo prazer. Sempre que me lembro, meu coração treme e parece que suas vozes ainda estão nos meus ouvidos.[75]

Lendo esse relato, De Léry poderia ter sentido a mesma vibração que Alberto e eu experienciamos? Nimuendaju falou também de suas experiências em ouvir as músicas deles como se movendo misticamente.

A palavra das almas coletada em *The Guarani Religious Experience* (A Experiência Religiosa Guarani) por Melià, um antropólogo jesuíta contemporâneo (músicas são citadas na obra de Cadogan em 1959) oferece um vislumbre maravilhoso de suas canções. Embora a música da voz humana seja omitida, é um privilégio ler e sentir a música dos sonhos - a palavra das almas com a intenção de exaltar e elogiar, como pode ser vista nessas duas músicas que peticionam a grandeza do coração e da coragem:

Em torno das casas onde eles fazem lindas orações
Eu vou andando dispersando as nuvens
(a fumaça do tabaco do ritual de fumaça).
para preservá-lo então eu aprenderei várias palavras
Para fortalecer meu ser interior.
De maneira que o verdadeiro Pai da minha palavra a verá; que
em um futuro não muito distante eles me farão
dizer muitas, muitas palavras.
Embora nos amemos sinceramente
se permitirmos que nosso coração seja dividido,
nunca alcançaremos uma grandeza de coração nem seremos
fortalecidos.[76]

Ah, Nosso Primeiro Pai!
foi você quem primeiro conheceu as regras do nosso modo de ser.
Foi você quem primeiro conheceu dentro de si mesmo que era
para ser a palavra básica,

antes de abrir e mostrar a habitação terrena...
Em direção à grandeza de coração, alguns entre nós, dentre
os poucos que restam, estamos nos esforçando muito ...
Para aqueles de nós que permanecem eretos na terra,
conceda que possamos viver em pé,
com grandeza de coração.[77]

Lembro-me das descrições apaixonadas de Alberto de como os Guaranis viam o sagrado em toda a vida - as árvores, a vegetação, as colinas, os rios, os animais. O derramamento de amor que se segue mostra seu mundo sagrado ao louvar sua bela experiência terrena.

> Você mesmo é o Criador.
> Agora estamos pisando nesta Terra brilhante, disse o Criador.
> Agora estamos pisando nesta Terra evocativa, disse o Criador.
> Agora estamos pisando nesta terra trovejante, disse o Criador.
> Agora estamos pisando nesta terra perfumada, disse o Criador.
> Agora estamos pisando nesta terra brilhante e perfumada, disse o
> Criador. Agora estamos pisando nesta terra evocativa e perfumada, disse
> o Criador.
>
> . . . .
>
> Belas são quando abrem
> as flores dos portões do paraíso;
> as flores dos brilhantes portões do paraíso;
> as flores dos evocativos portões do paraíso;
> as flores dos trovejantes portões do paraíso.[78]

Cantando sobre a bela vida, sua filosofia, o modo de vida Guarani, Melia capta a essência da música nessa passagem expressiva: "Um Povo que tem vivido em tal ambiente por séculos teve que pensar sobre sua verdadeira terra em termos de luz e som pois não apenas os pássaros, os insetos e as águas falam, mas também as árvores, tal como os Cedros dos quais 'a palavra flui' (*yvyra ñe'ery*)."[79]

Ao mergulhar nos detalhes do modo de vida Guarani, uma música assume um significado novo e expandido. Enquanto eu ponderava a razão do poder em uma música, tentando não extrair da validação científica os benefícios dos harmônicos para a vida, a já tão falada descoberta de que toda vida é vibração; perguntei ao meu filho mais novo, que estava sentado em outra sala: "O que torna o canto tão poderoso?"

"É uma forma superior de comunicação", ele respondeu instantaneamente. "Claro!" Eu disse em voz alta para mim mesma em resposta. Minha mente pensativa então se voltou para as impressões de todas as músicas atuais que falam em conseguir, perder e depois encontrar amor em variações ilimitadas. As pessoas obviamente parecem ansiosas por cantar sobre o amor. O que aconteceria se as pessoas fizessem o que os Guaranis fizeram e estendessem sua consciência ao Amor Divino? Cantar sobre uma experiência extática de coração lembra outros povos indígenas que cantam na comunidade. Que tal cantar e entoar o Amor Divino, especialmente se uma música surgiu em um sonho, e nossos amigos e familiares estivessem ansiosos esperando para ouvir?

Em resumo, os Guaranis medem uma pessoa por sua música inspirada, o que indica uma conexão preciosa com o mundo espiritual. Esse valor é mantido acima de qualquer medida de produção econômica ou de qualquer ganho material, resultando na ausência de competição ou separação individual e coletiva e na presença de um coração compartilhado nos equilíbrios comunitários e na manutenção da unidade da aldeia. Os Guaranis veem suas canções como elos divinos com um reino que compartilha a verdade e lhes dá o sustento final. Na forma de oração, eles se reuniram em pequenos grupos na Opy e ouviram reverentemente e fizeram exclamações aprovadoras.

> O verdadeiro Pai Ñamandu, o primeiro,
> de uma parte seu ser celestial
> a partir da sabedoria contida em ser celestial
> com seu conhecimento que está se abrindo,
> fez as lhamas e as nuvens se reproduzirem.
> Tendo começado e permanecido ereto como homem,
> a partir da sabedoria contida em seu ser celestial,
> com seu conhecimento expansivo e comunicativo
> ele sabia a palavra futura básica para si mesmo.
> Pela sabedoria contida em seu ser celestial,
> em virtude do seu conhecimento que floresce em uma flor,
> Nosso Pai fez com que a palavra básica fosse aberta
> e ela tornou-se como ele é, divinamente celestial.

Quando a terra não existia,
no meio da antiga escuridão,
quando nada era conhecido,
ele fez com que a palavra básica fosse aberta,
que se tornou divinamente celestial com ele;
foi isso que Ñamandu, o verdadeiro pai, o primeiro, fez.

Já sabendo por si mesmo a palavra básica que era para ser,
pela sabedoria contida em seu ser celestial,
em virtude de seu conhecimento que floresce em uma flor,
ele sabia por si mesmo a base do amor pelo outro

. . . .

Já havendo causado a base da palavra que era
para ser para florescer em uma flor
já tendo causado um único amor florescer em uma
flor,
a partir da sabedoria contida em seu ser celestial,
em virtude de seu conhecimento que floresce em uma flor,
ele fez com que uma música poderosa fosse propagada para o exterior.
Quando a terra não existia, no meio da
escuridão antiga, quando nada era conhecido,
ele fez com que uma música poderosa fosse propagada para o exterior
para si mesmo.

. . . .

Já havendo causado a base da palavra futura
florescer em uma flor para ele mesmo,
já tendo causado uma parte do amor florescer em uma
flor para si mesmo,
já tendo causado uma poderosa música florescer em
uma flor para si mesmo,
ele considerou cuidadosamente
quem poderia ser feito a participar na base da
palavra,

114

quem participaria nesse amor singular,
quem participaria da série de palavras que poderiam
compor a música.

. . . .

Já tendo considerado profundamente,
ele fez com que aqueles que deveriam ser companheiros do seu
divino ser celestial se destacarem,

. . . .

ele fez com que o Ñamandu de grande coração se destacasse.
Ele fez com que se destacassem com o reflexo
de sua sabedoria,
quando a terra não existia, no meio da antiga
escuridão.

. . . .

Depois de tudo isso,
pela sabedoria contida em seu ser celestial,
em virtude de sua sabedoria que floresce em uma flor,
para o verdadeiro pai do futuro Karai,
para o verdadeiro pai do futuro Jakaira,
para o verdadeiro pai do futuro Tupa,
ele fez com que fossem conhecidos como divinamente celestiais.
Os verdadeiros pais das suas muitas crianças,
os verdadeiros pais das palavras de suas muitas crianças,
ele fez com que fossem conhecidos como divinamente celestiais.
Depois de tudo isso,
o verdadeiro pai Ñamandu,
para ela que estava diante de seu coração,
para o verdadeiro pai mãe de Ñamandu
ele a fez ser conhecida como (divinamente) celestial.
(Karai, Jakarai e Tupa da mesma maneira colocaram

---

diante de seus corações as futuras mães de seus filhos.)
Porque eles já haviam assimilado a sabedoria
celestial do
seu próprio Primeiro Pai,
porque eles já haviam assimilado a base
da palavra,
porque eles já haviam assimilado a base do amor
porque eles já haviam assimilado a série de palavras da
poderosa canção,
porque eles já haviam assimilado a sabedoria que
floresce em flor,
por esse mesmo motivo, nós os chamamos:
sublimes verdadeiros pais das palavras,
sublimes verdadeiras mães das palavras.[80]

Essas músicas nos ajudam a sentir a beleza, reverência e sacralidade que os Guaranis têm pela vida. E eu concordo com Nimuendaju, há poesia em um universo metafísico."[81] Essa profunda presença espiritual criada em uma música, assim como sua natureza de doação, parece não ter mudado ao longo dos séculos.

Minha experiência pessoal na Opy foi uma experiência direta sobre o poder de sua música, mais que isso, do poder comunitário do amor e da reciprocidade. Alberto começava todas as aulas dizendo, com sua voz rica e apaixonada: "Eles estão sempre dando, sempre compartilhando".

CAPÍTULO 8

Reciprocidade, Amor, e a Terra Sem Mal Nenhum

A percepção de Deus nada mais é que a capacidade e expansividade do coração para Amar tudo igualmente.
—Amma

Os Guaranis validam, fortificam e santificam sua comunidade dentro da cerimônia, identificando sua conexão e relacionamento com toda a vida. Tudo é considerado sagrado para os Guaranis, como ouvimos de Alberto: "A terra, a água, o sol, a lua, a vegetação são todas uma continuação de seu lar". A terra é bonita e abundante porque o grande Deus orquestra isso. Eles se esforçam para viver em harmonia comunitária, regozijando-se com os dons da terra.

Os Guaranis vivem com o princípio de que "a cooperação é força". Eles compartilham o trabalho em grupos familiares e entre amigos, geralmente com tarefas que são chatas ou árduas. Reed observa que, conforme o Ciclo alimentar anual pode ser um "retrato de escassez e de abundância, o compartilhamento entre a família é uma responsabilidade inata".[82] A orientação espiritual de toda a cultura, como vista em todos os relatos, indica que não há divisão ou separação no estilo de vida, pois a espiritualidade está em todos os aspectos da vida Guarani. O ciclo econômico é determinado pelo ecológico, que é determinado pelo mundo espiritual, uma espécie de "ano eclesiástico", descrito por Schadon.[83]

Dos inúmeros relatos que conhecemos, há pouca distinção social. Mais importância é colocada no "modo de vida" para a comunidade. A reciprocidade estabelece uma aliança com os deuses, como os deuses dão, assim também acontece com a alma encarnada em um derramamento natural de amor. Para os Guaranis, uma pessoa atinge a perfeição, explicou Schaden, no seguinte:

> De acordo com as expressões modernas, as virtudes são bondade [*teko pora*], justiça [*teko joja*], boas palavras [*ñe'éjpja*], amor recíproco [*joayhu*], diligência e disponibilidade [*kyre'y*], paz profunda [*py'a guapy*], serenidade [*teko ñemboro'y*] e pureza interior sem duplicidade [*py'a poti*]. Essas práticas e formas de ser, na verdade, não se referem ao comportamento individual ou pessoal, mas ao relacionamento com os outros. Essas virtudes são vislumbradas principalmente e têm seu contexto social em reuniões políticas e nas festas religiosas. Eles estão intimamente ligados à fala: a palavra que é ouvida, a palavra falada e a palavra profética. Essas palavras são possibilitadas pelas práticas de reciprocidade.[84]

Relatei essa prática inerente ao canto e a reciprocidade no meu primeiro encontro com a aldeia Guarani do Cacique Tata Ti em 2005. A terceira visita à aldeia demonstrou uma aceitação crescente, permitindo-me participar de uma cerimônia. A primeira visita, no entanto, não foi sem experimentar o modo de vida Guarani. O compartilhamento comunitário e as doações estavam muito vivas, a partir da minha primeira observação, e era uma extensão natural inerente à sua existência.

A primeira viagem ao Brasil ocorreu quando Christian Vianna, um brasileiro, pesquisou na Internet e, eventualmente, me ligou para perguntar sobre os antecedentes de Alberto e o método de cura Ama-Deus. O resultado de nossa conversa foi o curso dado no Brasil em 2005. Essa seria minha primeira visita a este país e à pátria de Alberto. Gostei muito de saber que havia um bônus, uma visita a uma aldeia Guarani organizada por nosso anfitrião, Christian. Ele tinha um relacionamento com essa aldeia em particular com o cacique, Tata Ti, e conhecia a etiqueta adequada. Christian se encontrou com Tata Ti para pedir permissão para uma visita. No terceiro dia após o curso de dois dias de Ama-Deus, os arranjos foram feitos para uma visita à aldeia Guarani.

Para respeitar a etiqueta e demonstrar nossa reciprocidade, Christian comprou bolas de futebol suficientes para todas as crianças da aldeia - mais de oitenta bolas de futebol novinhas foram embarcadas em seu pequeno carro. Eu tinha vários pacotes de tabaco e velas brancas para o cacique, além de alguns itens pequenos para as crianças trazidos de casa. Depois de chegar no Brasil, Christian ajudou a escolher outro item - biscoitos - para eu compartilhar com todas as crianças.

Perto da aldeia, depois de viajar vários quilômetros pela mata Atlântica, vimos pessoas se reunindo na extremidade da aldeia quando chegamos. Olhando da ravina para um rio sinuoso, vimos crianças brincando na água. Elas subiram o barranco para encontrar nosso veículo.

Christian saiu de seu carro fez um sinal para que esperássemos enquanto ele entrava na aldeia primeiro para se encontrar com o cacique. Meu filho e eu esperamos no veículo pelo seu retorno. Depois de alguns minutos, nós o vimos emergindo com um ancião de um grupo de casas com telhado de palha.

Na beira da clareira, Christian apresentou formalmente meu filho e eu ao cacique em português. Ele continuou mostrando-lhe os presentes. Christian continuou a conversar algo enquanto ouvíamos em silêncio. Ele finalmente se virou e piscou para mim enquanto o cacique reunia todas as crianças. Então, ele veio até nós e explicou que as crianças iriam cantar para nós.

As crianças formaram duas filas, as meninas de um lado e os meninos do outro, formando uma grande forma de V ao nosso redor, enquanto nos levantávamos para ouvir. Os meninos cantaram uma música e as meninas seguiram repetindo um refrão. Ambos fizeram passos de dança com os pés ligeiramente diferentes enquanto cantavam. Um adolescente do sexo masculino, no ponto de intersecção das duas linhas, tocava violão. Desde os adolescentes até às crianças que estavam no colo das meninas, todos cantaram várias músicas para nós sem nervosismo ou reservas. Quando terminou, as crianças correram em direção ao cacique, que distribuiu os presentes com um grande sorriso.

Sentados, depois das bolas de futebol e dos biscoitos terem sidos distribuídos, Christian explicou ao cacique que éramos dos Estados Unidos e que viemos para esta visita especial. O cacique com um grande sorriso estendeu a mão para nos dar boas-vindas. Ofereci-lhe velas e tabaco. Ele sorriu dizendo aguyje, obrigado em Guarani, várias vezes. Então ele se virou para falar com Christian.

Christian agora com um grande sorriso nos disse, "Ele disse que você pode tirar uma foto com ele."

"Sério!" Enquanto observamos o cacique fazer um gesto para que eu me sentasse a seu lado, Christian continuou explicando: "Sim, você sabe que deve ter permissão para filmar qualquer coisa na aldeia. Isso é permitido apenas pelo cacique".

"Ok, o que devemos fazer?"

"Venha, ele quer que você sente ao lado dele." Enquanto eu me sentava, ele foi abrindo um grande sorriso para a câmera. Eu não tinha certeza de como agir, mas fiquei com vontade de colocar a mão no joelho dele depois que ele colocou o braço no meu ombro.

"E, Christopher, ele gostaria que você se sentasse aqui." A câmera fez snap, snap. Então Christian e o filho do cacique se juntaram às fotos. Essa pequena cena era a forma dele nos agradecer pelos presentes e pela visita especial.

O cacique lidera sua comunidade no compartilhamento e doação, as crianças com seu papel de doar e o cacique com o dele. Fomos abençoados com uma breve, mas importante experiência de vida com essas pessoas cheias de alegria, que eram doadoras graciosas. Fomos brevemente imersos na reciprocidade nascida do relacionamento interpessoal na atitude reverenciada da comunidade. Essa maneira fundamental de ser está muito viva hoje. Como lemos anteriormente nas inúmeras descrições etnológicas e antropológicas dessas pessoas, elas veem toda a vida como sagrada, mantendo o título conquistado de "teólogos da América do Sul."

A Terra Sem Mal Nenhum— Espíritos em Perigo em um Mundo Material

Um mito das narrativas passadas que continua sendo um tema central na atual cosmologia Guarani é a "terra sem mal nenhum". A reciprocidade nascida da comunhão com o reino espiritual para manter o equilíbrio e a harmonia com a terra sustentou os Guaranis em sua jornada sagrada em direção à "terra sem mal nenhum". Existem registros jesuítas consistentes da busca periódica por um paraíso terrestre. Esse mito, transmitido pela história oral, descreveu um lugar onde as culturas crescem, as pessoas nunca morrem e passam o tempo comendo e dançando. Alguém poderia chegar a esse paraíso ou terra sem mal nenhum, encontrando o caminho certo e observando práticas rigorosas de dança, canto e jejum.

Essas migrações são lideradas por um pajé mais "extravagante", que não vive com nenhuma tribo, mas vive sozinho na selva e exibe grandes feitos de magia. Esses pajés podem incitar enormes movimentos de pessoas. O que não era consistente era a localização dessa terra sem mal nenhum. Na maioria das vezes, as migrações eram direcionadas para o leste através do oceano, onde a terra encontra o céu, e outras vezes a migração era para o interior. Independentemente da localização ou direção, a "terra sem mal nenhum" ainda é fortemente mantida dentro do sistema de crenças Guarani.

A "terra sem mal nenhum" foi registrada consistentemente em fontes antigas; os etnologistas e historiadores ofereceram suas opiniões sobre o motivo dessas migrações "messiânicas". Hélène Clastres dedica um livro inteiro, *The Land-Without-Evil (A Terra Sem Mal Nenhum)*, recontando vários documentos e oferecendo sua teoria.

Outro pesquisador, Melià sugere que "a terra sem mal nenhum" se refere a "solo intacto, onde nada foi construído"[85]. A teoria de Meliá foi baseada em suas leituras sobre a obra *Tesoro de la Lengua Guarani* do jesuíta Antonio Ruiz de Montoya Guarani. Robin Wright, com Manuela Carneiro Cunha em *Destruição, Resistência e Transformação - Sul, Costeira e Norte do Brasil (1580-1890)*, sugeriu que a mudança para uma floresta virgem tinha a ver com razões ecológicas.

Independentemente da interpretação, parece haver um forte consenso de que os padrões de migração para uma terra sem mal nenhum estavam intactos antes da penetração ibérica no século XV e não foram causados pela introdução forçada de novos sistemas sociais. Antes e mais importante, essa crença enraizada foi incorporada em suas práticas espirituais. Consequentemente, é a força motriz em seu pedido por terra;

pois sem a terra, o "modo de ser" Guarani está perdido.[86] Essa crença é tão forte que, embora uma migração possa não ter êxito, uma grande reverência persiste em seguir a comunicação espiritual até hoje.

Essa atenção reverente à terra também se baseava em origens orais históricas descrevendo epopéias quando a humanidade se tornava desequilibrada, cujos resultados eram calamidades. A estória registrada da inundação era familiar, mas era apenas um evento. Do seu trabalho com os Guaranis, Reed descreveu o seguinte:

> Acredita-se que Ñanderuguazú criou este mundo, o destruiu várias vezes e causará a destruição final em algum momento no futuro. Embora os relatos variem bastante, há relatos de que a Terra foi destruída três vezes: pelo fogo, pela água, pelas trevas que caíram...o mundo foi recriado após cada cataclismo.[87]

Esses cataclismos, armazenados em manifestos orais e sustentados em muitas culturas, representam globalmente evidências sólidas de como a vida se tornou desequilibrada, mas subsequentemente equilibrada. Há algo a ser aprendido com essas informações? Dos dois pajés Guaranis contemporâneos, o mesmo tema repercute globalmente hoje: o apelo à consciência espiritual para contornar a catástrofe. Nas entrevistas de Keeney com Ava Tape Miri e Takua Kawirembeyju, aprendemos:

> Há vários meses, tive outro grande sonho. Ele dizia que todas as coisas dos sonhos sagrados não são mais respeitadas. Em muitas partes do mundo, as pessoas não seguem as maneiras que seus avós e avôs lhes ensinaram. Os espíritos me disseram que é por isso que há tanto problema em nosso mundo. Eles também me disseram que as pessoas modernas pensam que são muito sábias por causa do desenvolvimento tecnológico, mas esqueceram de como falar com Deus. Esse é o maior problema do futuro e ficará pior.[88]

> Todas as coisas ruins que os seres humanos fazem com a terra também sobem até o sol e causam danos a ele. As coisas ruins que fazemos sempre machucam o sol. Quando fazemos algo errado, podemos não sentir, mas os espíritos sabem disso. Isso acontece porque os espíritos são mais sensíveis do que nós...[89] O mundo está piorando, mas se dançarmos e orarmos, há esperança.[90]

"No momento, a pior coisa que os não-índios estão fazendo é a destruição da terra. Também temos que cuidar da terra. Devemos enfrentar essa responsabilidade juntos...o futuro depende de nós. Todos temos que estar juntos (...) haverá fogo, água grande e escuridão...Podemos melhorar as coisas. Depende de cada um de nós, porque sempre fomos um só povo."[91]

Para esses pajés, o mal no mundo não está ocorrendo naturalmente, mas é um desvio e deterioração do modo bom de ser. A "terra sem mal nenhum" é uma estrutura espiritual contínua que é vivida e trará uma nova terra e pessoas bonitas a um lugar de reciprocidade e amor mútuo.

Esses apelos dos atuais pajés Guarani não são diferentes de outras pessoas indígenas em todo o mundo. Todos eles têm uma compreensão profunda da importância de estar em harmonia um com o outro, com os outros reinos e com o Espírito. Em suas histórias orais, há evidências consistentes das consequências de quando a humanidade não está em equilíbrio com a Terra e com as energias universais.

Alberto em sua associação com uma aldeia em particular também respondeu ao pedido de compartilhar a cura com o mundo. Ele teve que conquistar o seu espaço junto à comunidade, mesmo que eles soubessem que ele estava vindo. Por dois anos, ele trabalhou ao lado do pajé antes de receber o status de pajé. Este foi um evento monumental para uma aldeia não apenas por aceitar um homem branco, mas também por permitir o acesso ao trabalho com sua sabedoria sagrada. Iniciado nas margens do Amazonas nos caminhos sagrados de cura dos Guaranis, o pajé concedeu a Alberto permissão para traduzir e compartilhar o caminho sagrado de cura dos Guaranis em uma forma oral que seria entendida no mundo "externo". As pedras sagradas foram desenterradas e apresentadas a ele como um presente de amor e um símbolo de compartilhamento desse amor com o mundo. Alberto aceitou de todo o coração e se abriu às novas oportunidades para o que chamou de "nova vida, novas visões, novas experiências".

Em colaboração com os Guaranis, Alberto, ao longo de vários anos, aprendeu a acessar e curar com Amor, de acordo com os costumes antigos dos Guaranis. Ele criou e organizou um formato resumido para caber em um workshop de várias horas. Abreviado, significando que o extrato do conhecimento condensado de um "modo de vida" do povo da aldeia foi oferecido. Obviamente, nem todos os ensinamentos poderiam ser contidos e formatados para um workshop de fim de semana.

Em 1985, Alberto deu suas primeiras aulas nos Estados Unidos e no Canadá. Ele chamou esses ensinamentos sagrados de Ama-Deus. Ele ensinou que as palavras Ama-Deus vem do Latim, traduzidas como "amar a Deus". Como os Guaranis, Alberto acreditava que sem o componente do Amor não poderia haver cura. Ele afirmava fortemente como os Guaranis entendiam que todos tinham a capacidade de transmitir Amor a este mundo, sempre sabendo "que o poder era Deus". Depois de trabalhar ao lado do pajé e do povo da aldeia por muitos anos, Alberto ficou honrado e emocionado com o pajé em transe que o chamava de Ñandéva - o Amor de Deus.

Em um ato de reciprocidade, Ama-Deus era a maneira Guarani de compartilhar, através de Alberto, seu chamado à ação com o mundo, na esperança de circundar o mundo em Amor - ensinar e compartilhar amor, manter *mbiroy*, ou harmonia, para *todas* as vidas.

Alberto passou metade do ano morando no Brasil e administrando várias viagens para trabalhar com os Guaranis; na outra metade do ano, ele levou sua nova sabedoria para a América do Norte. Ele estava empolgado e apaixonado por oferecer essas informações sagradas. Ele aproveitou sua rede de conferências para dar palestras, ensinar e oferecer curas usando Ama-Deus.

As informações, desde as mais antigas até as narrativas atuais dos Guaranis, enriquecidas com as informações das anotações de Alberto, revelam consistência, acuracidade, e certamente uma consciência espiritual profunda. A natureza mística dos Guaranis, depois de séculos de invasão estrangeira no seu modo de vida, sobreviveu e foi evidente na progressão histórica das narrativas. Alberto arriscou sua vida não apenas para preservar o modo de vida, mas também para chamar atenção sobre os comportamentos destrutivos e a ignorância de nossa unicidade com toda a vida. Ele fez isso através de um ato de amor pelos Guaranis e pela humanidade. Em parceria com os Guaranis, ele ofereceu um método simples, porém poderoso de acesso à energia de cura para todas as pessoas. Um pedaço de sabedoria sagrada foi preservado da bela palavra das almas, para que todos possam viajar para a "terra sem mal nenhum" - pois todos somos *um só povo*.

PARTE III
AMA-DEUS E CURA

♦ ♦ ♦ ♦ ♦

Palavras das Almas antigas guiaram Yyvkuaraua e seus captores na jornada pela floresta até a aldeia costeira dos Tupinambás. Atravessando rios com caminhos difíceis, andando longas distâncias sem comida, prestando atenção às almas errantes de aldeias abandonadas, tudo fez com que o coração de Yyvkuaraua se rompesse em canções, pedidos aos deuses para iluminar seus caminhos. Esse era o costume do seu povo de se comunicar com o reino espiritual pedindo orientação para todos os assuntos terrenos.

Mesmo com o fim desse dia inquietante, Yyvkuaraua, como era o costume do descanso da luz dourada do Kuarahy, se sentiu na Opy com seu esposo e todas as pessoas de sua aldeia. Ela cantou uma canção antiga lhe dada por Ñande Ru para que a alma de seu pai se movesse para a Luz, para transcender a força das energias terrenas e descansar em Seu Amor pacífico. Através da noite, ela cantou, e a floresta e o pequeno grupo de viajantes escutou sua voz cheia de palavras das almas, era cura para eles. Arapotiyu, algumas vezes, cantava com sua mãe, assim como os outros também, enquanto os captores sentiam a música trazer paz para suas mentes e corações.

Tupanchichù também se sentiu acalmado com a música, pois ela não era estranha para seu povo. Ele entendeu também que sua força terrena era apoiada por suas interações com os deuses, e uma música era o elo. Ele estava particularmente encantado com Yyvkuaraua e sua presença curadora. Embora ele tivesse muitas esposas, essa mulher o cativou. Talvez ele estivesse enganado sobre sua missão de encontrar Arapotiyu; Ele estava começando a pensar que Yyvkuaraua era o seu verdadeiro presente. Lá, na quietude da noite da floresta, ele dormiu em paz, como não acontecia a muitas estações.

Assim que as primeiras luzes foram filtradas através do topo das árvores, o grupo de viajantes se preparou para começar sua jornada final para a aldeia costeira. Arapotiyu rapidamente avaliou as feridas do seu povo assim como dos guerreiros. Mesmo sendo tão jovem ele tinha uma presença forte. Seus olhos brilhavam intensamente e sempre parecia que ele estava em dois lugares ao mesmo tempo. Embora ele estivesse andando na terra, ele estava se comunicando com o reino espiritual.

O seu primeiro sonho quando tinha cinco anos foi poderoso, especialmente por ser nessa idade. Os espíritos dos Quatro Ventos revelaram a ele a importância das quatro principais forças. Os quatro deuses vendo essas forças lhe deram uma música para cada direção sagrada onde eles residiam. Em outro sonho, ele foi instruído através de uma canção sagrada a juntar uma certa quantidade de penas e um graveto para fazer uma vara para usar para curas.

Depois de compartilhar seus primeiros sonhos, Yyvkuaraua fez um mbaraká para Arapotiyu. Ser presenteado com um bastão sagrado por um membro da família, que havia recebido uma música de cura Sagrada, era o costume de seu povo. Vivendo na presença amorosa de seus pais, avô, e da aldeia do povo da floresta, Arapotiyu tinha uma linda mentoria que o preparou para o papel de Pajé.

A demonstração de força de Tupanchichù e de seus guerreiros era nova para Arapotiyu. A imagem de seu avô sendo atingido por uma flecha, e então deixar sua aldeia lhe fez sentir pela primeira vez o coração partido. Ele observou esse sentimento enquanto caminhava através da selva. Ele mudou esse sentimento cantando com sua mãe, ouvindo o direcionamento e sentindo a forte presença dos Espíritos. Seu coração se aqueceu quando ele viu e sentiu essa comunhão com o reino espiritual. Cantar nunca foi tão querido para ele como foi nesse dia estranho, pois a música era um caminho para os deuses e deu sentido a essa situação.

Ele sabia que seus captores eram guiados pelo acyiguá, sua alma animal, não pelo seu ayvuquê, sua alma celestial. Seus costumes de violência e de comer carne animal alimentavam seus acyiguá. Logo, com ajuda celestial, seu coração se abriu com o desejo de ajudar esse povo da costa, e sua tristeza desapareceu.

Muitos pajés se especializam em um dom particular. Seu pai tinha uma grande habilidade para a visão interna. Sua mãe e seu avô receberam inúmeras canções sagradas para curar nos seus sonhos. Arapotiyu não apenas recebia canções de cura em seus sonhos, mas ele também recebeu uma forte visão interior. Ele recebeu muita informação de como viver em equilibrio. Seus últimos sonhos estavam plantando novas sementes de como usar a energia animal. Ele achou muito fácil e confortável se mover em diferentes mundos para aprender como viver em harmonia na terra. Ele viu e sentiu toda vida como sagrada.

Enquanto os viajantes caminhavam em fila única silenciosamente ao longo de um caminho na selva, Tupanchichú empurrou alguns de seus guerreiros para ficar logo atrás de Yyvkuaraua e falou, "Você está agradando meus olhos, mãe de Arapotiyu. Quando chegarmos, farei com que você se sinta confortável com sua nova família." Yyvkuaraua não respondeu, mas continuou caminhando com dignidade elegante e se moveu para mais perto do seu filho.

Enquanto ela apertava sua mão, ela disse em voz alta para que todos ouvissem, "Ñande Ru nos guiará, meu doce filho, através deste mistério." Yyvkuaraua e Arapotiyu se moviam mais relaxados que as outras pessoas da aldeia que estavam amarradas umas às outras pela cintura por uma corda longa. Vindo para o lado de sua mãe Arapotiyu disse, "Mãe, eu não estou com medo. Eu vejo que todas essas pessoas precisam de cura." "Sim, Arapotiyu, sua visão está correta. Vamos continuar a rezar não somente pela segurança de nossa jornada, mas para mandar amor para seu pai para apoiar nossa aldeia."

Conforme eles se aproximavam de seu destino, Arapotiyu pode cheirar e provar algo estranho no ar. Quando eles saíram da floresta, havia uma expansão enorme de azul muito bonita para seus olhos. Ele só havia encontrado com riachos que dava para ver outro lado e que corriam em uma direção. Esse grande corpo de água repetidamente arrebentava para frente como se fosse começar a caminhar na terra. Ele diminuiu seus passos quando o som e o movimento da água o hipnotizaram. Até onde ele podia ver, não havia terra no outro lado da água. Essa cena linda e intrigante manteve sua atenção até que o barulho de pessoas distantes o fez virar a cabeça. A cena inspiradora e maravilhosa rapidamente se desfez quando a aldeia se tornou vista. Ele voltou para o lado de sua mãe contemplando essa rica experiência.

O povo da aldeia parou suas atividades para ver o retorno dos guerreiros. As esposas procuraram por seus maridos, as crianças correram para saudar e ouvir as novidades. Com o movimento rápido dos braços, Tupanchichù abriu o caminho para os viajantes. Ele deu ordem para que os prisioneiros fossem alojados juntos e separados dos outros. Yyvkuaraua e Arapotiyu foram levados para a habitação de Tupanchichù. depois que tudo estava seguro, Tupanchichú e seus guerreiros celebraram sua vitória com muita bebida e comida noite adentro. Já era meio dia quando Tupanchichù apareceu.

Ele tomou o seu lugar, acenou para um homem trazer Yyvkuaraua até ele, e disse para ela, "estou perplexo com essa situação, linda mãe de Arapotiyu."

"Como você está confuso, grande chefe dos Tupinambás?"

"Como é que eu tenho dois prêmios?"

"Talvez você tenha recebido um presente pelos seus grandes feitos e uma resposta para suas preocupações," Yyvkuaraua respondeu sem medo em sua voz.

"Então você acha que Tupanchichù é um chefe preocupado? Como assim?"

"Há uma doença aqui em sua aldeia. Eu posso ser de grande serviço para você e seu povo."

Tupanchichù observou Yyvkuaraua, pensativo, por alguns minutos. Ela estava certa, pois eles tinham doenças, e seus pajés não conseguiam identificar *a causa. Os tupinambás acreditavam que, se você come outro com grande habilidade, pode obter essas habilidades para si mesmo, e o sacrifício do filho dela era trazer habilidades aos pajés.*

"Mãe de Arapotiyu, que outras observações você vê em nossa aldeia?"

"Eu vejo a perda de suas músicas. Eu vejo o desvio dos caminhos espirituais e mais energia em lutar com seus vizinhos e celebrar sua ferocidade." Respirando fundo, ela continuou: "Certamente, seus pajés o guiaram no significado real da mudança em Jesyju. Em várias passagens do grande sol Kuarahy, haverá a exibição de sombras sobre a lua sagrada Jesyju. Esta sombra neste momento indica o início de um longo período de mudança. Nossos sonhos mostram que uma grande turbulência está chegando a esta terra. Pessoas nunca vistas antes entrarão nessas terras e dominarão as pessoas existentes. Então, ao invés de brigar por terras que você possivelmente perderá para estranhos chegando à beira das grandes águas, use este tesouro encontrado, como você diz, para unir seu povo em força espiritual. Então veja, Grande Chefe, seu tesouro está no seu meio e você deve mudar o foco para ver o presente."

Antes de falar Tupanchichù fechou seus olhos por alguns minutos. "Haverá dois para sacrificar? Hmmm, eu não deixaria isso acontecer, pois eu quero você como minha esposa." Ele virou sua cabeça como se estivesse falando consigo mesmo.

Yyvkuaraua continuou a falar gentilmente com o chefe que estava contemplativo. "Eu aceitaria com honra, grande chefe, somente se você libertar meu filho. Pense nas suas histórias sagradas e entenda que os pajés são os veículos dos deuses. Uma pessoa somente atinge grandes poderes espirituais através da vontade dos deuses. Não dê razão para eles ficarem enfurecidos. Você não precisará comer a mim ou ao meu filho para ganhar conhecimento. E isso não alimentará sua alma celestial. Com o coração feliz, eu ajudarei a curar seu povo." Ela pausou, respirando profundamente. "Liberte Arapotiyu e ele continuará a se preparar através de sua grande habilidade para receber grandes músicas, assim o modo de vida espiritual de todas as aldeias não será perdido."

Tupanchichú a afastou com um aceno de mão. Ele precisava falar com os outros chefes, pois estava preocupado com essa novidade de estrangeiros invasores. Recuando, Yyvkuaraua deixou Tupanchichú em profunda reflexão. Chegando à casa do chefe, Yyvkuaraua encontrou Arapotiyu ouvindo algumas mulheres. Ela soube rapidamente que ele estava interrogando as pessoas sobre a doença na aldeia.

Ele compartilhou: "Mãe, nós podemos ajudar essas pessoas!"

Yyvkuaraua acreditou no filho e sentiu a ternura encher seu coração. Acariciando seus cabelos, admirando seus lindos olhos esmeralda, ela falou: "Vão e peçam permissão ao seu chefe para uma cerimônia em sua Opy com o descanso da grande Luz do dia, e meu filho e eu os atenderemos lá."

Com um sorriso largo, o povo saiu ansiosamente para procurar aconselhamento com o chefe.

Yyvkuaraua disse a Arapotiyu: "Meu filho, isso exigirá mais esforço de sua parte, pois o mbiroy foi quebrado neste espaço. No trabalho nesta aldeia, existem forças mais baixas que você ainda não experimentou".

"Mãe, em nossa caminhada até aqui, ouvi em meu ouvido, enquanto você estava cantando, uma voz suave que falava sobre esse lugar perturbado da população costeira. Essa voz me disse para não ter medo, e que você, mãe, trará mudanças para essas pessoas. Ouviremos uma nova música que nos ajudará. Senti meu coração se encher da força dessa linda voz."

"Você é realmente um presente. Terei a honra de seguir sua liderança em oração, se o chefe permitir."

"Ele nos dará permissão para esta noite. Eu também vi isso."

A permissão para a cerimônia de cura que Arapotiyu previu foi concedida. Yyvkuaraua e Arapotiyu trabalharam lado a lado na casa de orações das pessoas do litoral, que era levemente diferente das que conheciam. As laterais eram abertas, e Arapotiyu podia ver a bela água. A luz de Jesyju era um farol criando um caminho brilhante através da água. As suas luzes trouxeram à sua mente que esse ciclo de alcançar a plenitude indicava a hora da colheita. Este seria um momento de grande cerimônia para proteger plantas, animais e pessoas contra influências malignas para a estação que estava chegando em sua aldeia; em vez disso, ele estava em uma aldeia estranha. Descansando na calma que sua mãe demonstrou e na mensagem da bela voz, ele aceitou o novo ambiente. Um chocalho que estava em um pequeno altar lhe foi apresentado. Ele limpou o chocalho com uma oração, enquanto abanava a fumaça de uma planta sagrada. Ele se virou para encarar o crescente número de pessoas reunidas em seu espaço sagrado. Ele levantou o chocalho e seus olhos para o céu para cantar, e sua mãe o acompanhou.

A aldeia juntou-se ao canto e à dança. Duas mulheres e uma criança pequena foram ajudadas na cerimônia. Elas vieram com problemas em seus pulmões e corpos pegando fogo. Yyvkuaraua ajudou Arapotiyu enquanto fumava um cachimbo sagrado. Ele dançou e cantou durante a noite. Quando Jesyju alcançou o ponto mais alto do céu noturno, e o canto da aldeia se tornou intenso, Arapotiyu se sentiu tão leve que ele poderia voar.

Juntamente com sua mãe, eles entraram em profunda respiração rítmica. Eles estavam ouvindo sua voz interior e seguindo as instruções dos seres celestes. Arapotiyu estava cantando uma canção de cura. Em seu transe extático, eles usaram as mãos como que guiadas pelos seres celestes para curar as pessoas que se sentavam em um banco baixo no centro, enquanto as pessoas da aldeia continuavam cantando.

Próximo ao final da cerimônia de cura, Arapotiyu ouviu uma música diferente. Ele virou o corpo na direção da música e viu à sua frente uma onça grande. Ele a sentia fisicamente em todos os sentidos. Ele se viu sendo puxado para dentro dela enquanto ouvia sua melodia. A onça se sentiu forte quando ele se fundiu nela. Ele se encontrou olhando através de seus olhos para todas as pessoas na casa de oração. Ao examinar rapidamente a área, ele pôde ver com mais clareza os distúrbios que cercavam os corpos das pessoas. Ele sentiu seu corpo tenso ao fazer contato com os olhos deles. Ele ouviu um rosnado baixo saindo da garganta e sentiu a pele formigar. Ao se concentrar nas vibrações em sua garganta, ele ouviu o tom rosnado mudar de volta para a doce canção, e então sentiu uma onda de energia passar através dele para as pessoas. Tão rapidamente quanto veio para Arapotiyu, a energia deixou seu corpo deixando-o cair no chão.

Várias pessoas do litoral, que testemunharam a cena, ficaram inicialmente assustadas; no entanto, eles experimentaram um bonito sentimento pouco antes de Arapotiyu cair inconsciente. Aqueles que receberam a cura foram instantaneamente limpos de sua doença. A bela sensação e as curas confirmaram o potencial desse jovem pajé com os brilhantes olhos verdes e todos os presentes sentiram grande alegria. Tupanchichú moveu-se para ajudar Yyvkuaraua a levar Arapotiyu de volta para sua casa para dormir. Os olhos de Arapotiyu ainda estavam vidrados, e ele dormiu profundamente.

Quando os braços fortes do chefe guerreiro colocaram Arapotiyu no chão, o chefe falou em voz baixa com Yyvkuaraua: "A mãe e essa grande alma em crescimento em nossa presença têm fortes conexões com o mundo celestial. Desejo manter os dois tesouros para o nosso povo".

Enquanto se curvava sobre o filho, Yyvkuaraua olhou para cima e encontrou os olhos do chefe guerreiro; ela podia ouvir seu filho murmurar suavemente a nova música. Ela desviou o olhar sem responder e deitou-se gentilmente ao lado do filho em uma cama feita de palmas.

Pouco antes do grande sol Kuarahy enviar raios de ouro para a Mãe Terra, Arapotiyu percebeu sua mãe respirando perto dele. Com os olhos ainda fechados, ele se tornou profundamente consciente do ambiente ao redor do seu corpo. Mais uma vez, o grande gato voltou.

"Eu vim para ajudá-lo, Flor Dourada do Dia." Ele ouviu sua música intoxicante. Mais uma vez, ele se viu olhando através dos olhos dele. Juntos, eles caminharam em silêncio do lado de fora, através da aldeia, até a floresta.

Enquanto caminhavam, ele ouviu a voz doce e familiar do grande gato. Falando com o coração dele, ela disse: "Sua mãe será sábia e protegida por seus guias. Você deve retornar ao povo da floresta, Arapotiyu. Você os encontrará em um novo lugar e viverá uma vida longa. Seu pai é o portador das pedras sagradas que devem ser protegidas durante o próximo ciclo escuro. Daqui a muitas gerações, depois de mudanças na terra, as pedras sagradas serão desenterradas. Este será o sinal para compartilhar os dons espirituais do povo da floresta com todas as aldeias para despertá-los de sua escuridão."

De manhã, Yyvkuaraua descobriu que Arapotiyu se fora. Logo após o seu despertar, os outros perceberam que ele estava desaparecido. Um alarme percorreu a aldeia rapidamente. Todos os homens se reuniram para procurar Arapotiyu, e tudo o que encontraram foram os rastros de um grande gato pela aldeia que levava à floresta.

Os olhos de Tupanchichù estavam fixados com força nos olhos de Yyvkuaraua. Ela ficou imóvel, enquanto sentimentos de gratidão inundavam seu corpo. Externamente, ela não demonstrou emoção; no entanto, por dentro, ela sorriu, enquanto as pessoas da aldeia se moviam de um lado para o outro e discutiam o evento. Tupanchichù estava apreensivo em enviar guerreiros para procurar Arapotiyu. Eles temiam a onça. Isso certamente era um presságio e precisava de consideração especial dos outros chefes e pajés.

Yyvkuaraua virou-se para Tupanchichù. "Você me tem como curadora do seu povo. Deixe que essa alma seja nutrida em sua missão terrena para todas as pessoas dessas terras. Estou aqui para cantar para os Nandedjá, os seres celestiais para que mbiroy retorne à sua aldeia para reviver seu taekópapá, suas canções mágicas. Certamente, não é o presságio da onça que você deve temer tanto quanto a vontade dos deuses." Tupanchichù ouviu as palavras de Yyvkuaraua e levou essa mensagem com ele ao conselho de chefes. Ele sentiu profundamente que era ela quem havia realizado esse feito mágico.

Arapotiyu acordou do seu sono profundo, desorientado a princípio, pensando que estava se movendo em um sonho, mas depois tornou-se consciente do seu entorno. Ele ficou imóvel, ficou mais consciente e apreciou a sensação do seu corpo no mundo terrestre. Ao abrir os olhos, ficou surpreso em descobrir que havia se enrolado no braço de uma grande árvore a vários metros do chão. Os cheiros eram da floresta, desapareceram os cheiros das grandes águas e da aldeia costeira.

Enquanto tentava se reorientar e controlar sua respiração, ele naturalmente começou a cantar a música do seu sonho com o grande gato, revisitando a mensagem dada. Isso acalmou sua alma enquanto ele estava deitado na árvore.

Um bando de macacos se aproximou e criou uma grande confusão sobre sua cabeça. Ele parou de cantar e olhou para cima, sorrindo para eles.

Ele se sentou e se espreguiçou. Seus pensamentos foram para sua nova situação. Em tão pouco tempo, ele perdeu sua família e sua grande família. Ele não carregava nada com ele, a não ser a pulseira de penas que sua mãe fez em seu último aniversário. Por um momento, ele ficou triste. Enquanto ele estava contemplando e girando a pulseira de penas no pulso, ele ouviu seu avô chamar: "Arapotiyu! Cante, Arapotiyu, cante!" Ele ficou emocionado ao ouvir claramente a voz de seu amado avô. Ele espontaneamente começou a cantar uma oração matinal de gratidão.

Quando ele terminou, a floresta ficou quieta e todos os sentidos de Arapotiyu ganharam vida. Através da quietude, abriu-se o doce som do pequeno pássaro marrom, o Irapuru. Ele ouviu, assim como toda a floresta, e seu coração ficou mais leve com alegria.

Ao descer da árvore e olhar em volta, seu primeiro impulso foi encontrar algumas penas e uma vara de madeira para refazer algum instrumento sagrado para auxiliar sua visão interior. Com certeza, naquele momento, Ñande Ru colocou diante dele o caminho de se entregar completamente aos seus cuidados. Ele se sentiu confiante com o caminho sagrado que aprendeu com os seres celestes em seus sonhos; no entanto, ele sabia que as coisas mundanas seriam uma aventura nova e desafiadora. Ele sempre foi cuidado em termos de comida e abrigo pelas pessoas da floresta. Isso lhe deixava com tempo para a prática espiritual. Agora, ele deveria confiar completamente em seu senso interno e visão para tudo.

Enquanto ele estava fazendo o instrumento, ele cantou seu porahêi. Quando terminou, olhou em volta. Sem saber onde estava, ele começou a se conectar com seu guia espiritual para obter ajuda. Arapotiyu fechou os olhos para concentrar-se na respiração profunda enquanto repetia a palavra Ñandéva para que o grande Amor preenchesse seu coração. Usando a antiga imagem sagrada dada ao seu povo pelos seres celestiais para conectar suas orientações, Arapotiyu ouviu seu guia falar com ele. Ele primeiro sentiu a presença amorosa e depois viu, mentalmente, um belo ser celestial se aproximar dele.

"Arapotiyu, você encontrará seu povo em três dias. Sua jornada será difícil, mas você será guiado. Procure sinais ao longo do caminho. A floresta o alimentará." Assim que o ser disse isso, ele ouviu uma música e uma imagem veio a ele. Ele podia ver uma planta em particular, e o ser estava lhe mostrando as raízes para comer, depois as bagas formaram um pequeno arbusto e abelhas saindo de uma abertura em uma árvore alta.

"Use essa música, Arapotiyu, e as plantas aparecerão para você." Quando o ser desapareceu de sua visão, seu coração se encheu de gratidão, e ele soprou esse

sentimento para o ser gentil, banhando a imagem em luz dourada.

Continuando a olhar para a luz dourada, ele trouxe sua mãe e pai para sua visão interior. Ele soprou o Amor para eles, e depois para todas as pessoas da floresta e do litoral. Ele podia ver em sua mente que sua família estava segura. Isso lhe deu um grande conforto. Enquanto ele permanecia na imagem, um sentimento familiar tomou conta dele, e a imagem de seus pais desapareceu em uma brilhante luz cintilante. Então ele ouviu a música familiar e a bela voz melódica. Ele respirou fundo e perguntou: "Isso realmente poderia ser?" Então, olhando rapidamente para seu corpo, ele disse a si mesmo que seu corpo não estava mudando.

"Sim, Flor Dourada do Dia, seus pensamentos e sentimentos estão corretos. Eu assumi a imagem do grande gato como um veículo para você. As pessoas do litoral têm um grande medo desse belo animal."

"Você é um ser maravilhoso" Você está aqui para me guiar até o povo da floresta?"

"Arapotiyu, você é guiado por seres celestiais dotados de beleza. Permaneça forte nisso. Minha presença é diferente. Fui enviado pela grande Luz e Amor que tudo envolve para ajudá-lo em resposta às suas belas palavras e ações com as pessoas costeiras. Este evento marca a escolha de um grande caminho para você. Continue a seguir seu coração e guie as pessoas da floresta em Amor e harmonia. Estarei presente em outro grande evento, muitas luas a partir de agora, fazendo outra grande escolha em sua jornada terrena". Quando a luz deslumbrante desapareceu, ele ouviu a bela voz sussurrar: "Lembre-se sempre do quanto você é amado, Arapotiyu. Você é filho do glorioso Ñande Ru".

Quando a bela voz parou, todo o seu ser se encheu de uma bela luz, e sentiu que ele e o Universo pulsante eram um só.

Arapotiyu saiu de seu transe, sentindo à luz e totalmente imerso na força do Amor. Ao abrir os olhos, a primeira coisa que viu foi uma borboleta descansando em uma pedra. Ele olhou para a borboleta por vários momentos, enquanto ela abanava suas asas até que seu estômago falou alto o suficiente para que ele pensasse que o povo do litoral pudesse ouvir. Ele se levantou e procurou algo para comer. Afastando grandes folhas de palmeiras de seu caminho, ele notou que a borboleta estava voando ao seu redor, fora de alcance. A borboleta parou perto de um pequeno arbusto, o mesmo arbusto que ele viu mentalmente. Quando ele estendeu a mão, encontrou deliciosas frutas para comer.

"Como posso estar sozinho?" Arapotiyu disse em voz alta. "Toda a floresta é minha casa. Haverá dificuldade, mas tenho uma orientação tão Amorosa de Ñande Ru e de todos os seus ajudantes celestiais. Tudo o que tenho para me sustentar está aqui dentro." Com alegria determinada, ele começou sua jornada.

ooooo

CAPÍTULO 9

Abertura para o Espaço Sagrado

O Amor é afinidade que conecta e une os elementos
do mundo...
O Amor, de fato, é um agente da síntese universal.
—Teilhard de Chardin

O povo Guarani vê a vida de uma perspectiva energética, de uma perspectiva da alma, de uma perspectiva espiritual que revela a vida como sagrada. Eles adotam uma filosofia espiritual que revela a natureza sagrada de nossas almas e a conexão energética com todas as formas de vida. Mostrar respeito a todas as formas de vida através de um ritual e cantar de coração a bela palavra das almas mantém a conexão. Assim, seu método de cura energética chamado Ama-Deus abraça a perspectiva da alma como a chave na cura de todas as dimensões da vida.

A descrição real de como trabalhar com esse método de cura baseado no coração é feita exclusivamente em uma sala de aula, pois assim, com a participação física do aluno se replica a tradição oral que foi ensinada a Alberto que a manteve nos treinamentos que ele ministrou. A iniciação e o compartilhamento dos símbolos sagrados são realizados com o máximo respeito, integridade e amor, sendo compartilhados apenas com os participantes comprometidos em uma participação física. O que pode ser discutido publicamente são as intenções dos símbolos sagrados, além de entender a importância da criação do espaço sagrado e a preparação para uma cerimônia de vida.

Alberto enfatizou a importância de criar um espaço sagrado para se preparar para conhecer e abordar o reino espiritual para a cura durante suas palestras, suas aulas e referências específicas aos Guaranis. Em nossos horários modernos, em um dia típico, fazemos nossos rituais que consistem em uma xícara de café, algumas vitaminas e um check-in na Internet. Ficamos desequilibrados se perdermos uma dessas etapas! Nossos rituais ou ferramentas matinais podem variar, mas cada um de nós tem um conjunto de etapas para aprimorar nossa capacidade de lidar com vidas mundanas, mas agitadas.

A maioria de nós também possui ferramentas ou práticas para se envolver com o mundo espiritual. No entanto, o trabalho diário e as rotinas geralmente têm prioridade sobre as práticas espirituais. Portanto, essas são de curta duração e tornam-se obscuras e não são tão eficazes em nossos momentos de necessidade. Em outras palavras, quando estamos apressados, estressados ou perturbados, frequentemente, nos atrapalhamos na escuridão, sem lembrar de nossas conexões espirituais para o equilíbrio.

Por outro lado, os Guaranis se envolvem continuamente em rituais que mantêm uma intenção sagrada e melhoram a comunicação espiritual; essas são de grande importância, pois suas práticas espirituais "residentes" são seus mecanismos de enfrentamento para quaisquer eventos confusos e desordenados. Suas vidas giram em torno de práticas comuns fundamentais, usando respiração, som ou ressonância e movendo-se do coração, todas elas como porta de entrada para os reinos sagrados.

Respiração e Espírito

A definição do dicionário Merriam-Webster de "espírito" é "respiração, uma força vivificante; alma". Durante suas palestras, as estórias de Alberto de suas experiências com os Guaranis, juntamente com o que ele aprendeu quando jovem, mostravam a importância de usar a respiração de maneira consciente ou direcionada para se comunicar com o reino espiritual. Para iniciar suas sessões de cura, ele primeiro se conectava com a respiração, que ele chamava de respiração abdominal completa. A respiração alterava seu estado de consciência e abria seu coração. Abaixo está um trecho de uma palestra onde ele compartilhou essa prática:

> Quando eu tinha três anos e meio entrei pela primeira vez em transe, a primeira coisa a ser aprendida é a respiração, depois o alinhamento da coluna vertebral e através da respiração [ele dava sopros de ar], você pode ir para outro estado, você chama alfa-beta ou tanto faz. É o seu estado. Meu transe é meu transe; O transe

de Marilyn é o transe dela. Assim, cada um de nós percebe e está em transe de uma maneira diferente, com diferentes "técnicas". Mas o mais importante deles é a respiração; a palpitação do corpo, o calor do corpo, tudo muda com a respiração. E você cria um espaço para si mesmo e pode projetar para ele a cura [sic]...[92]

Respirar ritmicamente leva você à vibração universal harmoniosa com a natureza e com o coração. Esteja consciente da sua respiração, assim como respirando profundamente consciente na inspiração e expirando profundamente na expiração. Respirar dessa maneira massageia nosso coração e exercita nossos órgãos internos. Colocar atenção nas propriedades físicas da respiração é bom. Entretanto, a função principal da respiração é circular o Espírito Santo (cristão), o Prana (Sânscrito para Energia Absoluta[93]) _, Chi (Oriental) ou a Força Vital da vida (ciência) do Universo.

O coração bombeia o sangue cheio de oxigênio, carregado espiritualmente, para todo o sistema. Da mesma forma, a combustão que surge do processo cria calor. O subproduto do sangue impuro trazido para os pulmões fisicamente como energia mais densa e energia mais sutil precisa de um ciclo completo de respiração correta para liberar completamente as impurezas do sistema. Assim, o equilíbrio é garantido com um ciclo respiratório completo. "A não oxigenação satisfatória significa nutrição imperfeita, eliminação imperfeita e saúde imperfeita. Na verdade, 'respiração é vida'".[94]

No início de qualquer curso de Ama-Deus, Alberto discutia a importância da respiração. Ele compartilhou e demonstrou como os Guaranis começavam com a respiração abdominal profunda para evocar energia para fins de cura.[95] "Respirar conscientemente faz a mágica", dizia Alberto ao ensinar uma etapa de preparação para acessar a energia para curar. "É o elo entre o corpo físico e a alma. R-e-s-p-i-r-e do estômago", ele cantava. "Reivindique o sopro de Deus no seu templo mais sagrado. Você pode mudar em um minuto com o sopro de Deus."

Fora da sala aula e durante as palestras, Alberto compartilhava estórias mais descritivas de seus encontros com os Guaranis e a respiração. A descrição a seguir é de uma palestra sua gravada:

Desde que eles nascem, todos eles são induzidos, eles são treinados e eles são preparados, todos homens e mulheres, para serem curadores. Sem distinção de sexo, sem distinção de idade, sem distinção se eles são os filhos, os netos do pajé, que é o curador psíquico geral da tribo. Eles estão se preparando e essa preparação envolve a análise dos sonhos, envolve relaxamento, meditação, canto e meditação com música. Mas a coisa mais importante que os envolve, é novamente a respiração. Eles abrem as pernas, afastam-se, abrem os braços e chamam Ñandéva para que o Amor e a energia de Deus cheguem até eles. E eles estão em transe antes de canalizar [a cura através da cirurgia psíquica]. Todos eles conhecem a arte de [ser cirurgiões psíquicos] ou apenas fazer a imposição das mãos. Mas nem todos eles escolhem fazer isso diariamente. Alguns são pescadores; alguns vão plantar frutas; alguns vão colher frutas; alguns estão tecendo, e assim por diante, pois eles têm o pajé, os curandeiros profissionais [sic] . [96]

Essa forma de respirar, aliada à intenção, estabelece conexões com o Espírito da vida e permite que a consciência pessoal se mova para uma dimensão de Amor. O próximo trecho da mesma palestra mostra as interações de Alberto com as crianças e a mesma importância é colocada na respiração:

Deixe-me dar um exemplo de algumas crianças de três, quatro, cinco, seis, sete anos de idade. Eles têm pequenos violões que fazem com madeira, madeira local chamado cipó. As crianças brincam para eles. E enquanto eles estão tocando e cantando, um deles está realizando uma cirurgia psíquica. Eu perguntei a eles: "Como você faz isso?" Eles dizem: "Primeiro a respiração, depois a música nos induz a ter uma mente vazia e as vibrações da música vibram com os dedos. E o que fazemos com os dedos, é uma vibração do membro". E bem na minha frente, vi uma senhora que tinha um enorme tumor na mama. E eles abriram sua mama, era uma índia de quarenta anos e tiraram o tumor. E a mama foi fechada imediatamente, sem cicatrizes, e você não percebia se não visse naquele momento, quando a cirurgia psíquica estava sendo realizada [sic] . [97]

A respiração é sagrada. Todas as culturas ao longo do tempo indicaram a importância da respiração. A primeira coisa que fazemos como almas que chegam é inspirar, e a última coisa que fazemos como almas que partem é expirar. A respiração move a energia da força vital que mantém o corpo físico vivo. Obviamente, temos compreensão suficiente de que o oxigênio suporta o corpo físico. Igualmente importante é ter consciência e enfatizar a respiração para manter o auto equilíbrio emocional, mental e espiritual com boa distribuição de energia vital.

Portanto, pense além da absorção de oxigênio através do sistema circulatório e leve em consideração que você sente e absorve a força vital da vida - o Espírito da vida. A prática ao longo do tempo, conscientizará nossas atividades diárias e ajudará a trazer equilíbrio e perspectiva espiritual para nossas vidas. Dos relatos anteriores que descrevem o modo de vida Guarani usando o sopro da cura, Nimuendaju faz um relato pessoal de sua experiência depois de duvidar de sua capacidade:

> Minha própria fonte de gratidão exige que eu mencione que as artes de cura nativas realmente salvaram minha vida em 1907, quando eu estava tão desnutrido, com febre amarela e com uma disenteria sangrenta que desisti de mim mesmo e acabei testemunhando meus rituais fúnebres prematuramente programados. Na verdade, os Guaranis têm muito mais fé nos cânticos sagrados dos curandeiros do que nos remédios à base de plantas, usados internamente ou externamente. A doença é tornada visível ao xamã por meio de seu transe e é então tratada com sua energia invisível. Aqui está um exemplo: Cuper, de quinze anos, enteado de um curandeiro, ficou com febre. Após quatro dias, sua condição parecia completamente sem esperança. O padrasto começou a cantar, durante horas, enquanto o menino jazia nos braços da mãe, sem sinal de vida. O curandeiro continuou respirando sua energia pelo corpo de Cuper até cerca da meia-noite, quando parecia ter vislumbrado a energia causadora da doença. Ele retirou cuidadosamente essa energia do corpo do paciente como se fosse uma folha úmida, dobrou-a e envolveu-a com a mão direita. Então ele foi até a porta, jogou o pacote fora, soprou nas mãos e bateu-as juntas. Ao voltar para a cabana, o jovem abriu os olhos, gemeu e disse. "O que está acontecendo?"[98]

Assim como se usa as mãos para a cura, a respiração também transmite energia vital. Alberto disse aos participantes do curso, que estavam se preparando para trabalhar com energia curativa: "Reivindique o sopro de Deus ao seu templo mais sagrado". O escritor hebraico do livro de Gênesis sabia a diferença entre o ar atmosférico e o princípio misterioso e poderoso contido nele. Ele fala de neshemet ruach chayim, que traduzido, significa "espírito da vida".[99] A respiração, juntamente com a intenção centrada no coração em Amor incondicional, é o componente mais importante para criar um espaço sagrado para evocar energia para a cura.

Ouvir atentamente as instruções de Alberto para entrar no espaço sagrado me fez pensar mais sobre o poder da respiração. Certa manhã, depois de abrir os olhos após uma meditação, essa percepção da respiração me deu uma visão. Eu estava sozinha em uma praia antes do nascer do sol, sentindo um formigamento pela experiência meditativa, e deixei minha visão embaçar enquanto olhava para o oceano. Os sons circundantes dos pássaros e das ondas e os cheiros salgados da praia criaram um ambiente sereno e pacífico. Em profunda gratidão pelo dia e pelo momento, uma sensação de presença divina encheu o ar. Tomando uma longa respiração absorvendo o salgado do oceano e sentindo meu baixo abdômen, meu plexo solar e a parte superior do peito em expansão, imaginei o ar espiritualmente potente preenchendo e circulando por todo o meu corpo. Quando meu olhar se ajustou ao mundo físico, sorri pacificamente e respirei na presença divina. Em uma paz suspensa, vi pela primeira vez uma pequena piscina de maré e instintivamente concentrei a atenção nas diversas formas de vida contidas neste pequeno local. Um peixinho com manchinhas se movia freneticamente de um lado para o outro, e meus pensamentos flutuavam para a *água* como vida total para esse peixe, assim como o ar me dá vida. Na ação da respiração, eu também estava nadando em um meio que sustenta completamente a vida. Eu só precisava estar ciente de expandir minha intenção, de me conectar com o Espírito da vida com a minha respiração, especialmente em tempos de tensão. Eu carreguei esse sentimento de paz abrangente e consciência da respiração pelo resto do dia.

Na busca contínua de aprender e experimentar o poder contido na respiração, uma riqueza de informações apareceu em *O milagre da respiração* de Andy Capinegro. Ele compartilhou como os antigos "mestres hindus mediram o tempo de vida de uma pessoa, não em termos de quantos anos eles vivem, mas em termos do número de respirações que eles respiram desde o momento que nascem até o momento que morrem. Eles chamaram a alma humana de anu, que significa 'aquele que respira'".[100]

Nossa cultura tornou-se insensível ao mais simples dos hábitos espirituais, como a respiração. Quando não temos esperança e nos sentimos alienados da sociedade, como os peixes na piscina de maré que foram limitados por um período da maior parte do oceano, ele ainda estava nadando em um mar de vida rítmica. Benny Smith, um sábio Cherokee, falou em uma conferência: "Onde está o Grande Espírito? Ele está sempre aqui! Ele está escondido em cada respiração que você toma".

A Música e o Som como um Meio Sagrado

No modo de vida Guarani, a música define o status de uma pessoa na comunidade. Essa prática não é exclusiva dos Guaranis, mas é comum a todos os povos indígenas, que entendem que as vibrações são a força criativa do universo. Ted Gioia, em seu livro *Healing Songs (Músicas que curam,* declara: "Essa fé profunda no poder transformacional do som é tão difundida nas culturas tradicionais que talvez possamos justificá-lo dizendo que é uma crença universal atribuindo-lhe um papel como um valor intrínseco da música na história primitiva e pré-história da sociedade humana".[101]

O aprendizado de canções sagradas através do sonho também não é exclusivo dos Guaranis. Novamente, essa é uma prática comum dos xamãs da América do Norte e do Sul, bem como de outros xamãs do mundo todo, na liderança de suas comunidades. As músicas são intrinsicamente básicas para as pessoas, que seguiram os caminhos sagrados e os benefícios significativos do som. Em tempos difíceis ou em comemorações, suas canções enchem o ar, e tem sido assim por milênios. "Nenhuma cultura descoberta, até agora, carece de música. Fazer música parece ser uma das atividades fundamentais da humanidade", diz Antony Storr em seu livro *Music and the Mind (A música e a mente).*[102]

Durante o verão de 2001, no sul da França, fui apresentada ao Kototama em um workshop de uma semana sobre Som, Cor e Movimento com Fabien Maman. O Princípio Kototama "foi aperfeiçoado 56.100 anos atrás. Naquela época antiga, nossos ancestrais entendiam a realidade de todo o universo como um ritmo sonoro".[103] Kototama significa literalmente Espírito da Palavra".[104] Esse conceito está muito bem sincronizado com a paixão Guarani pelas belas "palavras das almas".

Ao ouvir essas informações, não pude deixar de refletir que talvez o Kototama fosse no início a "única" linguagem comum que toda a humanidade entendia. Até mesmo na versão King James da Bíblia, há uma referência em Gênesis 11: 1: "E toda a terra era de uma língua e de um discurso".

Na prática do Kototama, você soa com a respiração e sente-se vibrar de dentro para fora. A estrutura da ordem das vogais e das consoantes criam uma ativação eletromagnética poderosa de ressonância. As vogais carregam poder magnético e espaço aberto; as consoantes transportam energia elétrica e marcam o tempo.[105] Russell Paul em seu livro *The Yoga of Sound (O Yoga do Som)* também descreveu uma linguagem antiga do som, originária da Índia: "Nas línguas antigas, o som de uma palavra continha a energia e a essência da coisa significada por essa palavra".[106]

As tradições antigas entendiam a ciência da ressonância. Eles podiam ouvir os sons da floresta, também ouviam os sons do universo e os batimentos cardíacos de sua Mãe Terra. Eles replicaram esses sons, reconhecendo sua adoração pela vida e o desejo de estar em harmonia com ela.

Na seção anterior sobre respiração, Alberto descreveu a essência da respiração, mas também mencionou como a música influencia os Guaranis: "Primeiro a respiração, depois a música nos induz a ter uma mente vazia...e as vibrações da música vibram com os dedos". A música é indicada como a linguagem dos deuses e as forças que permeiam nosso universo. Melhorar a vida é se comunicar através e sincronizar com o ritmo do universo. As culturas indígenas transmitem oralmente através da música, não apenas sua história, mas também a intenção da energia e a essência da música.

As tradições orais exigem habilidades de retenção e memória, e a prática da música cria um cérebro especializado para fazer isso. A voz humana, de acordo com a pesquisa de Maman, é mais poderosa que os instrumentos acústicos. "A voz pode ser considerada o instrumento principal porque sua inflexão carrega não apenas o aspecto físico [cordas vocais, tom da nota] e cores emocionais, mas também um elemento mais refinado e sutil, proveniente da vontade consciente e inconsciente da voz humana carregar sua própria ressonância espiritual."[107]

De especial interesse sobre a voz é a recente redescoberta de que você fala apenas o que ouve. Dr. Tomatis descobriu a partir de seu trabalho com cantores de ópera que a voz apenas reproduz o que o ouvido pode ouvir - o "Efeito Tomatis".[108] Esse é um detalhe interessante ao discutir a tradição oral. O Dr. Tomatis fez uma distinção entre ouvir e escutar. "A audição é predominantemente fisiológica e passiva...Ouvir, no entanto, é um processo ativo que se relaciona à capacidade de alguém e pode ser psicológico, pois a escuta requer motivação, desejo e intenção de absorver, processar e responder às informações."[109]

É interessante como esse entendimento está ocorrendo agora, quando os ensinamentos orais sagrados estão sendo compartilhados pelas sociedades tradicionais. Ouvir é uma habilidade desenvolvida inerentemente dentro de uma sociedade dependente da tradição oral. Como o Dr. Tomatis compartilhou, ouvir é um processo ativo relacionado à capacidade de processar informações. Nosso mundo está repleto de ruído mecânico e habilidades condicionadas de aprendizado em livros. Não é de admirar que tenhamos atrofiado as habilidades de escutar.

Quando criança, tive a experiência de aprender uma música através da transmissão oral. Uma vez por ano, minha família, junto com minhas tias, tios e yiayia (avó), assistia a um culto da meia-noite da Páscoa na Igreja Ortodoxa Grega. Todo o culto era em grego, um idioma do qual apenas três palavras me são familiares: *Ti Kanis* (olá), *Efhkaristo* (obrigado) e a frase repetida por minha yiayia: "Beba seu *gála!*" (leite).

O culto começava às 23h, fui acordada para me vestir e participar do culto da meia-noite. Uma das lembranças mais queridas foi testemunhar as luzes da igreja sendo apagadas e ver o bispo à luz de velas segurando três grandes velas amarradas no meio com fita roxa. Este pacote abençoado foi usado em uma cerimônia de passar a luz à cada pessoa presente. A congregação cantava, criando um ambiente maravilhoso para o ritual da Páscoa.

Eu não tinha idade suficiente para segurar uma vela e, logo, fui tomada por uma exaustão hipnotizante de cheiros de cera de vela e grandes foles de incenso vindos de suportes oscilantes e cânticos trovejantes que davam para sentir no coração. Cedendo aos olhos sonolentos, meu corpo se enrolou no banco, e eu adormeci ouvindo uma música alegre repetida, começando com as palavras "Chri-sto-s A-nes-ti!" (Cristo ressuscitou!)

Esse evento anual parou quando minha yiayia se mudou de Michigan para a Flórida, e nossa reunião familiar da Páscoa ficou somente na memória. Muitos anos depois, sem comparecer aos cultos gregos, levei meus filhos para a Igreja Grega. Durante o primeiro culto de Páscoa, um sentimento avassalador de familiaridade bem-vinda me tocou, pois toda a igreja estava resplandecente com velas e cânticos. E no momento que meus filhos começaram a dormir, comecei a cantar *Christos Anesti* com a congregação, como se fosse uma resposta condicionada. Fiquei fascinada ao me ouvir cantar todas as palavras gregas em tom completo e sem qualquer hesitação. Eu fui pega no poder da essência do canto comunitário, completamente envolvida e imersa naquele belo momento depois de tantos anos.

Para os Guaranis, cantar sua história era uma maneira segura de captar, reter e transmitir a mensagem espiritual. Vamos virar as páginas da história por um momento e perguntar agora: o povo Guarani percebeu a vinda dos europeus? Quão interessante seria ler um documento que mostrasse a percepção Guarani, uma percepção *holística* que tem sido cultivada há milhares de anos nos caminhos da floresta, na caça, no plantio e na interação em dimensões não-físicas. Talvez suas habilidades de escuta de uma tradição oral e de seus cérebros, aprimoradas a partir de uma comunicação dominante através da música, permitissem ver os estrangeiros intolerantes invasivos como os mais primitivos. Podemos entender agora o que eles queriam dizer quando descreveram o mundo ocidental como tendo perdido a visão espiritual.

A música apela às emoções. As emoções são do coração. A ciência descreve o coração como um campo eletromagnético cinquenta vezes maior que qualquer outro órgão do corpo humano, incluindo o cérebro. O coração pulsa para fora deste potente campo de energia eletromagnética, e esse campo de energia também recebe informações de outros organismos vivos pulsantes. O coração percebe e recebe. As "células marcapasso" do coração trabalham juntas, pulsando como uma unidade, "sincronizadas em suas oscilações harmônicas".[110] As células se arrastam umas para as outras.

> Se uma célula marcapasso for removida e colocada em uma lâmina, [o que é uma coisa terrível a se fazer], ela começará a perder seu padrão regular de batimento e começará a fibrilar - a bater de maneira violenta e irregular até morrer. Mas se você pegar outra célula marcapasso e colocá-la perto da primeira célula marcapasso fibrilante, ela parará de fibrilar e se arrastará ou pulsará em uníssono com a célula saudável. A razão pela qual essas células não precisam se tocar é o fato de estarem produzindo um campo elétrico enquanto pulsam, como fazem todos os osciladores biológicos.[111]

Os Guaranis entraram em harmonia rapidamente como um grupo na Opy através de suas músicas e danças na noite da cerimônia de nomeação de meu amigo. O que eu senti na Opy foi que estava sendo puxada para o ritmo pelos instrumentos musicais e cantando com o grupo coeso ao redor - um "arrebatamento" de corações. Qualquer pessoa que já tenha ido a um show ao vivo está familiarizada com uma reação extasiada da plateia e o toque dos músicos, criando uma grande emoção.

Se um indivíduo tem um campo magnético cardíaco com 4 metros de diâmetro, quão glorioso é o pensamento ou a imagem de um grande grupo movendo-se a partir do coração e criando um imenso campo magnético! Essa unidade através da música ou da vibração, sem dúvida, tem muito a ver com o arrebatamento de todos os corações. Como grupo ou comunidade homogênea, os Guaranis criam um poderoso campo eletromagnético.

Estamos todos Conectados

Os seres humanos experimentam primeiro os batimentos cardíacos de suas mães no útero. Mãe e filho são sincronizados com esse ritmo, que continua após o nascimento nos atos físicos de alimentar, segurar, olhar ou tocar o bebê, com a cabeça apoiada no peito, próximo ao coração. As mães, naturalmente, têm um canto, um murmuro para se comunicar com seus recém-nascidos.

O instinto natural da mãe de cantar e criar sons rítmicos é importante no primeiro mês de vida. Do ponto de vista da alma, Corinne Heline demonstra em *Healing and Regeneration through Color/Music (Cura e Regeneração através da Cor/Música)* o valor de banhar diariamente as novas almas que chegam com música: "As futuras mães passam a conhecer e perceber o grande poder de construção e sustentação da música na formação do corpo e do caráter durante esses meses sagrados de preparação."[112] Heline prossegue compartilhando quais tons harmônicos específicos são benéficos para utilizar durante os diferentes estágios dos primeiros meses de vida. "Três vezes abençoados são os 'pequenos andarilhos do céu', que durante os primeiros três meses de vida entre os mortais podem estar cercados de música nos tons de Sol Maior, Lá Maior e Si Maior."[113]

A referência de Heline aos três primeiros meses de vida apoia o conhecimento do sistema Ama-Deus, pois existe um símbolo sagrado para usar com os recém-nascidos. Alberto falou que o objetivo desse símbolo sagrado era ajudar física, emocional, mental e espiritualmente as almas que chegavam nos primeiros três meses de vida, cercando-as com Amor, à medida que se ajustavam às frequências desta dimensão terrena. Mais tarde, quanto ensinamos a linguagem infantil, a pesquisa apoia o uso do canto, em vez de apenas recitar verbalmente o alfabeto, para proporcionar maior retenção.

Os cursos de Ama-Deus que Alberto ensinava estavam cheios de música. Alberto tocou predominantemente músicas de *A Missão*, enquanto os participantes praticavam em grupo durante as aulas. Quando ele realizava curas individuais, em particular ou durante uma demonstração em classe, ele usava uma peça clássica. Gustav Mahler foi um dos seus compositores favoritos.

Nos workshops, no final de cada aula, Alberto tocava uma música contemporânea específica relacionada ao Amor universal. Ele tocava as músicas e incentivava as pessoas a cantar. Lembro-me vividamente de como ele jogava a cabeça para trás, fechava os olhos e, em sua bela e rica voz, cantava: "Pessoas, pessoas que precisam de pessoas, são as pessoas mais sortudas do mundo". Ele não expôs o estilo Guarani de cantar. Ele simplesmente incorporou a música as aulas, e seu entusiasmo contagioso fazia com que todos se juntassem a ele no canto. As pessoas sorriam e se abraçavam. Todo o grupo sentia a unidade e experimentava a elevação de seus espíritos.

> Não há dúvida de que "a música é uma força social potente para reunir pessoas, inspirando-as, coordenando-as, acrescentando significado ao ritual, gerando emoções, fortalecendo sistemas de crenças, mudando as dinâmicas do grupo e canalizando energias comunitárias. A música também tem efeitos fisiológicos, decorrente de ritmos, sons e das vibrações harmônicas criadas. A força de cura que ela traz inevitavelmente deve vir da combinação desses dois elementos: um que se estende para a comunidade e o ambiente circundante, o outro para o próprio corpo."[114]

O som é um poderoso meio que afeta nosso campo eletromagnético de fina vibração. Como o universo e todas as suas partes, incluindo o corpo do homem, são construídos através do poder da vibração rítmica, isso indica que uma aplicação científica do ritmo musical pode ser vantajosamente utilizada para a restauração e a manutenção do bem-estar físico.[115]

Com esse conhecimento mais profundo, vem a nossa compreensão das belas palavras das almas dos Guaranis que são cantadas para eles no sonho, um ato que vem do coração que sente. Cantar com outras pessoas traz um sentimento de coesão dentro do grupo, mas também nos leva ao grande coração pulsante do Universo, ao Amor de Deus.

As palavras de Henry David Troreau descrevem o Amor de Alberto pelos Guaranis e o que ele achava que o mundo mais necessitava: "Tudo o que um homem tem a dizer ou fazer que possa interessar à humanidade é, de alguma forma ou de outra, contar a história do Amor pelo seu canto e, se tiver sorte e continuar vivo, estará sempre apaixonado"[116] Alberto certamente reconheceu o poder potencial de uma tradição de cura que utilizava o amor como um componente necessário no que está por vir para a humanidade.

O povo Guarani assim como outros povos indígenas entende que o canto baseado no coração e a respiração concentrada com cerimônias tradicionais são os elos principais da Presença Divina. Eles demonstraram que respirar ressonância harmônica e cantar são alguns dos elementos chave para manter o equilíbrio em tempos de mudanças rápidas. Hoje, muitas pessoas estão reconhecendo essas práticas fundamentais e as estão incorporando em suas vidas diárias. A inteligência centrada no coração é essencial para essas práticas. A importância do coração está se desenvolvendo globalmente e é crucial para o caminho evolutivo da humanidade.

A Inteligência do Coração não Passa de Amor

Em todas as culturas, uma linha comum fala de um sentimento todo-poderoso chamado Amor. Estórias de criação transcultural falam da força criativa ativa do Amor. Esse Amor divino é um fio comum em toda a criação. Nós o vemos na natureza, o ouvimos em sinfonias finamente polidas e o reconhecemos nos olhos uns dos outros.

Líderes atuais reconhecidos no campo da medicina enfatizaram a importância do Amor. Andrew Weil, MD, propôs: "O Amor é a única fonte de conforto na vida e é de tal força que possui poderes milagrosos de cura nos reinos físico, mental e espiritual. Devemos tentar cultivar essa força e experimentá-lo mais habitualmente possível."[117]

Bernie Siegel, MD, respondeu à pergunta por que o amor é tão importante na cura: "É a coisa mais significativa na vida humana".[118.]

Da mesma forma nos negócios, Stephen Covey, um líder e autor reconhecido que escreve sobre negócios, considera "sobre o amor como a atividade suprema da vida. Você precisa aproveitar a energia divina de Deus para ter o poder de manifestar ou expressar esse tipo de amor."[119]

O líder espiritual, Sua Santidade, o Dalai Lama, nos lembra: "A essência de todas as religiões é amor, compaixão e tolerância."[120]

Alberto teve o privilégio em suas viagens internacionais de testemunhar diversas técnicas de cura, mas, com os Guaranis, ele observou e acreditava que o ingrediente essencial ou fio comum em toda cura era o Amor. Durante uma palestra na Internet em 2008, Gregg Braden abordou as descobertas científicas das propriedades elétricas e magnéticas do coração que haviam se desenvolvido nos últimos vinte e quatro meses. Ele baseou essas descobertas científicas com observações de todos os povos indígenas que havia encontrado. Semelhante a Alberto, Braden notou consistentemente em toda e qualquer comunidade que ele visitou que uma ação comum era o gesto físico da mão ou o posicionamento no coração, algum movimento físico no coração ocorria antes de se iniciar as cerimônias de cura.

Em seu livro *Comer Rezar Amar,* a autora Elizabeth Gilbert conta como seu professor Katut respondeu às perguntas sobre iluminação com uma imagem que ele desenhou durante uma meditação. A imagem era de uma figura andrógina sem cabeça, apoiada em quatro pernas, com as mãos entrelaçadas em oração. Os membros extras eram para fins de aterramento na terra. No lugar da cabeça havia uma folhagem selvagem e samambaias. Um rosto sorrindo foi desenhado sobre o coração e explicado desta maneira:

> Para encontrar o equilíbrio que você deseja...é isso que você deve se tornar. Você deve manter seus pés firmemente apoiados na terra, como se você tivesse quatro pernas em vez de duas. Dessa forma, você pode ficar neste mundo. Mas você deve parar de olhar o mundo através de sua cabeça. Você deve olhar através do seu coração...assim você conhecerá Deus.[121]

Compreender pela experiência que o amor é uma ocorrência transpessoal poderosa e, em seguida, que o amor é sempre o potencial que apoia a transformação do que parece ser desconexão ou fragmentação para a realização de um estado de totalidade. Este é o poder do Amor no processo de cura.

Os Guaranis, repetidamente, cantam pelo Amor de Deus, o Ñandéva, para explorar o poder da força que une, conecta e unifica todas as pessoas. Os Guaranis entendem que o poder que sentiram era o poder de Deus. Eles também sabem que todas as pessoas têm acesso à essa fonte. No entanto, sem a intenção e pureza do Amor, o Ñandéva, não pode haver cura.

Os antigos caminhos que nos são trazidos pelas tradições orais e escritas indicam que a linguagem do Amor se encontra ao *sentir* o sagrado no coração. Em harmonia comunitária, os Guaranis derramaram seu coração em uma canção que continuou até que todos encontrassem um sentimento conectado. Essa conexão comunitária indica o momento para começar a cerimônia. Esse caminho antigo deve ser muito poderoso, pois essa prática é mantida há milhares de anos, não apenas pelos Guaranis, mas também por muitos povos indígenas e místicos.

O Amor é um Caminho Sagrado

Acredito que todos somos criados com o único propósito de amar e ser amados. Ao pensar em amor, meus pensamentos me levam à fonte mais elevada da existência, o que se entende por ser a Fonte de Tudo O Que

É. Então amor se torna Amor. O Amor está em tudo e é tudo. Do ponto de vista transpessoal ou da alma, o Amor mantém tudo o que existe unido à Fonte de Tudo o que É. Essas experiências de sentimento conectadas a uma Fonte Superior ou a Deus são os mesmos sentimentos ao ver um pôr do sol magnífico ou qualquer ato da natureza que demonstre esplendor de tirar o fôlego. Essa experiência leva os sentidos a uma realidade que está além do físico e leva todo o significado para um encontro transpessoal.

Ao longo da minha vida, nunca perdi de vista o meu desejo de entender o Amor, que foi uma busca ao longo da vida, não muito diferente da meta dos inquietos que buscam o sentido da vida. Minha infância foi cercada de eventos que repetidamente levantaram essa questão sobre o significado da vida. Meu pai, um ortodoxo grego (herdando o nome Cosmos), e minha mãe católica irlandesa estavam profundamente apaixonados. Eles encontraram, como eu, os desafios de seu casamento misto nos amigos, na família, na comunidade e, certamente, nas duas religiões. Por causa dessa exposição, entendi desde o início que Deus não estava apenas na igreja. Meu pai era uma alma gentil e minha mãe era cheia de vida e risos. Juntos, eles caminharam pela vida como um lindo time e, aonde quer que fossem, sua alegria contaminava as outras pessoas. Todas as manhãs, meu pai me dizia: "Seja gentil com seu vizinho". Portanto, o casamento deles falava de Amor e beleza, não de pecado e discórdia, e nenhuma família, amigo ou igreja poderia tirar isso de mim.

Em vez disso, minha busca por um significado mais profundo dessa beleza que era o meu ambiente familiar era constante. Na faculdade, minhas baladas nos fins de semana eram em uma livraria espiritual perto do campus ou caçar nas livrarias do campus livros sobre os significados de Amar e os mistérios da vida. Todo mundo na faculdade estava tendo amores, e eu estava em busca do Amor! Essa busca ao longo da vida finalmente me levou ao Ama-Deus e a um novo limiar de entendimento. Ainda ouço as palavras de Alberto ecoarem nos meus ouvidos: "*Você não pode curar até amar primeiro. O Amor está em toda cura, não importa qual técnica você use, sem o Amor, é impossível curar*". Imaginar o cacique batendo levemente no coração dele, me lembra o verdadeiro significado dessas palavras.

Minha primeira experiência profunda de Amor foi abraçar meus filhos recém-nascidos. Carregar essas almas que estavam chegando, nos primeiros momentos de reivindicação da sua respiração terrestre foi profundamente comovente e abriu meu coração a uma onda de união e adoração. Conhecer esse sentimento era o que mais se aproximava do Amor incondicional.

Saber que eu colocaria meu filho à frente da minha vida também criou meu desejo de me apegar a esse sentimento significativo de Amor incondicional enquanto eu cuidava deles.

A experiência do amor invoca o desejo de conhecer a Fonte como uma experiência de vida contínua. A necessidade de se conectar com os outros, de amar e ser amado durante nossas experiências terrenas, é uma força que nos leva de volta à Fonte. A história está repleta de referências ao amor como um aspecto espiritual supremo. No livro de Baird T. Spalding, *Life and Teachings of The Masters of the Far East (Vida e Ensinamentos dos Mestres no Extremo Leste)*, a explicação dada para o Amor é:

> O Universo é a soma total de todas as coisas visíveis e invisíveis que preenchem o espaço infinito. O Universo é o grande todo, composto de todas as suas partes. Pode-se dizer que o Universo é outro nome para Deus...É a soma de toda vida, toda substância, toda inteligência, todo poder...É todo amor, pois está ligado em um único sistema e opera como uma única unidade. O Amor é o princípio da integridade ou o princípio vinculativo, que mantém o universo como uma unidade e mantém todas as suas operações em perfeita harmonia e regularidade.[122]

Os antigos essênios ensinavam que cada pessoa tem um corpo de sentimentos assim como um corpo material. "Se examinarmos o que está por trás de nossas ações, veremos que sempre existe um sentimento. Sentimentos e emoções poderosas produzem ação de uma só vez e automaticamente. Não são nossos pensamentos que estão por trás de nossas ações, mas sentimentos".[123]

Uma das oito bem-aventuranças de Jesus declara: "Bem-aventurados os puros de coração, porque verão a Deus". A maior lei do corpo sensível do homem é revelada. De acordo com as tradições Essênias,

> Os "puros de coração" são aqueles com um corpo puro de sentimentos - um corpo nutrido pelo Amor e não pelo ódio, pelo perdão e não pela vingança, pela compaixão e não pela crueldade. Esse corpo sensível verá Deus, pois quem cumpre a grande lei da pureza de coração está na antecâmara do reino dos céus.[124]

Essa descrição revela sincronicidade que ressoa com o modo de vida

Guarani. Certamente, a história registra que os Guaranis eram "nutridos pelo Amor e não pelo ódio, pelo perdão e não pela vingança, pela compaixão e não pela crueldade".[125]

Os Guaranis posicionam o local da alma espiritual ou celestial no coração, e a sua natureza da realidade é a linguagem nascida dessa conexão coração-alma. Para eles, a alma dos animais está localizada na cabeça. Compreender e reconhecer o coração traz conhecimento verdadeiro, pois aqui reside a alma espiritual e uma conexão com o Espírito. A alma animal na cabeça nos dá personalidade e uma visão mecânica da vida, que por si só não nos leva à verdade espiritual. A cabeça unida ao coração é a verdadeira posição para se viver a vida.

Seu Coração Sagrado

Fisicamente, o coração se desenvolve primeiro no feto antes do cérebro e dá instruções para o desenvolvimento do nosso "templo sagrado", a fim de se preparar para a alma que chega. O coração é autogênico, o que significa que bate sem a direção do cérebro, independente de um sinal do cérebro. O coração humano é muitas vezes mais magnetizado e elétrico que o cérebro. Ele possui o pulso magnético mais forte de todos os órgãos.

Stephen Buhner, em seu livro *The Secret Teaching of Plants (Os Ensinamentos Secretos das Plantas)*, explorou como os povos indígenas se relacionam com a natureza usando a inteligência do coração ou uma percepção centrada no coração. Ele inclui informações detalhadas sobre o coração físico que apoiam essa percepção.

> De 15 a 25% das células do coração são neurais. Elas são do mesmo tipo das do cérebro e funcionam exatamente da mesma maneira. De fato, certos e importantes centros subcorticais do cérebro contêm o mesmo número de neurônios que o coração. O coração possui seu próprio sistema nervoso e, em essência, é um cérebro especializado que processa tipos específicos de informações. Os neurônios do coração, assim como os do cérebro, aglomeram-se nos gânglios, pequenos agrupamentos neurais que estão conectados à rede neural do corpo através dos dendritos do axônio. Essas células não estão envolvidas apenas no funcionamento fisiológico do coração, mas também têm conexões diretas com várias áreas do cérebro e produzem uma

troca de informações não mediadas com o cérebro. (Não mediado significa que não há interrupções no circuito do coração para o cérebro)...o coração também tem sua própria memória. Quanto mais intensa a experiência emocional, maior a probabilidade de ser armazenada pela memória do coração.[126]

Quantas vezes estamos conscientes em nosso coração? É simples mover sua consciência para o seu coração. Primeiro, sinta o seu batimento cardíaco. Coloque a mão sobre o coração e sinta o ritmo batendo harmoniosamente no ritmo do Universo. O pulsar físico nos lembra que nosso energético coração é nossa conexão ressonante com toda a vida.

Esse cordão umbilical para o Divino Criador é o sentimento de pertencer e desejar do nosso coração e, também, o nosso senso de conexão uns com os outros. Seria essa a grande teia da qual os anciões falam? Caso seja, imagine se vivêssemos com nossos corações guiando nossas cabeças? Sete bilhões de pessoas poderiam inflamar este planeta com uma simples mudança de consciência em nossas atividades diárias. A energia do Amor é tão poderosa que seu esplendor ilumina todas as dimensões da consciência, eliminando qualquer sombra.[127] Poderíamos individualmente ser uma luz para o mundo, ajudando a promover uma nova consciência. Encher nossos corações com um sentimento recíproco amoroso com o Divino Criador, é a linguagem do Amor, e é a linguagem à qual nosso Divino Criador responderá à medida que somos criados à sua imagem e semelhança.

Imagine o amor incondicional mais bonito que você já experimentou. Encha seu coração com esse sentimento e depois respire esse sentimento de gratidão ao Criador Divino. Quando sentir que seu coração recebe esse fluxo inesgotável, abra-o como uma flor se abrindo para o sol e deixe inundar seu corpo. Não pense em Amor, *sinta* o Amor.

Nosso lado sensível é direcionado a partir do coração, e o lado analítico é direcionado a partir do nosso cérebro. Interesses, perguntas e aumento da sensibilidade para com os campos mais sutis que cercam o cérebro e o coração estão ganhando forte impulso não apenas do público, mas também do setor científico. À medida que a cultura dominante do mundo atual busca esse conhecimento, desenvolveremos uma estrutura conceitual comum para a linguagem das dimensões sutis ou espirituais da Luz e do Amor.

Atualmente, temos uma mente mecanicista condicionada, através da qual percebemos o mundo. Esse entendimento é útil ao adotar novas ferramentas espirituais. Em vez de ofuscar as ferramentas com nossas crenças atuais, um coração aberto nos ajuda a mudar a percepção e permite que nossas mentes se expandam em uma nova consciência. À medida que abraçamos e nos instalamos em nossos corações e percebemos nosso mundo da perspectiva da energia da alma, uma mente espiritualmente sintonizada evoluirá.

O ponto principal em nossa evolução é ver e conhecer a vida de uma perspectiva espiritual ou energética. Os povos indígenas e os místicos entendem isso e o guardam com suas vidas e, agora, alguns cientistas estão construindo uma linguagem para os campos sutis. Somos corpos de luz oscilantes finamente vibrantes, entrelaçados com os corpos eletromagnéticos de outros, da terra e do universo.

À medida que aprendemos essa linguagem e percebemos com o coração, o véu da separação se dissolverá. Não há separação no mundo físico e no mundo espiritual. Ao ver a vida de uma perspectiva energética se vê toda a vida como uma, seja nos planos espirituais sutis ou nos planos materiais físicos mais densos. Uma perspectiva energética simplesmente fornece uma imagem mais completa, e essa perspectiva mostra que toda a vida é sagrada e intimamente conectada.

A mística viva Amritanadamayi (Amma), muitas vezes chamada de "o santo abraço", que me trouxe tanto conforto de cura depois de tocar meu coração, disse: "O verdadeiro amor existe no coração...Nossos corações são os santuários onde Deus deve ser instalado. Nossos bons pensamentos são as flores com as quais Ele é adorado."[128] Amma, como os Guaranis, também canta antes de iniciar qualquer um de seus trabalhos espirituais. Isso cria o espaço sagrado para ela abraçar compassivamente aqueles que a procuram. Enquanto ela canta e se move em seu estado de felicidade, as milhares de pessoas que chegaram perto dela cantam com ela. Observando-a, foi fácil ver a construção de estados de êxtase e o derramamento do Amor Divino durante seu canto.

Os Guaranis, assim como todos os povos indígenas e místicos, enfatizam a importância deste tempo na história da Terra para que todos recuperem o viver no coração. O que foi recentemente descrito como "nova era" com sorte se moverá para era do coração ou era compassiva porque "há uma sabedoria das eras que se perderam no tempo".[129] Essa sabedoria afirma: "O coração é o lugar que devemos encarar diariamente, pois lá nos encontramos."[130] O Amor abraça o mundo com cuidado, enquanto seus filhos globais estão ouvindo e sentindo o desejo de se abrir para a inteligência do coração.

Na sabedoria de uma canção contemporânea intitulada "The Tin

Man", "Oz não podia dar nada ao Tin Man que ele...já não tinha".[131] Encontre-se em seu coração sagrado; essa consciência de encher nossos corações de Amor e de enviar Amor é uma linguagem sensível. "O que o mundo precisa agora é de Amor, doce Amor, essa é a única coisa que há pouco. O que o mundo precisa agora é de Amor, doce Amor, não apenas para alguns, mas para todos."[132]

Certa vez, ouvi um provérbio tibetano - todo o conhecimento está contido, em um espaço tão longe quanto uma formiga caminha pela ponte do nariz. No interior repousa todo o potencial para criar um espaço sagrado.

1. Respirar é o Espírito da Vida
2. A Música é a Ressonância na vida
3. O coração é o Unificador da vida

Esses três elementos fundamentais não custam nada e não requerem permissão de você para escolher e encontrar a paz. Ressuscitar e integrar esses argumentos de sabedoria em uma prática no início do dia e no início da noite realmente melhorará seu cotidiano.

O Amor é o maior atrativo da grande teia da Vida. Cada um de nós faz parte dela. Se você não tivesse o potencial de fazer a diferença, não estaria aqui. Como Gandhi disse: "Se pudéssemos mudar a nós mesmos, as tendências do mundo também mudariam. Como um homem muda sua própria natureza, o mesmo muda a atitude do mundo em relação a ele...Não precisamos esperar para ver o que os outros fazem." O desejo de mudar é o único pré-requisito necessário para procurar os seres magníficos que realmente somos.

CAPÍTULO 10

O Amor com o Propósito de Curar

Se você colocar para fora o que está dentro de você,
isso irá salvá-lo.
Se você não colocar para fora o que há em você,
isso irá destruí-lo.
—Jesus

O desejo de mudar chega a muitos de nós através de eventos cataclísmicos. Com certeza, tive um evento desses como uma jovem mãe divorciada. Meu desejo de me curar e aprender a sabedoria me levou ao Ama-Deus, que é um método baseado no coração para acessar o amor, um método sagrado para se alinhar com o amor invencível de curar a si mesmo ou aos outros. Ama-Deus vem da pureza da intenção do coração e oferece a conscientização de que a necessidade de amar e ser amado é a força espiritual que está nos direcionando de volta à Fonte.

Ama-Deus é um método de conexão com a Fonte para a cura da alma. O método melhora nosso crescimento e consciência espiritual, ao mesmo tempo que apoia nossa cura física e emocional. Ele é um método de cura energética que antecede muitos ensinamentos de sabedoria e métodos de cura agora disponíveis para as pessoas.

Com o Ama-Deus, os alunos acessam diretamente o fluxo de energia do Amor, aprendendo uma evocação específica. Essa tem a intenção de acessar um fluxo de consciência, uma energia originalmente não criada, como o nome implica em *Amar a Deus*, que é aprimorado e expandido por todos que já o usaram. Depois de evocar a energia, o aluno é capaz de usar essa fonte para autocura e, ou transmitir a outras pessoas através das mãos ou através de tratamentos de cura à distância. O Ama-Deus ajuda principalmente a suavizar, estabilizar, equilibrar e trazer tranquilidade como uma energia sutil e suave, adaptando-se às circunstâncias e oferecendo o que é necessário. O Ama-Deus tem o propósito e é usado para apoiar o processo de cura.[133]

Colocar a atenção na respiração e depois permitir que a consciência se acalme, e então sentir o centro do coração são os preparativos para o uso do método de cura Ama-Deus. Ainda assim, uma percepção mais profunda vem do estabelecimento de um relacionamento com a energia. O aluno/praticante não é um curandeiro, mas um canal ou meio para um fluxo fluido de energia para o cliente.

Alberto disse muitas vezes: "Deixe ir e deixe Deus. Nenhum curador escolhe a maneira como eles curam; isso acontece do jeito que Deus deseja. Não o estruture de acordo com suas necessidades. Você é um canal, um instrumento de paz e luz: conheça a Fonte, seja claro sobre a Fonte e use-a com integridade."[134] Como praticante de cura energética, é importante entender isso e reconhecer que o processo de cura ocorre entre o universo e a alma de quem recebe a cura. O praticante está simplesmente guardando o espaço sagrado.

E, portanto, é importante que o praticante defenda respeito, integridade e amor ao guardar um espaço sagrado para outro. A cura permite o acesso ao seu eu interior, o labirinto interno. Ama-Deus ajuda e apoia durante sua jornada interior de cura. Alberto compartilhou em uma palestra que, "Ama-Deus, o Amor de Deus...é feito apenas com o toque das pontas dos dedos, é uma maneira suave de curar. Eles [os Guaranis] me ensinaram coisas incríveis...E [os Guaranis] dizem que esse tratamento induz a sonhos e revelações que uma pessoa pode e encontra no seu interior [sic]."[135] Alberto amava e teve um grande respeito pela sabedoria descoberta neste método de cura.

Cada um de nós herdou a capacidade de explorar o Amor. Cada um de nós é único em canalizar a energia para esta dimensão. Esses dois pontos são importantes de se perceber, pois não há certo ou errado; existe apenas nossa experiência. Na experiência de receber e compartilhar Amor com propósitos de cura, cresce a oportunidade de conhecer a si mesmo. Ama-Deus é um ato de oferecer liberdade a todas as almas para serem quem elas são e fluir com a Luz e o Amor do Criador.

Mantendo a Tradição Sagrada

Vez após vez, Alberto demonstrava a importância de manter a integridade no uso de um dom tão sagrado. No início de todas as aulas, ele deixava claro que as informações e os símbolos sagrados não deveriam ser compartilhados com outras pessoas. Ele perguntava se havia alguém que não se sentisse à vontade em manter a integridade dessa tradição oral e lhes dava a oportunidade sair de sala. Dessa maneira, o significado e a intenção sagrada dos símbolos foram preservados. Ao manter uma tradição oral do coração, a informação transmitida não se torna um exercício teórico mental; ao contrário, torna-se uma maneira de saber que ela *internalizou através da experiência* no coração.

Alberto defendeu fortemente a ideia de manter o Ama-Deus na maneira tradicional, como os Guaranis mantêm há milhares de anos através de uma tradição oral. Em várias ocasiões lhe ouvi respondendo às perguntas dos alunos. Sua resposta sempre foi forte com relação ao fato de que esses métodos de cura devem ser mantidos sagrados e as informações não devem ser compartilhadas. Em uma ocasião, um estudante com as melhores das intenções fez cópias dos símbolos sagrados a partir de um computador. Quando ele chegou na sala de aula e compartilhou suas cópias, Alberto reagiu fortemente, interrompendo a distribuição das cópias, indicando que essa prática não era correta.

Ele disse: "Você deve praticar e usar o sistema até não precisar olhar suas anotações. Esses símbolos sagrados não devem ser exibidos assim". Segundo os Guaranis e confirmados por Alberto, os símbolos sagrados eram guardados e deviam ser usados com respeito, integridade e amor. Os símbolos sagrados são antigos e simples, mas poderosos. O Ama-Deus chega até nós a partir de milhares de anos de armazenamento no coração através da tradição oral.

A tradição oral é o banco de dados eletrônicos para os povos indígenas. Eles contam com um coração que canta para preservar e imprimir palavras sagradas no cérebro. Uma vez dada uma música de Deus ou do Grande Criador, ela é cuidadosamente nutrida e reconhecida como a mais alta forma de riqueza. A sabedoria sagrada tem a intenção de continuar nesse formato, a fim de salvaguardar e manter um relacionamento centrado no coração por todos os que a usam.

A tradição oral é uma experiência comprovada que continua preservando o conhecimento sagrado, apesar de invasões, tecnologia avançada e mudanças ambientais. Os Guaranis, assim como outros povos indígenas, demonstraram ao longo dos séculos o formato altamente funcional ou a transmissão oral.

A mente ocidental muitas vezes entende mal a beleza e a importância de manter vivo esse meio de comunicação. O mundo de hoje se destaca com tecnologia de alta velocidade que separa fisicamente as pessoas. Receber bilhetes de amor ou telefonemas amorosos, e-mails ou mensagens de texto, todos são animadores; no entanto, eles poderiam substituir um toque amoroso, a sensação e a experiência de estar na presença de outro, para olhar em seus olhos e ver sua alma? Falta a parte de ser totalmente humano para alcançar todo o nosso potencial. A tradição oral é voltada para o ouvir. A tradição oral é o lugar onde a voz é primordial ao transmitir a mensagem imbuída de tons, ritmos e notas, soando em frequências ressonantes alma a alma. A tecnologia nunca poderia ser o veículo para transmitir amor. *As interações humanas são o veículo para a condução do Amor nesta dimensão.* Os ensinamentos orais tradicionais são os meios para a comunicação alma a alma.

Quando você fala oralmente, a alma do narrador se move do coração, passando a respiração pela laringe para dar frequências ricas e variadas aos tons. A comunicação oral alcança outros campos de receptividade em todo o potencial - em um potencial espiritual. As frequências de tons na voz banham o campo eletromagnético humano em cores e sons do sopro da vida. O coração que direciona o cérebro é muito maior do que qualquer computador em comparação com o mundo físico.

Esta estória dos Guaranis é sobre um grupo de humanos que pretendia manter um caminho espiritual, que pretendia desenvolver o potencial de suas almas. Para aqueles humanos que criam a partir de um mundo material predominante, o caminho espiritual é rotulado como uma abordagem interior. Esse rótulo de "interior" vem simplesmente porque uma abordagem material negligenciou outras faculdades dentro da capacidade do veículo humano. Assim, esse uso limitado fornece entendimento limitado. Um uso sensível do veículo humano cria todo um potencial e as perspectivas interna e externa - uma perspectiva da alma é reconhecida.

Com esse entendimento da tradição oral, propositalmente deixei de fora o conteúdo sagrado de ensinamentos específicos de Ama-Deus, que são ensinados apenas pessoalmente, de coração a coração, a aqueles que são atraídos por esse método. Esperamos que as estórias despertem a paixão em seu coração.

Assim, nas descrições a seguir sobre a prática de Ama-Deus, apenas uma narrativa geral retrata esse belo método de cura. Desse modo, a integridade e o respeito a esse método sagrado estarão de acordo com as instruções de Alberto - mantendo a sabedoria sagrada no contexto da forma original da tradição oral. O conteúdo completo é sempre compartilhado abertamente em sala de aula.

Experimentando Ama-Deus

O formato do curso construído por Alberto possui duas partes ou níveis. O primeiro nível inclui uma iniciação e o compartilhamento de nove símbolos sagrados. A iniciação reproduz a experiência de Alberto com os Guaranis e é compartilhada em detalhes com os participantes do curso. Os símbolos são compartilhados para focar a intenção de curar a essência de um indivíduo - a alma. Esses símbolos geométricos antigos tem o propósito intencional de atingir um objetivo específico durante a cura energética. O uso de símbolos diminui a intenção pessoal do curador e libera a mente, permitindo que um estudante/praticante se torne um canal para a energia curativa.

Cada um dos símbolos sagrados de Ama-Deus trabalha com processos específicos da vida para apoiar a alma durante as experiências terrenas, como nascimento, transição e morte. Como aprendemos anteriormente sobre os costumes Guaranis, toda a vida é sagrada e tem suas cerimônias correspondentes com os rituais de cura que solicitam a graça de Deus. O modo de vida Guarani é do ponto de vista da alma, assim também, o método de cura é posicionado desse ponto de vista.

Por exemplo, quatro dos nove símbolos sagrados no curso de primeiro nível incluem:

- Um que aborda a intenção de melhorar e expandir o centro cardíaco. Como compartilhado anteriormente o centro do coração é de primordial importância.
- Um símbolo sagrado para purificar qualquer coisa que seja colocada dentro do corpo físico, o templo sagrado.
- Outro auxilia no processo de morrer para levar paz a alma.
- Um símbolo sagrado apoia a alma após o último suspiro e a ajuda a se mover para a Luz em amor pacífico.

No primeiro nível, são dadas instruções sobre como enviar energia para outra pessoa, chamada de cura à distância ou, nas palavras de Alberto, "cura ausente".

Se alguém estiver em ressonância com esse método, há um curso adicional de segundo nível. A divisão dos níveis permite que os participantes assimilem as informações do nível um e depois optem por continuar se esse sistema chamar seu coração. O segundo nível tem dezessete símbolos sagrados adicionais.

O segundo nível trata de várias opções para abordar questões centrais, como a repetição de comportamentos e atitudes perturbadoras.

Dois desses símbolos acessam o subconsciente para obter informações, um através dos sonhos e o outro se move para o nosso passado. Ambos servem para reviver e curar situações estressantes.

Além disso, um símbolo para vícios é compartilhado, destacando a cura energética de um comportamento vicioso no processo geral de reabilitação. Esta peça energética cria uma abordagem holística para curar vícios. Outro símbolo sagrado é para ajudar os líderes mundiais para o bem de toda a humanidade.

Os ensinamentos estão posicionados a partir da perspectiva da alma, e você terá um vislumbre de como os Guaranis vivem habitualmente no reino espiritual. O participante encontra uma progressão natural de se mudar para uma perspectiva de alma e isso cumpre o que Alberto alegou antes da iniciação: Essa [perspectiva da alma] pode lhe trazer novas visões, nova vida, nova perspectiva".

No meu primeiro curso, Alberto compartilhou como ajudar a alma durante a transição ou ajudar a alma a ir em paz para a Luz quando o corpo físico se aposentar. Eu me perguntava quando usaria esses símbolos sagrados. Certamente, esses símbolos se tornaram uma das minhas primeiras experiências mais profundas.

E começou com uma batida na minha porta, um cavalheiro de aparência agradável cujo psicólogo o encaminhou para mim. O homem procurava massagem terapêutica para ajudá-lo a lidar com o desconforto físico relacionado à AIDS. De maneira direta e respeitosa, ele perguntou se eu me sentia confortável em trabalhar com ele. Naquela época, o medo e o desconforto de trabalhar com essa doença cresciam no público em geral. Sua pergunta deixou claro que ele pretendia respeitar essa linha.

Eu o recebi em minha casa, agradecendo por ser abertamente respeitoso. Começamos nossa primeira hora de massagem que por vários meses se transformou em uma rotina semanal. Nesse período, quando nos conhecemos melhor, compartilhamos discussões sobre Alberto e aprendemos Ama-Deus. Alberto voltaria logo para ensinar, e meu cliente estava empolgado em conhecê-lo e fazer a aula. No entanto, ocorreu um repentino declínio na sua saúde.

Como ele ficou mais fraco e não sabia dirigir, fui à sua casa para fazer a massagem quinzenal. Notei que sua passagem estava perto e realizar pequenas sessões com frequência para ajudar a tolerar à dor se tornaram nosso objetivo. Um dia, entrei em seu quarto e, lendo seu rosto e a linguagem corporal, notei que sua dor era imensa. Ao avaliar a melhor forma de trabalhar com ele, uma súbita onda de energia fluiu em minhas mãos, enquanto a imagem do símbolo sagrado para a transição apareceu minha mente. O estímulo da energia me levou a assumir a posição de transição até que a energia diminuísse. Abrindo os olhos desse breve encontro, vi meu cliente em um sono tranquilo; movi-me gentilmente para massageá-lo. Voltando dois dias depois, ele estava alerta e exigiu saber o que havia acontecido com ele na sessão anterior.

"O que você fez comigo?" Ele perguntou.

Surpresa com seu tom forte, me perguntei se tinha feito algo para machucá-lo. Mais uma vez, ele perguntou em um tom mais forte: "O que você fez comigo?"

Parada ali, um tanto paralisada, com o coração apertado e me sentindo triste, murmurei e levemente encolhi o ombro: "Eu não sei".

Ele continuou vigorosamente: "Quando você me tocou, me senti tão em paz, vi essa luz maravilhosa e tudo o que vi era tão bonito e havia flores". Fiquei chocada ao ouvir a descrição dele, pois o retrato dele era quase as palavras exatas que eu havia usado em uma aula de Ama-Deus com Alberto!

Durante a aula, Alberto primeiro descreveu o significado e como usar um símbolo sagrado específico. Então, para alguns dos símbolos, ele demonstrou uma cura real, fazendo-me deitar em uma maca para massagem. No final da demonstração, ele me pediu para descrever a experiência para a classe. Minha descrição da demonstração de cura de Alberto com o símbolo sagrado usado para pessoas que estavam morrendo era como uma descrição de experiências de quase morte. Havia tanta paz e luz em mim. Agora, em um silêncio atordoado, eu estava ouvindo esse homem repetir meu diálogo exato.

Meu coração mudou de pequeno, com medo de machucar alguém, para se sentir grande com a extraordinária beleza da experiência. Deus nos ensinará sobre Deus. Nós não estamos no controle. Meu nervosismo se dissipou e a felicidade veio de um momento prático pela importância e a bem-aventurança do processo Ama-Deus.

A simplicidade e sutileza do Ama-Deus podem fazer com que alguns o ignorem como não digno de atenção, especialmente se você estiver procurando algo instantaneamente profundo, misterioso ou incompreensível. "Confie em si mesmo. É isso que faz a mágica", repetia Alberto em sala de aula. Confiei e movida pelos meus sentimentos pelos três anos anteriores à passagem de Alberto, uma e outra vez me era oferecida uma experiência, como com esse homem, mostrando-me diretamente o poderoso potencial de cada um dos símbolos sagrados.

Me perguntaram qual é o meu símbolo sagrado favorito. Eu não tenho nenhum; no entanto, há um símbolo que eu uso com frequência para aprimorar, ampliar e expandir o centro do coração. Entender que o centro do coração é a nossa conexão sagrada me levou a trabalhar intimamente e experimentar esse símbolo sagrado. Após a primeira aula, reservei um tempo à tarde, quando meus filhos dormiam, para trabalhar com esse poderoso símbolo para facilitar a cura do centro do coração.

A experiência pessoal foi o que me levou a um relacionamento direto com a energia. Não me vi pensando nos resultados misteriosos; uma confiança inata se desenvolveu a partir de meus sentimentos e observações nas bênçãos e glória do Divino em ação. Esse relacionamento me deu inspiração e apoio para continuar me curando e a alegria de saber que não estamos sozinhos.

A confiança total trouxe muitas experiências variadas. Todos os tipos de pessoas vieram para se curar. As sessões duravam em média entre vinte minutos e meia hora. Raramente, havia algum que durasse um pouco mais que cinco minutos e outros que durassem uma hora. Essa variação definitivamente me manteve ciente de que algo maior estava no controle.

Uma sessão curta ocorreu com uma mulher que precisava de cura emocional. Naquela época, eu ainda estava morando e trabalhando na antiga fazenda, e minha maca para massagem estava montada no centro de uma pequena sala de estar. Depois de me explicar o que estava procurando, prosseguimos com a sessão.

"Você está familiarizada com os centros de energia em seu corpo, conhecidos como chacras?" Eu perguntei.

"Sim. Já tive cura energética antes e conheço os chacras."

"Bom! Bem, é assim que trabalho principalmente. Examino seu corpo com as mãos sobre os centros de energia. Quando sinto a energia fluir em uma área específica, descanso as mãos suavemente em você até que o fluxo pare. Pode haver várias áreas que serão trabalhadas no decorrer da sessão".

"OKay."

"Tudo o que você precisa fazer é relaxar, fechar os olhos e ouvir a música. Quanto mais você relaxar, mais receberá. Avisarei quando a sessão estiver concluída. Por favor, deite-se aqui na maca para massagem e eu cobrirei você com este cobertor leve. Vamos colocar este travesseiro pequeno sob seus joelhos para ajudá-la com as costas."

"Obrigado." Estou confortável.

Depois que ela se acomodou e fechou os olhos, coloquei uma peça de música clássica de Mahler que Alberto usava durante suas sessões de cura. Eu me preparei para a sessão como sempre - exatamente como Alberto ensinou. Durante as sessões, as pessoas ficavam mais relaxadas e várias adormeciam. Nesta sessão em particular, ela ficou tensa e se reposicionou algumas vezes. Eu me ajustei a ela e gentilmente retornei à posição da minha mão. Isso durou cerca de cinco minutos e o que finalmente me levou a perguntar: "Você está bem?"

"Não, estou com muita dor!"

Recuei imediatamente minhas mãos dizendo: "Você tem certeza de que a energia é apropriada?"

"Eu tentei muitos outros métodos de cura. Estou com muita dor. Eu estava esperando que este funcionasse. Acho que não posso continuar esta sessão." Ela continuou compartilhando como havia tentado vários outros métodos de cura de pessoas diferentes e nada parecia funcionar para ela. Senti que ela esperava uma solução rápida de sua dor emocional e sugeri que os problemas de sua cura fossem melhor tratados com terapia profissional. Sua resposta indicou que ela estava fugindo de ajuda profissional, claramente carregando um profundo medo.

Ela repetiu mais de uma vez: "Não sei porque isso machuca".

Expliquei a ela que durante uma sessão de cura se pode sentir dor ou desconforto, e não é que a energia não esteja funcionando; ao contrário, é uma reação do indivíduo. A energia de cura não mascara um problema. Discutimos outras opções para ela.

Ela se arrependeu de não ter completado a sessão e queria me pagar. Por causa de minhas próprias experiências pessoais de cura, eu simpatizava com ela, mas, mais importante, entendi onde estavam meus limites como praticante de energia. Recusei educadamente o pagamento com uma forte recomendação para que ela procurasse ajuda profissional.

Aprendi através do meu próprio processo de cura que, no estado de cura, um ego ou parte do eu que está profundamente magoado frequentemente aceitaria a Luz antes de aceitar o Amor. Somos frequências de luz finamente vibratórias. Nosso ser está oscilando os campos eletromagnéticos da luz, e não há nada em você que precise ser despertado no recebimento da Luz.

Você pode ver como é significativo discernir que existem modalidades de cura que trabalham com luz e modalidades que trabalham com Amor?

A luz pode ser dada para fins de cura e facilmente aceita, pois nada é necessário. No entanto, quando o Amor é dado, por causa de sua glória, geralmente ele desperta uma resposta ao receber o Amor. No estado inicial de cura, nem sempre existe a habilidade ou capacidade de responder. Quando alguém passa pela fase de cura e aceita a luz e avança na cura, fica mais fácil aceitar e responder ao Amor.[136]

Eu gosto de pensar que luz e amor estão relacionados à descrição "Somos feitos à imagem e semelhança de Deus". Somos a imagem ou "luz" da Luz Não Criada e a semelhança de "amor" do Amor Indescritível. Embora não seja compreensível como a luz e o Amor se separam do Uno ou da Fonte, é importante ter essa distinção para fins de cura.

Alberto falou que quando não podia curar algumas pessoas, as enviava a outros curadores ou à comunidade médica. Através de Ama-Deus, aprende-se, como praticante de energia, que as sessões de cura são entre a alma e o Universo, e o caminho de cada pessoa é único. Devemos respeitar as escolhas que as pessoas fazem em seu caminho de cura e amá-las sem julgar sua escolha.

O que a Cura Tem a Ver com Liberdade?

Quantas vezes você já ouviu falar que a cura é um direito de nascença de cada pessoa e que todos têm capacidade de curar? Como você leu anteriormente, os Guaranis entendem que todos têm a capacidade de acessar energia para a cura. O objetivo é manter o equilíbrio sagrado - ser uma luz no Universo.

Quando alguém escolhe o caminho para curar, abre-se uma oportunidade para reavaliar o sentido da vida. Curar é trazer para um foco mais agudo a situação que cria angústia, não como uma vítima desamparada, mas como um participante com poderes. A cura coloca a consciência na eliminação dos sintomas do corpo físico, enquanto a recuperação se concentra no despertar espiritual para eu completo.

Os grandes professores não aceitam passividade daqueles que buscam a cura. "Curar é reconhecer e mudar o que precisa ser mudado para se mover de maneira autodirigida até um ponto de entendimento".[137] As experiências pessoais encontradas durante o processo de cura se abrem para uma compreensão mais profunda de nossa importância no Universo. "A verdadeira cura significa autoexame e liberação emocional. Curar é reparar ou corrigir uma situação que causa sofrimento e compromete o bem-estar".[138]

O Ama-Deus é uma ferramenta que dá suporte durante o processo de cura. "Quando você descobre a necessidade de cura, dá o passo que leva à substituição da emoção negativa que obscurece a luz por uma emoção que aprimora a luz dentro de você."[139] A cura é sempre possível. Curar é tornar-se completo.

No espírito de cura, há sempre um dar e receber, um convite para transformar a consciência em todos os níveis. O crescimento pessoal requer disciplina nas práticas espirituais e na escuta ativa. O que é inerente a uma alma individual emergirá do processo de cura. Através desse processo, dons naturais surgirão e o provérbio "Conheça a si mesmo" ficará claro. A introspecção e o poder espiritual são dons, que não devem ser buscados em benefício espiritual ou material, mas recebidos graciosamente.

O Universo escolhe como a cura pela energia é transmitida. Pessoas santas ou espirituais têm grande coragem. Na cultura Guarani, essa classificação ocorre após muito sacrifício, jejum, oração, busca de visão, cerimônias, ervas e, claro, o número de belas canções de palavras. Eles dedicam suas vidas a estar em contato com a dimensão física e a espiritual para ajudar a humanidade a alcançar o bem maior de todos. O título de pajé ou xamã é dado e reservado para aqueles que demonstram o mérito de tal responsabilidade. A realização espiritual não é adquirida através de um certificado ou um livro didático.

Os métodos de cura energética não se concentram nos sintomas. Hoger Kalweit, em seu livro *Shamans, Healers and Medicine Men,* observa que os métodos indígenas não são baseados em sintomas,

> ao contrário, [eles reavivam] a vida e curam nosso relacionamento com o mundo - pois a doença não é o entupimento de nossos poros espirituais, um bloqueio de uma percepção global do mundo...nossa medicina burocratizada e materialista - esse modelo mecânico com um terapeuta ativo e um paciente passivo ...esse tipo de cura pertence à era mecânica. Hoje, porém, já estamos ousando fazer a transição para a medicina "orgânica", a "cura espiritual" através da transformação pessoal, através da transformação da consciência em todos os níveis...Se estamos buscando modelos clássicos para esse tipo de cura, eles existem: os mestres da saúde básica - xamãs, curandeiros primitivos, médicos primários, homens e mulheres sábios.[140]

Malidoma Somé, um homem sábio da tribo Dagara, compartilha em seu livro *Of Water and the Spirit (Da Água e do Espírito)* uma bela história pessoal que descreve o papel da cura sob uma perspectiva indígena.[141]

Somé afirma que seus anciãos estão convencidos de que o Ocidente está tão ameaçado quanto as culturas indígenas:

> Não há dúvida de que, neste momento da história, as civilizações ocidentais estão sofrendo de uma grande doença da alma. O progressivo afastamento do Ocidente dos valores espirituais em funcionamento, seu total desprezo pelo meio ambiente e a proteção dos recursos naturais...Diante de todo esse caos global, a única esperança possível é a autotransformação.[142]

A autotransformação preocupa-se em curar a si mesmo para recuperar o sentimento de perda de interconexões e torná-lo íntegro para o seu benefício e o bem da comunidade. Atualmente, estamos testemunhando um despertar e uma reconexão com o eu para sentir e sintonizar com o mundo energético. Muitos estão seguindo o caminho da cura. A cura requer dedicação e perseverança. Ao escolhermos curar, o Amor apoia e dá força para a realização de nossa tarefa. Esse apoio e força são reconhecíveis. Por exemplo, com que frequência você se sentiu "apaixonado", fazendo-nos deixar ir eventos irritantes ou afastar situações negativas? Em vez disso, assumimos um ar de indiferença ou despreocupação. Por quê? O Amor não apenas nos eleva, mas também nos leva através do processo de cura.

Durante os quatro anos após meus grandes eventos de mudança de vida, antes de conhecer o Ama-Deus, escolhi trilhar ativamente um caminho de cura pessoal. Na promessa a Deus de me elevar de um sentimento desanimado, também veio o pedido de ajuda espiritual. Desde aquele momento de iniciar um voto e pedir ajuda espiritual, meu tempo não ficou mais ocioso.

Meus filhos foram e são meu foco principal. Para não atrapalhar minha família com essa escolha pessoal, criei uma agenda para promover a mudança e a segui em minha própria comunidade. Eu não viajaria para um país distante para trabalhar com um guru ou para uma parte diferente do país para encontrar um curandeiro famoso.

Peça e você receberá! Minha primeira grande fase de cura veio da experiência de uma abordagem não convencional da psicologia, a partir do conselho de uma amiga querida. Essa prática na época estava sendo desenvolvida por um psicólogo. Minha amiga Katharine trabalhava no escritório do psicólogo como contadora. Ouvindo-a com ceticismo, descrever essa abordagem no que seria chamado de *Cura Centrada na Alma*, minha curiosidade e interesse se aguçaram para experimentá-la.

Entrando em uma clínica comum compartilhada por um grupo de psicólogos, fui recebida por um homem de meia-idade caloroso e amigável que me levou a seu consultório particular. Como nunca estive em terapia, eu não tinha ideia do que esperar. Essa era uma terapia ou sessão de cura que funcionava com o "eu superior" da pessoa. O eu superior foi usado neste caso para significar a parte comunicativa da alma e, confiando na alta recomendação da minha amiga, me aventurei na situação.

O psicólogo pediu para eu me sentar em uma cadeira e explicou como ele conduziria a seção. "Por favor, feche os olhos com as mãos apoiadas gentilmente no braço da cadeira." Ele continuou a explicar que para os dedos de ambas as mãos havia pedágios comunicativos que contornavam a mente consciente. No início da sessão, um dedo foi designado como um dedo "sim" e o outro era um dedo "não"; e a mão inteira em um movimento horizontal não indicava nada. Por meio desse diálogo de perguntas e respostas, chamada de sinalização ideo-motora, uma resposta sim ou não foi como a comunicação ocorreu com o eu superior.

A sessão começou com uma contagem de um a dez e repetindo entre as contagens que o relaxamento estava começando nos meus pés e se movendo por todo o meu corpo. Após essa etapa de contagem, meu corpo se acomodou em uma agradável resposta de relaxamento. Então, ele pediu para se comunicar com meu eu superior através dos dedos como canal. No começo, minha mente queria rir com esse procedimento, depois o espanto se formou quando meus dedos se moveram em resposta. Perto do final da sessão, um sentimento estranho apareceu, e eu me castiguei por ter gasto tanto dinheiro.

Com pressa de sair quando a sessão terminou, eu estava de pé no balcão para preencher meu cheque quando Katharine se aproximou, perguntando com olhos brilhantes e ansiosos: "Como foi?"

Eu me atrapalhei com as palavras, mas também me vi incapaz de preencher o cheque. Nesse momento, de repente, a situação se tornou aparente para mim. Eu estava em um estado muito mais profundo do que apenas uma sessão de relaxamento. Eu só pude rir e dizer: "Algo aconteceu, não sei o que!"

"Você acha que vai voltar?"

Eu me ouvi dizendo "sim" a ela e durante todo o caminho até chegar no meu carro fiquei imaginando o que realmente havia acontecido. Outra sessão foi agendada para a semana seguinte. Senti a necessidade de dar uma chance a esse método, porque confiava na indicação da minha amiga. A

169

segunda sessão proporcionou uma experiência mais profunda de viajar no tempo, uma sessão poderosa para mim.

Depois de participar de uma terceira sessão, minha mãe finalmente comentou: "O que você está fazendo? Você mudou!" Na verdade, eu havia mudado. Em apenas três sessões, um grande bloqueio na personalidade foi levantado, um que esteve comigo a vida toda. Minha autoestima era tão baixa que minha mãe se preocupava com o fato de ter feito algo comigo, e seria natural que ela testemunhasse minha presença ou comportamento diferente. O medo de conhecer pessoas havia diminuído. Fiquei mais alta, andava mais à vontade e podia olhar as pessoas nos olhos sem sentir desconforto extremo. Com esses resultados, não me importei como era chamado ou como os dedos estavam funcionando. Fiquei feliz com o resultado.

Certamente, não desejando alarmar minha mãe usando uma abordagem não convencional, fiquei em silêncio sobre fazer parte dessa terapia, especialmente uma que não estava preparada para explicar ou entender. No entanto, a eficácia foi muito reveladora quando fui a uma festa com minha mãe. Quando entramos na festa, no jardim, minha mãe se dirigiu para falar com o anfitrião e seus amigos. Fiquei um instante na entrada e caminhei lentamente pela multidão até minha mãe, que estava envolvida em uma conversa divertida. Aproximando-me, ouvi-a comentar surpresa: "Essa é Beth!" Os amigos de minha mãe, que também eram meus conhecidos, não me reconheceram à distância. Mamãe se virou para mim com uma expressão interrogativa: "Você acredita que eles pensaram que eu havia trazido outra pessoa?"

Fui imediatamente bombardeada com "Você está maravilhosa, como estão seus filhos?" Fiquei confortável sem me sentir constrangida e mantinha contato visual fácil durante toda a conversa. Esse sentimento de paz nessa reunião de amigos, que antes era extremamente desagradável para mim, era a confirmação da minha transformação de cura.

As três sessões de terapia e a forte experiência de mudança em mim mesma fizeram-me continuar com essa técnica. As sessões de terapia não eram baratas e com o meu trabalho de massagem fora de casa eu conseguia somente colocar comida na mesa e pagar o aluguel. Então, comecei um trabalho extra para pagar pelas sessões. Por coincidência, uma amiga da família precisava de um lugar para ficar por alguns meses e, assim, se abriu uma oportunidade de trabalhar à noite, abastecendo prateleiras, enquanto ela ficava com meus filhos à noite.

Três anos de sessões semanais trouxeram não apenas cura, mas também conhecimento e compreensão da minha paisagem interior - uma paisagem da alma. Isso não era conhecimento de livro; a experiência das sessões expandiu exponencialmente minha compreensão para uma consciência energética. Esse amplo entendimento foi uma resposta à minha oração e apoio à minha decisão de me curar; um caminho se desenrolou e uma jornada começou.

Como resultado dessa decisão, dentro do meu próprio quintal, um processo de cura criou uma estrutura para ver a vida de uma perspectiva energética e me apresentou o significado de uma perspectiva da alma. Fiquei agradecida, mas não sem os períodos que desejava parar e seguir em frente, ou com o sentimento de que tudo isso era besteira e outras vezes, pronta para usar um pneu furado como uma desculpa para não comparecer. Minhas resistências normais à mudança apareceram aqui e ali. Em muitos casos, essa jornada de cura era trabalhosa. Sim, assumi meu compromisso, pois o progresso era aparente. Eu perseverei.

Ter essa rica experiência que parecia cansativa e às vezes exaustiva certamente lançou as bases e os próximos passos cruciais no meu caminho para o Ama-Deus. Mais importante, eu aprendi o valor da autocura, a escolha de uma pessoa para se curar está bem resumida nesta mensagem atemporal que se diz estar num túmulo sem nome de um bispo anglicano na Abadia de Westminster (1100 d.C.), mas atualmente é mostrada como anônimo:

> Quando eu era jovem e livre e minha imaginação não tinha limites, sonhava em mudar o mundo. Quando fiquei mais velho e mais sábio, descobri que o mundo não mudaria, então encurtei um pouco a minha visão e decidi mudar apenas meu país. Mas também parecia imóvel. À medida que crescia nos meus anos crepusculares, em uma última tentativa desesperada, decidi mudar apenas minha família e as pessoas mais próximas a mim, mas, no fundo, elas não aceitaram nada disso. E agora, deitado no meu leito de morte, de repente percebi: se eu tivesse apenas mudado a mim mesmo primeiro, então, pelo exemplo, mudaria minha família. Por sua inspiração e incentivo, eu teria sido capaz de melhorar meu país e, quem sabe eu poderia até ter mudado o mundo.

A perspectiva de cura dominou meu pensamento, transbordando em todas as partes da minha vida. Além da *Terapia Centrada na Alma*, eu estava desenvolvendo um grande interesse pela saúde física. Ao ouvir a afirmação "você é o que você come", investiguei a culinária macrobiótica e os benefícios dos alimentos. Eu me dediquei especialmente a aprender sobre os alimentos benéficos para meus filhos. Neste estudo de uma inter-relação com plantas e alimentos, fiquei fascinada com a ideia de jejuar. Meu primeiro jejum durou três semanas e foi intenso, especialmente pela primeira vez, mas eu o mantive com determinação.

Certa manhã meu filho falou, enquanto eu o secava com uma toalha, após o banho, "Mãe, seu hálito cheira a rosas."

"Sério?"

"Uh huh."

De pé e olhando minha língua no espelho do banheiro, meus olhos viram uma cor rosa radiante. Também notei que não havia o gosto matinal habitual antes de escovar os dentes. Hmm, esse deve ser o ponto final do jejum e de toda a experiência obtida com a lição! Isso aconteceu apenas algumas semanas antes de eu me inscrever no Workshop de Ama-Deus. Olhando para trás, vi que essa parecia ser a preparação mais adequada para a iniciação no Ama-Deus.

Houve outros incidentes fortemente relacionados ao meu próximo relacionamento com Ama-Deus. Uma dessas experiências magnetizadoras estava relacionada à música.

Kathy, minha boa amiga, telefonara perguntando: "Beth, você gostaria de fazer uma viagem de carro de uma hora para a cidade de Holanda? Há uma mulher que gostaria que eu a ajudasse em sua pesquisa."

"Quando?"

"Vou ligar para ela e encontrar um horário à noite, que tal?"

"Ótimo!"

Conversamos o tempo todo sobre nossos filhos, e eu não perguntei nada durante a viagem sobre a pequena aventura para onde estávamos indo. Ao chegar, uma bela mulher de fala mansa em um escritório confortável e acolhedor nos cumprimentou. Então ela perguntou: "E quem gostaria de ir primeiro?"

Olhando para Kathy, eu percebi que ela estava hesitando um pouco.

"O que devemos fazer?" Kathy perguntou.

"Oh, você não terá que fazer nada, somente se deitar em uma mesa e ouvir a música. Você trouxe sua música?" Kathy e eu nos olhamos novamente e, juntas, dissemos: "Música?"

"Sim, você deveria trazer algumas músicas que gosta de ouvir."

"Não, nós não trouxemos música."

"Tudo bem, eu tenho algumas aqui que podemos usar. Ok, quem irá primeiro?" Kathy ainda estava hesitante, então eu corajosamente disse: "Eu vou".

Entrei em uma sala de tamanho clínico que estava ocupada principalmente com uma moldura de cobre geodésica com uma longa laje no centro. No canto oposto à entrada havia um computador grande.

"Bem-vindo à máquina Genesis", disse ela, enquanto eu olhava com cuidado o aparato de cobre do chão ao teto que lembrava um tetraedro. Essa grande estrutura parecia um ginásio na selva de cobre. "Vá em frente e suba no estofamento." Era preciso subir cuidadosamente pela tubulação de cobre para uma plataforma horizontal acolchoada. Me deitei na plataforma que ficava provavelmente a um metro e meio do chão e suspensa no centro da estrutura de cobre.

"Então, há algum tipo de música que você gostaria de ouvir?"

"Não, eu gosto de quase tudo."

"Okay, selecionarei algo para você. Tudo o que você precisa fazer é relaxar, fechar os olhos e ouvir a música. Vou ficar na sala para monitorar o computador."

Claro que eu não sentia medo ao fazer essa experiência porque eu estava com minha melhor amiga.

Começando com uma peça clássica, o volume estava alto na pequena sala e a plataforma vibrou com a ressonância da música. Logo, eu estava calma e em um profundo estado de relaxamento. Depois que várias peças de música tocaram, uma peça alertou absolutamente todos os meus sentidos. Minha pele se levantava de forma irregular; meu coração parecia crescer. Minhas pálpebras tremeram. Isso era tão louco, e me perguntei por que reagi como reagi. Talvez tivesse a ver com a pesquisa. Então a música mudou e todos os sentimentos emocionais e respostas físicas relaxaram. Mais duas peças chegaram e a sessão foi concluída. Dando uma longa espreguiçada antes de descer da plataforma, falei: "Isso foi legal, obrigada".

"Bem, o que houve com *A Missão*?" ela perguntou.

"O quê?" Eu respondi interrogativamente.

"Você teve uma reação a essa peça musical do filme *A Missão*.

"Eu não conheço essa peça da qual você está falando, nunca ouvi nada sobre *A Missão*."

"Bem, você teve uma reação tão grande que suas classificações estavam fora de escala no computador".

"Sério?"

"Sim, a peça específica que selecionei para você foi a peça Ave *Maria* cantada pelos índios."

"Isso foi índios cantando? De onde?"

"América do Sul."

"Puxa, eu não tenho certeza do que eu poderia lhe dizer. A *Ave Maria* é a minha peça favorita para cantar na igreja, mas eu não registrei que era *Ave Maria*, apenas quando meu relaxamento foi interrompido!" A conversa aconteceu, enquanto eu descia e andando até a entrada da sala onde Kathy estava esperando. Ela me examinou, como eu a conheço quando lê alguém com sua clarividência."

"Próximo!"

Enquanto passava por mim, ela rapidamente perguntou: "Como foi?"

"Ótimo. Relaxante!" Eu respondi.

Mais tarde, no carro voltando para casa, descobri que Kathy não fazia ideia do que estávamos fazendo e queria que eu fosse primeiro, para que ela pudesse observar. Nós rimos muito disso.

A moral dessa estória é que isso aconteceu dois anos antes da minha iniciação no Ama-Deus. A música que Alberto usava nas aulas era tão inebriante que eu tive que comprá-la imediatamente. Ele mencionou na aula o filme *A Missão*. Registrei uma familiaridade com o título, mas exatamente de onde não conseguia me lembrar. Em casa, ao ouvir a peça inteira, congelei ao escutar novamente os índios cantando a *Ave Maria*, e instantaneamente me lembrei em detalhes da minha experiência naquela plataforma suspensa entre tubulações de cobre.

Quando Alberto falou sobre a importância da música para os Guaranis, enfatizou como o canto os aproxima de Deus. Percebi mais uma vez como é importante não nos afastarmos das oportunidades que a vida apresenta, pois não temos consciência de como isso poderia enriquecer nossas vidas. Esse incidente trouxe à tona a importância de abraçar a vida por tudo o que ela tem a oferecer, mesmo uma pequena viagem com um amigo por razões desconhecidas. Refletindo sobre elas, todas tiveram um papel importante na compreensão do papel da cura e da grandiosidade da perspectiva da alma antes de ser apresentada a Alberto e Ama-Deus. Depois de experimentar o Ama-Deus, refleti com total espanto sobre todas as experiências que me prepararam para esta etapa da minha vida. Eu estava e ainda estou comprometida e focada na autocura.

Preservando a Sabedoria Sagrada

Eu conhecia bem a paixão de Alberto por preservar esse método de cura e saber que o motivo de fazer isso não era sobre ele, mas sobre o mundo. O mundo *precisava* de Amor. Nas semanas após a morte de Alberto, uma amiga, que o havia hospedado quando ele estava doente, me ligou e pediu para ir me visitar. Ela dirigiu várias horas da Costa Leste até minha casa em Michigan. Esta foi uma visita bem-vinda para compartilharmos os últimos dias com Alberto. Durante sua estadia durante o fim de semana, uma tarde, ela me chamou para o quarto.

"Deixe-me lhe mostrar uma coisa", disse ela. Eu não percebi a extensão do que estava acontecendo até que ela desempacotou alguns itens e os colocou sobre a cama do meu filho. A primeira coisa que ela disse enquanto me entregava uma pequena bolsa foi: "Aqui, abra isso".

Abri com cuidado e respeito uma pequena sacola de pano com cordões, me sentindo um pouco desconfortável. Nas minhas mãos havia duas pedras pequenas o suficiente para caber na palma da mão.

"O que você sente?" Ela perguntou.

Sem nenhuma explicação, eu sabia que essas eram as pedras de Alberto. Fechando os olhos e respirando fundo algumas vezes, olhei nos olhos dela e respondi: "Não estou percebendo e nem sentindo qualquer energia".

"Bom! Foi o que eu senti também. A energia se foi. Gostaria de ficar com elas?"

No momento, fiquei ciente de que ela as ofereceu. "Eu não tinha ideia de que você as trouxe."

"Eu sabia que vocês dois tinham uma conexão forte. Eu precisava conhecê-la antes de lhe dizer que elas estavam comigo." Ela graciosamente fez a viagem até nossa casa para me conhecer e compartilhar sentimentos de nossa perda mútua. Eu não tinha ideia de que ela me mostraria alguns itens pessoais de Alberto. Encontrando os olhos dela e finalmente respondendo à sua pergunta de aceitar as pedras de Alberto, disse: "Não, obrigado."

"Sim, eu concordo com você que a energia se foi." Ela rapidamente as embrulhou e passou para o próximo item, que era seu anel de topázio amarelo. "Aqui, veja isso."

Olhando para o anel sem tocá-lo, respondi: "Obrigado, isso é maravilhoso". Esse processo de compartilhamento foi um ato gentil. No entanto, era evidente que ela estava aliviada por eu não aceitar as pedras ou o anel.

Colocando rapidamente os objetos de volta na sacola de pano, ela me entregou outro pacote grande: "Olhe, você pode ter todos esses arquivos. A maioria deles está em português. E, fique com o suéter e esses pijamas". Sorri, sem sentir remorso por recusar o anel ou as pedras. Meu maior tesouro foi o conhecimento e a relação com Ama-Deus. Eu podia sentir uma paz suave em meu coração por não aceitar os itens pessoais de Alberto e sua alegria em ficar com eles. O item mais valioso que Alberto deixou para mim foi o Ama-Deus, e isso foi plantado no meu coração. Eu estava realmente contente com isso.

Depois que ela partiu de volta para casa, coloquei cuidadosamente as pastas de arquivos de todas as suas anotações em uma gaveta. Seu pijama foi para um amigo próximo que havia participado do curso e, eventualmente, o suéter foi devolvido à sua família. Essa visita trouxe uma forte lembrança dos três anos profundos e focados de aprendizado e uso de Ama-Deus, como Alberto me selecionou para experimentar muitos dos símbolos sagrados durante as aulas. Três anos trabalhando intensamente com Ama-Deus em apoio à minha própria cura, assim como à cura de outras pessoas, me deram uma rica base de prática e conhecimento.

Recordando Amma tocando meu coração e sacudindo minha mente com "você deve continuar com isso", eu apreciei os meses antes de Alberto falecer. Percebi como, em seus últimos meses, Alberto me preparou imensamente para um novo papel. Enquanto eu treinava, ele me treinava. Eu tinha todos os símbolos sagrados necessários para iniciar outros e conduzir aulas. Agora, eu me organizara em uma nova jornada para salvaguardar e levar adiante os ensinamentos sagrados.

A revelação e o apoio amoroso de Amma e os sonhos contínuos com Alberto me incentivaram a seguir em frente. Pensei em todas as sincronicidades e no trabalho de cura pessoal que obviamente foram passos para meu recebimento de Ama-Deus. Tudo isso contribuiu para o meu forte senso de aceitar e aplicar esse método de cura. Ao aceitar esta nova jornada de ensino, essa sabedoria seria salvaguardada.

Primeiro, examinei meticulosamente os arquivos que continham todas as suas anotações pessoais das aulas. Todas as suas palestras manuscritas foram traduzidas e as palestras gravadas, transcritas. Procurei várias pessoas, a quem eu tinha grande estima, e solicitei as anotações de seus cursos para afastar a possibilidade de perder qualquer informação. Dessa maneira, consegui obter todos os ensinamentos sagrados como Alberto ensinava.

Desde 1993, ensino esse sistema sagrado de cura com o mesmo espírito que me foi transmitido com respeito, integridade e amor. Ensinar tornou-se uma extensão natural do meu coração e levou à minha próxima fase de crescimento. Compartilhar esse conhecimento sagrado com outras pessoas abriu um novo conjunto de aventuras, logo aprendi como o ensino é um papel poderoso. O poder vem no ato de capacitar os outros a reivindicar sua própria capacidade de autocura e singularidade para ajudar a si mesmos e aos outros. A cerimônia de iniciação, uma entrega e recebimento simbólico até hoje, permanece como uma das ações mais poderosas do ensino e me lembra constantemente a sabedoria sagrada sendo preservada. À medida que um fluxo constante de aulas em minha comunidade se expandia, as viagens internacionais também evoluíram, levando-me ao mundo inteiro.

Os ensinamentos exatos devem ser entregues alma a alma com respeito, integridade e amor. Compartilhei algumas das intenções para os diferentes símbolos sagrados, a importância em criar um espaço sagrado e a preparação para uma cerimônia de vida, e o motivo mais central para empregar essa prática energética - o objetivo de se curar. Sem perguntar ou duvidar, a vida é uma jornada sagrada se nos abrirmos e permitirmos que nossos corações sintam o Amor ao nosso redor. Alberto estava certo quando disse: "A vida está no Amor e na cura, o resto está apenas esperando".

Ao aceitar o "apenas esperar", o amor do meu relacionamento com Ama-Deus não apenas se expandiu para o ensino, mas também levou a um cenário clínico para realizar pesquisas com pacientes com câncer. Eu nunca sonhei em ensinar ou conduzir pesquisas. No entanto, essa é a jornada amorosa fenomenal quando você mantém sua intenção em seu coração.

PARTE IV
AMA-DEUS:
DA SALA DE AULA AO
AMBIENTE CLÍNICO

Arapotiyu parou na beira da floresta que cercava a aldeia. Despercebido, ele observou o pajé mais velho, seu pai, deitado na rede, dando as instruções matinais ao povo da floresta. Arapotiyu voltou facilmente ao seu passado, relembrando uma cena semelhante em sua juventude. Tanta coisa havia acontecido desde aquele dia decisivo em que a flecha perfurou o peito do seu avô.

Com uma clareza vívida, ele reviveu sendo levado prisioneiro e encontrando o grande ser que veio em seu auxílio na imagem de uma onça. Ela o guiou para fora da aldeia costeira e o libertou na floresta para iniciar sua jornada solitária com o mundo espiritual. Este ser maravilhoso chegara a ele em um ponto de grande mudança em sua infância, que marcou o início de seu aprendizado solitário na floresta.

Nos três anos em que seu pai, Mbaracambri, mudou a aldeia das pessoas da floresta, Arapotiyu cresceu e se tornou um xamã poderoso. Ao nutrir sua alma celeste, ele comeu apenas substâncias feitas da luz do sol, jejuou e dançou longas horas para que seu corpo se tornasse mais leve. Ele morava em um espaço vazio na base de uma árvore muito grande. Ele se comunicava nas dimensões espirituais, aprendendo muitas canções, visitando muitos reinos do universo. Ele se tornou um renomado karai, um profeta xamã para aldeias próximas e distantes.

Depois de três anos vivendo em solidão, ele recebeu uma visão mostrando a ele para retornar ao povo costeiro e reivindicar sua mãe. Ele seguiu essa visão. Quando ele entrou na aldeia costeira, as pessoas, em princípio, não o reconheceram. Ele era alto e andava com grande segurança. Eles o reconheceram como um karai poderoso, acolhendo-o com grande respeito. Somente sua mãe o reconheceu. O tempo todo, ele tinha conversado com ela através dos sonhos. Quando Arapotiyu pediu para ver a boa curandeira Yyvkuaraua, não houve resistência de Tupanchichù, pois todas as aldeias entendiam e respeitavam o poder dos karai. O povo da costa e seu chefe recuaram para deixar Yyvkuaraua passar. Quando ela se adiantou e falou o nome de seu filho, ele se lembrou de ter visto o medo trêmulo das pessoas do litoral quando finalmente o reconheceram.

Arapotiyu levou sua mãe, juntamente com o povo da floresta sobrevivente, para o novo local da aldeia. Fazia muitas temporadas atrás que ele levara sua mãe e seu povo de volta à aldeia. Agora, de pé na beira da floresta, ele a observa sentada ao lado de seu pai, trabalhando silenciosamente em uma cesta de junco.

Após a alegre reunião do povo da aldeia, seu pai, Mbaracambri, mudou a aldeia mais duas vezes. Por fim, estabelecendo-se onde os dois rios se encontram em um espaço virgem, exatamente como suas belas palavras das almas compartilhavam, um lugar sem maldade para o povo da floresta continuar seu modo de viver.

Mesmo tendo uma vida solitária, Arapotiyu vigiava de perto sua aldeia natal. O pessoal da floresta sempre podia vê-lo durante o movimento, como se ele estivesse abrindo um bom caminho. Durante o movimento final, Mbaracambri conversou com seu filho em um breve encontro na floresta. Sentados juntos, longe das muitas pessoas da floresta, Mbaracambri quebrou o silêncio.

"Essa mudança é especialmente longa. Sinto que esse é um dos meus últimos movimentos, meu filho. Tive uma visão forte, mostrando um espaço claro, sentindo a vitalidade vibrante e a presença de toda a vida, desde a fértil terra viva até as pulsantes luzes celestes e além".

"Sim, pai, eu também vejo este espaço sagrado para as pessoas se reunirem para ganhar as forças necessárias para a grande mudança vindoura. Viver e respirar as vibrações do grande Amor e Luz cintilante, através de nossas palavras das almas de gratidão que nos ajudarão a permanecer alinhados com as vibrações mutantes da Mãe Terra".

"Meu filho, você cresceu e se tornou um grande pajé, tudo o que nossos sonhos nos contaram. Meu coração cresce quando me lembro da visão que me falava sobre seu nascimento. Nunca esqueça suas músicas para manter seu coração forte." Dizendo isso, ele gentilmente bateu em Arapotiyu no peito. *"Eu concordo com as suas visões de tempos estranhos chegando. Confio agora que você compreende como a jornada sempre será diferente, mas a mesma. Mantenha em seu coração a sabedoria que adquiriu, pois aí reside o verdadeiro paraíso."*

"Meu querido pai, amo suas belas palavras da alma e ouço sua linda mensagem. Rezarei muito para manter esse caminho." Eles se olharam nos olhos, expressando seu Amor por um relacionamento espiritual que ajuda a manter um mbiroy pacífico.

Saindo de seu estado reflexivo, ele sorriu com as boas lembranças; ainda observando a mãe e o pai, ele imaginou como seria ter uma parceira própria e ser pai. Ele vivia sozinho na floresta, agora, por muitas estações do milho, renunciando aos costumes sociais de seu povo. Alguns descreveram sua vida como solitária, mas ele sorriu novamente lembrando-se da sensação de ter visto a borboleta pousar no mato com bagas comestíveis. Ele deu um grande suspiro e relaxou a mente naquele momento, sabendo muito bem que não estava sozinho. O mundo estava cheio de música celestial, e ele esperou ouvir. Este era o caminho dele.

A luz da manhã o trouxe, como ele fez em outra ocasião, para compartilhar mensagens do mundo celestial. Ele nunca esteve longe de seu povo da floresta, apesar de ter sido chamado para servir outras aldeias. Seu pai estava envelhecendo e havia mudanças no ar. Seu sonho recente indicava uma mensagem dessa mudança a ser entregue ao povo da floresta neste nascer do sol.

Quebrando o encantamento da lembrança, ele saiu da floresta para a clareira. O pajé mais velho deitado em sua rede parou por um momento sua conversa com um garotinho. Olhando na direção em que seu filho saiu da floresta, seu coração se encheu de grande Amor ao proclamar: "O bom e abençoado Karai Arapotiyu chegou ao nosso meio na primeira luz dourada da manhã!" Todas as pessoas da aldeia pararam o que estavam fazendo. Algumas mulheres correram para varrer o caminho para sua chegada. Tais eram o Amor e o respeito que eles tinham pelo karai. Sem palavras faladas, Arapotiyu se moveu graciosamente como se estivesse flutuando no ar em direção ao pajé mais velho. Ele encontrou os olhos de sua mãe, enviando um grande Amor a ela enquanto se aproximava e abraçava seu pai.

Sem falar, Mbaracambri sabia o motivo da visita de Arapotiyu. Numa visão recente, as pedras sagradas haviam falado com ele sobre as mudanças vindouras. Ele também sabia que seu filho raramente aparecia. Ele vinha apenas para ajudar com doenças graves ou para proferir belas palavras proféticas da alma.

Mbaracambri sinalizou ao garoto para cantar sua música recém-recebida para Arapotiyu. As pessoas da floresta se reuniram ao redor dos pajés, ouvindo a doce canção em seu coração enquanto ele falava com as pessoas da floresta. Araporiyu se sentou perto do seu pai, e com os olhos fechados ouviu a música. Quando a música acabou e os aldeões ficaram parados abraçados pelos raios de luz dourada que vinham através da folhagem verde, o Irapuru cantou do dossel da floresta. Um sentimento passou através do povo da floresta criando um sentimento de conexão amorosa e por toda a vida que se movia em seus corações. No momento, esse sentimento ondulou pela vila. Arapotiyu relembrou as lindas palavras de seu pai, lhe dizendo que a terra sem mal nenhum está dentro. Ele se sentiu em seu coração enquanto falava para o povo da floresta. "Chegará um momento em que o coração dos homens ficará frio e a luz interior parecerá uma brasa do seu fogo. Mas as pessoas da floresta, onde os dois rios se encontram, não perderão o conhecimento sagrado. Como os grandes círculos transformam os universos, haverá muitas luas, estações e gerações de trevas. Parece que as pessoas da Terra estão doentes da alma. Mbiroy parece ter desaparecido por trás de uma nuvem. As pessoas da Floresta permanecem fortes, vocês devem passar o conhecimento sagrado através de suas belas canções. Alguns virão para a aldeia e tentarão mudar suas palavras das almas. Mantenham suas canções fortes e caminhos sagrados, pois não há fim para o que é preciso e nem para as palavras que são belas. A morte, como vocês sabem, é apenas um movimento para o mundo celestial e será usada no grande plano de Ñande Ru. Se vocês se apegarem a essa verdade, não terão com o que se preocupar."

"Aje racó, sim, de fato", murmurou o povo da floresta em resposta à bela palavra das almas.

"Através desta escuridão, suas linhas de vida para Ñande Ru são suas canções. Mantenham-nas vivas em seus corações, a cada respiração. Haverá aqueles que chegarão à sua aldeia que não têm música em seus corações. Vocês os conhecerão pela busca deles por palavras bonitas fora de seus corações. Seus corações têm apenas uma centelha de luz. A escuridão leva suas mentes. Seus corações se tornaram muito pequenos com apenas uma centelha de luz. E assim eles não reconhecem a grande luz que reside em seus corações. Deixem seu coração falar para seus corações surdos e frios, mas não compartilhem suas músicas. Ouçam os caminhos deles, mas mantenham em silêncio as músicas em seu coração. Não deixem que o conhecimento sagrado saia de seus lábios."

Enquanto ele falava a mensagem do seu sonho, ele se voltou diretamente para Mbaracambri. Olhando nos olhos de seu pai, ele continuou: "Proteja o verdadeiro caminho do povo da floresta em seu coração até que as pedras sagradas sejam desenterradas. Meu pai, Mbaracambri, passará o conhecimento de guardador das pedras para esse jovem que recebeu a canção. Ele, por sua vez, passará o conhecimento. Incontáveis estações do milho, nossos futuros antepassados, no momento apropriado, desenterrarão as pedras sagradas. Isso indicará o fim do grande ciclo das trevas. No momento perfeito, o guardião da pedra, através de seu cântico, saberá quando desenterrá-la e apresentá-la a quem abrir o caminho para a entrada de um novo grande ciclo. Este é o plano de Ñande Ru. Mantenham os caminhos sagrados e mantenham a harmonia com o plano."

Mais uma vez, a comunidade de pessoas da floresta respondeu com voz apaixonada: "Aje, racó, sim, de fato!" e "Emaé, você vê!"

"Os deuses mostraram uma visão de que eu recebi as pedras sagradas, não nesta reunião, mas no final deste ciclo sombrio. Mais uma vez, a partir de agora, não serei de uma aldeia, mas de muitas aldeias, mesmo aquelas que parecem estranhas para nós com corações frios e sem vida. Esta aldeia do povo da floresta, no entanto, sempre estará mais próxima do meu coração. "Arapotiyu gentilmente se levantou e abriu os braços para a aldeia do povo da floresta.

"Minha querida família da floresta, conheçam o papel que Ñande Ru lhes designou. Sigam o caminho que nos foi dado nesta visão. Ao desenterrar as pedras sagradas, quando o ciclo escuro começa a enfraquecer, um novo ciclo de grande luz penetrará na terra e toda a vida aqui contida se sentirá atraída pelo brilho. Todos somos um povo com Ñande Ru – mesmo aqueles que parecem não ter música no coração – pois eles sairão do sono profundo e lembrarão quem eles são.

"A abertura e o compartilhamento das forças e do poder do Amor dentro do seu coração começarão a abanar a brasa da luz nas pessoas da terra. A liberação do conhecimento que vocês possuem acenderá a luz e um novo despertar prevalecerá. Esta nova vida virá até nós a partir da direção sagrada da luz nascente em grandes ondas e dissipará a terra do Mal. Conforme as trevas se espalharem com facilidade, agora o amor se espalhará como as videiras na floresta que circundam a terra, ajudando em sua transformação. Não se preocupem. Mantenham-se firmes, pois há outros como nós, posicionados na Terra, que também foram encarregados de proteger o conhecimento sagrado. Eles também têm seus modos de se comunicar com os seres celestes e Ñande Ru. Eles também se abrirão como a flor saúda a luz dourada do dia na hora marcada e compartilha o conhecimento sagrado."

"Nossas palavras das almas nos dizem que a terra sem mal nenhum está dentro de vocês. Ao proteger as sementes de seu milho para a próxima estação de alimentos, mantenham também seus corações fortes. Entre e procure sua música para mantê-lo forte na Luz luminosa, nos caminhos das pessoas da floresta. Enquanto vocês mantêm os caminhos sagrados, chegará um tempo em que a terra sem mal nenhum é tão fortemente desejada e projetada por um grande número de pessoas, que o Amor fluirá como os grandes rios nesta bela terra."

Arapotiyu começou a cantar uma música: "Um paraíso espera aqueles que ouvem a música. As pessoas da floresta estão viajando para o ciclo das trevas. Mas saibam que a Luz e o Amor que nos conduzirão com segurança estão em seus corações e em suas músicas. O povo da floresta fará uma jornada, onde o começo e o fim são diferentes, mas iguais." Enquanto Arapotiyu cantava essas últimas palavras que seu pai e seu avô mantiveram vivos em suas canções, ele reconheceu olhando nos olhos do pajé mais velho, aquele que ainda mantinha uma visão forte, e a aldeia do povo da floresta começou a cantar.

Arapotiyu imediatamente sentiu uma força na conexão com os olhos de seu pai. Ele respirou fundo e sentiu seu corpo relaxar enquanto ele entrava em um transe mais profundo.

"Eu ouço o canto da aldeia fracamente. Agora, eu pareço estar caindo." Um brilho bonito se aproximava dele, e seus ouvidos estavam se esforçando para ouvir os sons fracos de uma música. Em reconhecimento, Arapotiyu grita: "Oh,

essa doce canção que ouvi há muito tempo! Não vejo sua doce presença há tanto tempo. Meu coração está tão cheio de alegria".

"Você chegou Arapotiyu. Você prestou um grande serviço ao seu povo. No entanto, você está sendo solicitado a realizar mais uma jornada." Ele observou o lindo brilho se transformar na imagem familiar do grande gato. Então ela dançou ao redor como se estivesse brincando com ele, mas antes que ele pudesse responder, ela moveu suas orelhas para atrás e soltou um grito agudo que liberou uma grande força sonora junto com a respiração. A força de sua respiração estava fria contra o seu coração, instantaneamente se chocando e derrubando-o no chão.

Ao abrir os olhos, ele se viu deitado na terra perto de uma grande fogueira. Ele sentiu o calor do fogo em sua pele e, com o rosto no chão, inalou um cheiro de terra. Ele apertou a sujeira nas mãos para sentir o ambiente, e então se sentou. Olhando para a sujeira em suas mãos, e olhando ao redor para se firmar, como costumava fazer ao se mover entre dimensões, ele notou que o povo da floresta era diferente, mas de alguma forma igual. O pajé mais velho foi o primeiro a falar.

"Você está aqui conosco de novo?" o pajé mais velho perguntou baixinho. Tentando encontrar sua voz, enquanto ele ainda nadava entre mundos, ele fechou os olhos e respondeu: "Estou aqui há muito tempo? Está frio agora".

"Sim, você cantou e dançou muito durante a noite. Logo, será de manhã."

"Tive essa visão muito emocionante. Parecia estar assistindo uma vida anterior com o povo da aldeia. Então o grande gato voltou e disse que havia mais uma jornada".

O pajé mais velho sorriu e disse: "Está bom, meu filho. Eu estava esperando ouvir esta mensagem". Enquanto ele ainda estava no chão, ele abriu os olhos para assistir o pajé mais velho colocar uma pequena pedra em cada mão. "Pegue essas pedras sagradas e compartilhe o Amor, o Ñandéva, com o mundo. Nossas músicas, você vindo para o povo da floresta onde dois rios se encontram, e essa visão sagrada marca o tempo para compartilhar com todas as aldeias." Quando o ancião se inclinou para ajudá-lo a ficar de pé, eles se olharam nos olhos novamente, e o ancião continuou: "Trabalharemos juntos quando você iniciar sua jornada, pois isso também está em nossas canções. Lembre-se sempre do Ñandéva quando sair da aldeia e sempre se mova daqui". Enquanto o pajé mais velho dizia isso, ele bateu no peito de Alberto no mesmo lugar em que o grande gato soprou sua respiração forte.

Alberto é levado às lágrimas por toda a gentileza do povo da floresta, por seu Amor por ele e pelo compartilhamento interminável de seus caminhos sagrados. Agora, enquanto olha nos olhos muito familiares do pajé, ele é pego na clareza evocativa de sua visão.

CAPÍTULO 11

Mantendo o Conhecimento Intacto

Cuidadores de conhecimentos sagrados não façam mal-uso.
Temos que responder por tudo que fazemos.
—Bear Heart

Que incrível! Vinte e quatro anos depois de me formar, aqui estou ensinando cura energética na minha antiga escola. O prédio do ensino médio está localizado em vários acres de belos bosques dentro dos limites da cidade. A sensação familiar do contexto espiritual ainda reside dentro das paredes e era um ambiente rico para uma escola particular.

Em 1970, me formei no ensino médio em uma academia para meninas dirigida pela ordem Dominicana de freiras. Os prédios também serviram como casa-mãe da ordem dos Dominicanos nos Estados Unidos. Nos últimos tempos, o declínio do interesse em escolas particulares forçou o fechamento da escola. A administração que residia no prédio reorganizou, reabriu e alugou o espaço para reuniões, palestras e workshops - um cenário maravilhoso para realizar o workshop espiritual de Ama-Deus que ministrei em 1994.

No meio da minha terceira aula no Centro Dominicano, eu tinha acabado de me apresentar a quinze pessoas quando uma freira, que tinha apenas 1,50m de altura, caminhou ousadamente do fundo da sala.

"O que você está ensinando aqui?" Ela perguntou enquanto apontava o dedo para mim. Todos rapidamente se viraram em suas cadeiras para ver de quem e de onde veio essa voz. Enquanto caminhava pelo corredor central em direção à frente, ela continuou a falar, "Eu li o cartaz lá fora, e você sabe o que significa Ama-Deus?"

Eu sorri, um verdadeiro dominicano sempre desejando ensinar! No entanto, não houve tempo para responder quando ela rapidamente deixou escapar: "Significa amar a Deus em latim!"

"Sim, irmã, este é exatamente o significado que estamos usando e compartilhando."

"Então me diga o que você está fazendo?"

Eu podia sentir todo mundo ficando tenso e prender a respiração quando ouviram a pergunta da freira. A cura energética em nossa cidade ainda não havia encontrado uma zona de conforto. De fato, depois de ter aprendido Reiki anos antes de ser apresentada ao Ama-Deus, outros praticantes de Reiki me alertaram para simplesmente dizer que era uma técnica de relaxamento. Caso contrário, eu seria excluída pela comunidade e severamente criticada.

Depois de fazer o curso de Ama-Deus, no entanto, a experiência foi tão poderosa que eu escolhi não me esconder. Um forte desejo surgiu dentro de mim de explicar honestamente quando perguntada. Em várias conversas, respondi a outras pessoas com confiança: "Não tenho medo de afirmar do que se trata essa prática". Então eu ria e dizia: "Se eles desejam me processar, tudo o que tenho é um cavalo velho e uma mesa de massagem!" As pessoas riam dos meus comentários.

Em total abertura, dei à freira uma breve explicação educada, e minha voz era o único som na sala silenciosa. A irmã Consuela ficou de pé, olhou para o meu rosto e os alunos sentados ouviram com respiração ofegante. Ela respondeu diretamente, olhando nos meus olhos: "Eu sei tudo sobre esse poder curador do Amor em todo o meu ministério. Eu servi a maior parte do tempo no Novo México e estou muito familiarizada com a prática dos espanhóis e indígenas nativos. Eu gostaria de participar desta sessão. Posso?"

"Claro, irmã", eu respondi com surpresa. Todos na sala relaxaram e sorrisos apareceram em seus rostos.

Não Há Necessidade de Perguntar o Motivo, Apenas Seja

Ao aceitar a jornada a partir de um nível de prática pessoal para um nível de ensino, minhas lições sobre a importância no papel de amar os outros e a mim mesma continuaram. A primeira aula de Ama-Deus que dei foi para amigos íntimos, que haviam perdido a oportunidade de aprender com Alberto. Eu cuidadosamente me preparei para esta aula da mesma maneira que havia me preparado para outras apresentações. Minha profunda lição após esta primeira aula foi, novamente, que eu não estou no controle. Portanto, nenhuma preparação foi necessária. Meu papel era compartilhar as informações e estar presente.

Meu papel como facilitadora ou professora era ser aberta, amorosa e presente para conhecer e capacitar as pessoas no nível que elas estivessem em suas jornadas. Meu papel depois de compartilhar as informações foi ouvir e, em seguida, incentivar as pessoas a abraçar os ensinamentos e desenvolver seu próprio relacionamento com a Energia. Deus ensina você sobre Deus. Sua cura e confiança com esse método baseado no coração ofereceram a eles experiências para tirar suas próprias conclusões. Cada pessoa é única e requer um ambiente seguro e amoroso para alcançar a consciência do poder do Amor. Após essa aula, toda e qualquer turma ofereceu inúmeras oportunidades para compartilhar e receber amor. Eu só precisava estar presente e me abrir às circunstâncias.

No início das minhas experiências de ensino, encontrei muitas pessoas inscritas na turma para ver como essa modalidade era diferente de outros métodos de cura. Aproveitando minhas próprias experiências com outros métodos de cura, e depois com Ama-Deus, era natural compartilhar que todas as curas são da mesma Fonte. Não há diferenças na essência de cada modalidade de cura. O que cria diferenças entre os métodos são as intenções, aplicações variadas e os aspectos culturais.

Após vários anos ensinando, notei uma tendência mais recente que caracterizava o público. Dessa vez, praticantes experientes em outras modalidades de cura se inscreveram com interesse na expansão de suas práticas pessoais. Curiosamente, esses participantes imediatamente adotaram o método Ama-Deus com grande respeito e entusiasmo renovado pela cura energética. Eu senti que isso era devido à perspectiva sob a qual Ama-Deus é entregue.

Eu testemunhei um acontecimento comum dessa nova tendência. Primeiro, quando as pessoas aprendiam a intenção de cada símbolo sagrado no Ama-Deus, elas experimentavam fortes realizações e consciência da cura no nível da alma. Os Guaranis veem a vida a partir desta perspectiva da alma; assim, os símbolos indicam a perspectiva energética da alma em seu modo de viver. Os alunos saíam com uma nova consciência, vendo as situações da vida sob uma luz diferente.

Segundo, em todos os cursos, sem exceção, longas discussões sobre aspectos da vida associados a cada símbolo sagrado, seja morte, nascimento, purificação do corpo físico, cura de vícios, localização do cerne de um problema em vidas passadas ou explorando sobre espíritos errantes. Essas discussões estimulavam que o aluno revisasse o valor intrínseco da cura pessoal, bem como a identificação de como trabalhar com clientes difíceis e familiares. O mais importante, os alunos reavaliavam suas crenças sobre a vida de uma perspectiva material em comparação com uma perspectiva energética.

Minha força neste novo papel como professora veio da Energia. Uma semana antes de um curso programado, senti minha energia crescer e se expandir, como se o Universo estivesse dando o tom e a vibração para o evento.

O formato para compartilhar a técnica de cura espiritual Ama-Deus continua sendo o mesmo que recebi verbalmente de Alberto Aguas, incluindo suas anotações pessoais. Ouvi atentamente durante as muitas aulas e conversas com Alberto, todas ficaram gravadas em meu coração.

Durante o período de estudo com Alberto, nunca pensei em perguntar por que os tópicos foram organizados ou formulados em suas aulas. Naquela época, eu não tinha intenção consciente de ensinar Ama-Deus. Minha forte conexão era o dom e o foco, nunca tentando definir o Amor de Deus. Eu simplesmente tinha um grande desejo de me abrir para experimentar essa presença eterna de Amor e Luz.

Na função de professora, o recurso para responder perguntas sobre Ama-Deus veio das estórias de Alberto, minha experiência direta com ele e meu processo de cura. O recurso mais importante, porém, é o meu relacionamento contínuo com a Energia. E, portanto, sempre sugiro aos alunos que confiem e busquem respostas internas, enquanto estabelecem seu relacionamento pessoal com a Fonte deste método de cura, visto que nós somos instrumentos, condutores e transformadores únicos dessa energia sagrada para nossas experiências terrenas.

Todas as aulas foram verdadeiramente memoráveis. Cada vez que compartilho Ama-Deus, sinto o prazer de uma profunda conexão do coração com toda a vida. Ensinar é compartilhar o Amor em uma tradição Guarani que é preservada há mais de seis mil anos.

O Papel de Ensinar Fortalece

No começo, eu dava aulas somente na minha comunidade devido às minhas responsabilidades com meus dois filhos. À medida que eles cresciam, viajei e ampliei os horários das aulas atendendo a solicitações no hemisfério norte. Eventualmente, minha agenda se encheu rapidamente, ensinando no Hemisfério Sul, bem como em vários países europeus.

O ensino de Ama-Deus se expandiu para novas cidades e cenários, e fiquei de olho nas pessoas que conheceram Alberto. Seus amigos fizeram o primeiro contato comigo depois de saberem de cursos agendados em suas cidades. A maioria dos amigos de Alberto não sabia que ele havia falecido inesperadamente. Eles apenas sabiam que, de repente, ele parou de se comunicar com eles. Nossas conversas eram sobre o sentimento de fechar um processo e de cura pela perda de um amigo querido.

Nos meus esforços iniciais para escrever sobre as realizações de Alberto, participei de conferências que ele frequentemente apresentou, ensinou e desenvolveu fortes laços de amizade. A Life Spectrums foi uma organização que proporcionava oportunidades de crescimento pessoal e espiritual na Pensilvânia e outra foi o *Instituto Internacional de Ciências Humanas Integrais* (IIIHS) - uma organização não governamental afiliada às Nações Unidas em Montreal, Canadá. A Dra. Marilyn Rossner, que é clarividente, médium, professora e especialista no campo da parapsicologia, fundou a IIIHS, e viaja globalmente para ajudar a desmistificar o mundo espiritual e compartilhar o amor. Alberto, que frequentemente palestrava e lecionava em suas conferências, era seu amigo.

Em um gesto de boas-vindas, a Dra. Rossner me convidou para dar uma palestra e ensinar Ama-Deus, que se transformou em uma solicitação anual de treinamento em seu instituto. Durante essas viagens, meu desejo sem fim era pedir estórias sobre Alberto. De bom coração, a Dra. Rossner sempre encontrava palavras carinhosas para compartilhar:

> Quando Alberto foi o orador principal em uma de nossas conferências internacionais, todos testemunhamos o fato de que Deus está no mercado de trabalho de milagres! Durante muitos anos, Alberto e eu passamos tempo juntos em conferências. Ele sempre, e sob todas as circunstâncias e em todos os lugares, queria apenas o melhor para todos. Sua presença está conosco ainda mais agora, quando testemunhamos a profundidade de seu trabalho que ocorre na Terra. Certamente a luz de Alberto continua a brilhar em sua morada celestial, e ele continua incentivando todos a seguirem em frente.

A Dra. Rossner não apenas compartilhou muitas histórias, mas também abriu seus arquivos de palestras gravadas em conferências anteriores para ajudar na minha pesquisa sobre a vida dele.

Participar da *Life Spectrums* foi outra experiência maravilhosa de uma semana para encontrar os amigos de Alberto. O comitê do programa aceitou uma palestra introdutória sobre Ama-Deus em uma conferência de verão. A Primeira pergunta dos participantes sobre Alberto parecia ter um ar de cautela e proteção ao compartilhar qualquer história. No entanto, após a palestra introdutória, Brian Piearman, que monitorou a turma, saiu da sala chorando. Ele ficou comovido com a lembrança de um velho amigo e com a profunda sabedoria dos ensinamentos que nos deixou. O relatório de Brian deve ter sido positivo, pois todos acabaram ficando mais à vontade e relaxados com minha presença.

Na segunda visita, um ano depois, já como uma palestrante totalmente endossada nessa conferência me encontrei sentada em uma mesa durante o almoço, ouvindo os membros da família Paul, ativos no gerenciamento da Life Spectrums, compartilhando alegremente seus pensamentos e estórias de um talentoso Alberto Aguas. Mais tarde, quando solicitei estórias escritas sobre Alberto, procurei Lynn Paul, um membro ativo do conselho da Life Spectrums. Ela respondeu com entusiasmo e sua descrição a seguir capturou brilhantemente a personalidade colorida de Alberto e sua conexão inspiradora com o reino espiritual.

Em 1983, participei da minha primeira conferência Live Spectrums no Elizabethtown College, em Elizabethtown, Pensilvânia. Foi lá e nas conferências subsequentes de uma semana em julho que tive contato com Alberto até sua morte em 1992. Agora, muitos anos depois, ainda me lembro de sua paixão pela vida, sua energia vibrante e personalidade colorida. Eu me senti feliz por estar na presença dele.

Minha primeira lembrança foi de vê-lo entrar na sala de palestras à noite com um passo rápido, vestindo roupas coloridas ou uma camisa branca com calças apertadas e tamancos. Ele exalava intensidade e uma paixão pelo momento em que estava vivendo. Com uma voz alta, risada e abraço apaixonado, ele cumprimentou calorosamente aqueles que conhecia. Ele falou rapidamente e seguiu em frente como um pássaro cantarolando para a doçura da sua próxima vida. Ele chamou minha atenção; eu senti sua energia amorosa de longe. Eu pensei comigo mesma que pessoa colorida entre os mais de 600 participantes. Mais tarde eu aprenderia o nome dele, Alberto Aguas. Tudo nele parecia ser uma afirmação ousada, até o nome dele. Ouvi dizer que ele era brasileiro. Eu me perguntei se todos os brasileiros tinham tanta paixão pela vida. Quando perguntei sobre ele, aprendi que ele como curador da América do Sul havia aprendido com os índios da Amazônia. Ele era apaixonado pela floresta tropical e sua proteção.

Lembro-me de tê-lo assistido durante nosso serviço de cura. Um círculo de curadores ficou ao redor da sala. Um organizador fazia que com os participantes avançassem e tomassem o próximo assento disponível para fazer uma sessão com um curador que usava as mãos para curar. Eu observei como esse processo se desenrolava. Olhei para Alberto quando ele colocou as mãos e jogou sua cabeça para trás. Parecia que ele estava se conectando à energia universal da força vital. Ele sorria e raios de alegria e paixão exalavam do lugar onde ele estava. Para mim, foi testemunhar o divino ser expresso aqui na terra. O êxtase de Alberto era evidente. Eu me maravilhava com sua alegria, sua paixão, sua energia, seu esplendor naquele momento. Ele estava totalmente envolvido em seu ofício. Não havia timidez, era como se toda a glória de Deus estivesse aqui para que todos testemunhassem. Quando ele colocava as mãos em alguém, você podia sentir energia elétrica, vibração e calor das mãos dele. Todo o comitê da Life Spectrum desejava se sentar na cadeira de Alberto.

Em resumo, Alberto era um homem de paixão que expressava sua profundidade de coração e espírito com seu calor e seu estilo único. Eu sempre me lembrarei de observar o Divino sendo expresso através dele em suas curas. A Life Spectrum enquanto comunidade lamenta sua partida e ainda nos lembramos dele com carinho. Sentimos que ele ainda se une a nós em espírito.

Conhecer pessoas que conheceram Alberto intimamente, alimentou minha paixão por manter a integridade, o respeito e o Amor por compartilhar o Ama-Deus. Conforme fui me aproximando da minha comunidade e, eventualmente, me mudei e viajei para diferentes partes do mundo, a vida foi enriquecedora, para dizer o mínimo. Um dos meus cursos mais emocionantes ocorreu no Brasil, e com o tempo me levou à família de Alberto.

Quando o pedido chegou pelo site da Ama-Deus, fiquei tão empolgada com essa solicitação do Brasil que não parei para pensar quem poderia ser essa pessoa ou que aventura estava por vir. Tudo o que senti foi alegria por visitar o país de origem de Alberto. Compartilhei essa aventura brasileira por telefone com meu filho, que rapidamente me trouxe de volta à razão.

"Mãe! Você não pode ir a este país sozinha! Você não sabe quem é essa pessoa que está organizando a aula. Você acabou de conhecê-lo na Internet!" "Hmmm, você tem um bom argumento." "A única maneira de você ir é se eu for com você."

Parecia um ótimo plano. Assim, a viagem e o curso foram agendados durante as férias de verão de sua faculdade. Quando chegamos ao Brasil, instantaneamente relaxamos com nosso gentil anfitrião, Christian. Aprendemos que ele era uma pessoa humilde, amorosa e espiritualmente consciente. Sua atenção a todos os detalhes de nossa viagem foi além das expectativas. Christian organizou um curso de fim de semana em uma linda cidade pequena no litoral sul do Rio de Janeiro. Também desenvolvemos uma bela amizade duradoura.

Christian havia organizado para que uma xamã Fulniô nos recebesse na chegada ao hotel e sala de aula. Em um ambiente ao ar livre, nós a assistimos preparar vários pratos deliciosos e tradicionais de mandioca em uma fogueira. O prato final foi uma sobremesa, mandioca feita com bananas. Dormimos pacificamente com barrigas cheias, sendo embalados por uma brisa suave do oceano.

Na manhã seguinte, acordamos com sons novos e cheiro de mar; a luz da manhã era refletida sobre um belo mar esmeralda. Tudo parecia mágico. Os brasileiros que assistiram à aula foram abertos, amorosos e entusiasmados. Esse curso de Ama-Deus, formatado por Alberto em parceria com os Guaranis, foi o primeiro em solo brasileiro, que eu tenha conhecimento. Isso foi enriquecedor, esclarecedor e não sem exprimir o espanto dos brasileiros por uma mulher branca trazer uma parte de sua herança para eles.

Voltei no ano seguinte ao Brasil para ensinar e, também, investigar os antecedentes de Alberto, preencher as lacunas das informações encontradas em suas palestras e anotações e procurar sua família. Depois de várias tentativas fracassadas de localizá-los, um último telefonema três dias antes do meu voo de volta deu certo quando ouvimos o irmão de Alberto falando do outro lado da linha. Voei para encontrar a família de Alberto no dia seguinte, para um encontro planejado de duas horas em sua casa. A família Aguas abriu seus corações e compartilhou suas histórias e fotografias da família. A reunião de duas horas se transformou em um dia inteiro de conversas deliciosas, uma refeição no restaurante favorito de Alberto e um passeio por sua bela cidade. Meus anfitriões tiveram que me levar rapidamente para o aeroporto para que eu não perdesse meu voo. Com alegria no coração os deixei, também com planos de voltar no ano seguinte.

Durante essa segunda visita à família, um ano depois, eles me falaram do seu interesse em aprender Ama-Deus, então planejamos uma viagem de retorno para alguns meses depois, com Christian como tradutor. Ele tirou uma folga do seu trabalho para me acompanhar até a casa deles e a família amorosamente recebeu Ama-Deus, o que abriu caminho para discussões pessoais sobre Alberto e seu relacionamento com a família.

E uma estória carinhosa da sobrinha de Alberto, Angélica, conta uma lembrança de sua infância em uma festa aos dois ou três anos de idade. Ela morava em Londrina, uma cidade no interior do Paraná, e estava participando de uma festa onde estavam tirando muitas fotos. Ela se lembrou de como seu tio Alberto brincava com uma lâmpada queimada de uma câmera e como todos estavam surpresos com o ato dele. Alberto veio até ela, segurando algo escondido na mão. Ele a surpreendeu com uma luz saindo de sua mão. Ela abriu a mão dele e encontrou a lâmpada queimada. Ela pegou a lâmpada da mão dele para tentar iluminar, mas nada aconteceu. Ela lembrou: "Fiquei surpresa que uma lâmpada de flash pudesse funcionar na mão de alguém, mesmo quando em uma câmera não funcionasse mais. Na minha mão, nada aconteceu. Esta é uma história que nunca esquecerei. Além disso, temos uma foto na casa dos meus pais, com uma luz atrás dele. Tio Alberto deixou muitas saudades, ensinando o amor a todos, ele era um ser humano fantástico que só fazia o bem."

Saí da casa deles com uma explicação mais completa e um forte senso do motivo do Ama-Deus não ter sido ensinado no Brasil. Alberto estava preocupado com a proteção de sua família e dos Guaranis. Parte da relação de Alberto com os Guaranis era a preocupação em salvar a terra deles, o que o levou a conflitos com o governo brasileiro. Expandir o ensino de Ama-Deus para outro continente salvaguardou as partes envolvidas no Brasil e aumentou a conscientização e o dinheiro de outro país para ajudar os Guaranis.

Eu nunca sonhei quão valiosa era essa experiência de ensino e salvaguarda de uma prática oral sagrada. Os Guaranis ainda estão vivendo uma vida de reciprocidade apaixonada por sua jornada espiritual. Eu também estava apaixonada por compartilhar essas informações sagradas e emocionada em ver como o Ama-Deus floresceu com a resposta de pessoas ao redor do mundo enquanto a humanidade estava despertando para o poder dessa sabedoria antiga.

CAPÍTULO 12

Uma Nova Jornada em uma Terra Estranha

O Amor está em todas as curas, não importa qual técnica você use.
—Alberto Aguas

Refletindo sobre minhas experiências com Ama-Deus, minha cura pessoal criou as etapas para eu me preparar para o papel de professora. Então eu perdi meu professor, mais um passo no meu caminho de alma. Minha jornada para ensinar Ama-Deus estava se desenrolando; Ganhei clareza sobre o propósito da cura e fortaleci meu relacionamento com os reinos espirituais.

Ensinar e conduzir sessões de cura eventualmente me proporcionaram a oportunidade de praticar Ama-Deus em um ambiente clínico, um território desconhecido com um nível de crescimento incrível. Primeiro, tive que me acostumar com o ambiente e depois me envolver com a equipe e os pacientes de novas maneiras - tudo isso foi um ótimo aprendizado. No devido tempo, o estabelecimento médico lançou as bases para a realização de pesquisas e o uso do Ama-Deus como intervenção. Isso foi além dos meus sonhos mais loucos. Aqui está a história.

Durante quatro anos, trabalhei em um consultório particular como praticante de energia, instrutora de Ama-Deus no Centro Dominicano e massoterapeuta para clientes pós-parto de um ginecologista local. Com muito trabalho, estabeleci uma posição em um hospital local, Spectrum Health, e criei um serviço de plantão para o ginecologista, que ofereceu o primeiro serviço holístico de massagem terapêutica aos pacientes do hospital. A massagem terapêutica foi oferecida como presente para as novas mães e seus bebês. Um ano mais tarde, após o início deste serviço, a equipe médica do Departamento de Oncologia Pediátrica solicitou essa terapia para as crianças hospitalizadas. O aumento constante das sessões agendadas no hospital, juntamente com as programações constantes das aulas de fim de semana e sessões particulares de cura, me mantinham muito ocupada.

Então o hospital católico local, Saint Mary´s Health Care, fez uma oferta maravilhosa. O CEO do hospital solicitou uma reunião comigo para discutir o desenvolvimento de um programa "mente-corpo-espírito". Naquela época, eu não estava interessada em assumir outro programa hospitalar, pois estava estabelecida no outro lado da cidade. Pela insistência de um amigo e filantropo local, aceitei a reunião no hospital católico simplesmente por cordialidade. A reunião incluiu o diretor executivo do hospital e o vice-presidente de operações e forneceu detalhes do programa que eles planejavam implementar. Minha experiência anterior com administração hospitalar mostrou seu amplo ceticismo em relação a qualquer programa holístico. Esses dois líderes institucionais, no entanto, queriam criar um atendimento mais focado no paciente; além disso, eles entendiam o fundamento básico do termo holístico. Que fantástico! Minha preparação habitual para participar de uma reunião como essa era de explicar os termos e defender as vantagens e benefícios dos serviços holísticos hospitalares. Minhas experiências passadas nessas reuniões defendiam substancialmente os benefícios de uma prática holística de ponta. Não havia informações substanciais suficiente do ponto de vista dos padrões clínicos e nenhuma modalidade passara pelos rigores dos ensaios clínicos.

No entanto, essa reunião acabou sendo agradável e com conversas estimulantes. Ambos os administradores tinham conhecimento e leram muito sobre os potenciais das terapias integrativas hospitalares. Não havia tom de condescendência ou constrangimento, apenas discussões sobre como implementar um programa holístico.

Ainda assim, mesmo no meio dessa conversa maravilhosa, eu não tinha vontade de ir para hospitais. Adorava a liberdade de trabalhar por conta própria, equilibrando meu consultório particular, realizando oficinas de fim de semana e estando à disposição do ginecologista, Dr. Fred Rohn. O Dr. Rohn abriu o caminho para o meu passo inicial no cenário clínico atual. Ele me pagou para fazer massagem em todas as suas novas mães pós-parto. Que novidade era essa! Eu não queria desistir de minha lealdade a ele, nem do caminho que ele e algumas equipes médicas dedicadas do hospital já haviam traçado. Por que eu simplesmente não disse não?

Sentei-me no escritório amplo do líder sênior do hospital católico. Tirando minha última cartada, uma descrição de uma página do curso sobre Ama-Deus, pensando que isso definitivamente os afastaria de uma parceria comigo. Então eu poderia sair em paz. Passei o folheto para o

CEO, dizendo: "Antes de discutirmos mais, desejo que você saiba tudo o que faço. Pratico e ensino um método de cura energética. Tenho certeza de que você já ouviu falar sobre cura energética. Tenho certeza de que você já ouviu falar do ciclo de cura de Reiki para pacientes com câncer que foi fechado no outro hospital".

"Sim, nós ouvimos."

Sem muito mais palavras, ele pegou o jornal da minha mão. O CEO leu cuidadosamente o folheto promocional. Baixei os olhos e me concentrei em respirar, antecipando que ouviria palavras de despedida desse homem. Respirei fundo, sentindo que estava atendendo ao pedido do filantropista deles e do meu novo padrasto, que já fora membro do conselho do hospital. E com isso pensei que poderia continuar minha vida simples, organizada para ter tempo disponível para dar a atenção que meus filhos precisavam.

O CEO olhou para cima, assim como eu, e parou por dois segundos, inclinou-se para a frente em seu assento e olhou diretamente nos meus olhos, enquanto passava o panfleto para o VIP. E respondeu com sinceridade: "Espero que você ensine isso aqui um dia".

Eu fiquei sem palavras. Ele realmente entendeu que isso era cura energética? Muitas pessoas em nossa cidade rotularam a cura energética como obra do diabo. Antes que eu pudesse abrir a boca e responder, ele solicitou uma segunda reunião.

"Gostaria que você preparasse uma proposta para um programa e, juntamente com a proposta, nos desse uma faixa salarial."

"Uma proposta?"

Ele interrompeu antes que eu pudesse pedir mais detalhes. "Não precisa ser muito elaborado", disse ele, "apenas um resumo de como você implementaria um programa holístico. Duas semanas são suficientes para você desenvolver a proposta?"

Respondi roboticamente: "Sim, prepararei a proposta e terei todos os termos finalizados em duas semanas para a próxima reunião". O que estava saindo da minha boca? Fazia muito tempo que eu estava longe desse tipo de atividades profissionais - desde o nascimento do meu segundo filho.

"Ótimo." O CEO virou-se para seu VIP: "Você organizará a reunião?" Então ele se voltou para mim, dizendo rapidamente: "Eu pediria que você deixasse os outros locais de trabalho antes de aceitar nossa oferta".

Eu rapidamente respondi: "Lembre-se de que a data de início que você está considerando precisará ser para depois que eu finalize meus outros compromissos de trabalho".

"Absolutamente", disse ele, levantando-se da cadeira, indicando que a reunião havia terminado.

Nos despedimos em meio a trocas de gentilezas. O que foi aquilo. Fui até meu carro imaginando o que havia acontecido no mundo. Por que eu estava tão disposta a aceitar outra reunião? No entanto, eu me senti mais leve! Eu ri de como o meu desenrolar de ensinar Ama-Deus, como foi mostrado por Amma, estava acontecendo. Espere até eu compartilhar isto com meus amigos! No entanto, a ideia de voltar a passar um dia em um escritório foi aterradora. Eu ainda não havia assumido o compromisso, e isso me ajudou a acalmar as emoções com relação a essa possível mudança.

Ao compartilhar os detalhes da reunião com minha família, todos ficaram muito felizes, me apoiaram e me incentivaram a aceitar essa mudança. Meus meninos, em particular, estavam animados. Certamente, esse emprego no hospital seria mais fácil de explicar aos amigos do que se referir à mãe como profissional de energia.

Os dois executivos foram firmes em sua sincera determinação de criar um programa. O CEO foi direto ao ponto. Claramente, seu objetivo era de criar um programa *agora*. Ninguém mais estava tomando uma atitude tão ousada. Não na nossa cidade. O que influenciou minha decisão final foram meus filhos; os dois meninos já estavam na idade de ficarem sozinhos por algumas horas depois da escola.

Na próxima reunião, aceitei o cargo no Saint Mary´s, no entanto, a proposta que escrevi para a reunião não incluía um plano de cura energética. Felizmente, isso viria mais tarde. Nossa comunidade tinha muitos temores em torno da prática de cura energética.

Juntos na Aventura

O verdadeiro sucesso desse programa holístico hospitalar veio da direção da administração sênior, um punhado de médicos, inclusive uma médica de família, Dra. Susan Radecky, que chefiava o programa de residência. Ela intrinsecamente entendeu e percebeu o valor benéfico das práticas holísticas. Esse grupo de funcionários do hospital se reunia regularmente antes de eu ser contratada. A sinceridade deles em criar um ambiente de atendimento novo mais focado no paciente que integrasse terapias holísticas foi outra boa razão para eu aceitar o trabalho.

Desde o primeiro passo no desenvolvimento e implementação de práticas holísticas, nunca sonhei que teria experiências tão valiosas. Todos pareciam ganhar: os pacientes com suas estórias, a enfermeira ou o médico com cuidado e abertura, a administração do hospital, assim como eu. O Universo operou milagres amorosos. Eventualmente, o hospital se tornou um local de pesquisa para meu doutorado, e praticamos e ensinamos Ama-Deus. Quem poderia imaginar que isso ocorreria? Eu não, com certeza! O Universo nem sempre cumpre *minhas* expectativas porque a vida é uma jornada sagrada de autodescoberta. Eu aprendi rapidamente, como no Ama-Deus, eu não estava no controle. Eu estava simplesmente participando da jornada e precisava apenas estar presente.

Toque Amoroso em um Ambiente Clínico

Meus primeiros dias no local foram uma imersão total na estrutura do hospital e uma viagem nos procedimentos clínicos. Além disso, a força-tarefa liderada pelo vice-presidente de operações exigia que eu participasse da reunião semanal. O objetivo pretendido dessa força-tarefa era criar uma estrutura para implementar um programa mente-corpo-espírito. O lançamento foi meu programa hospitalar, seguido mais tarde por um ambulatório.

Discutimos diferentes serviços holísticos e quais integrar, como massagem terapêutica e musicoterapia. Todos os tipos de medos, da administração aos dos médicos, foram expostos. Um não gostava de meditação, enquanto outros rejeitavam a ideia de tratamento quiroprático. Compreender seus medos me ajudou a navegar neste novo terreno nos meus primeiros dias.

Eventualmente, uma primeira rodada de modalidades foi acordada. Com minha contratação, a massagem terapêutica foi a primeira prática que introduzimos no hospital. Música e acupuntura seriam os próximos programas. Quando surgiram rumores sobre cura energética, eu rapidamente intervi e recomendei fortemente que essa fosse considerada somente depois que os programas iniciais fossem bem implementados e adotados. Eu falei para o grupo. "Não seria respeitoso ou educado apresentar esta modalidade à equipe médica neste momento. Já teremos que fazer um grande esforço para trazer a massagem, que é uma das práticas mais tangíveis. Meu objetivo é criar, no mínimo, um terreno neutro com os médicos. Não espero que eles adotem todas essas práticas. Além disso, estou procurando bases comuns para que possamos criar um complemento aos tratamentos deles", Ninguém se opôs ao plano que sugeri.

A primeira parte era integrar com sucesso a massagem terapêutica no Departamento de Mulheres e Crianças. Eu estava familiarizada com essa área devido à experiência anterior. A equipe médica era educada, mas estava apreensiva. Ninguém queria me envolver em uma conversa ou aceitar uma massagem nos ombros. A massagem terapêutica na cidade não era amplamente conhecida e deixou algumas pessoas desconfortáveis quando chamadas para discussão.

Finalmente, um dia, a secretária da unidade falou: "Eu vou fazer!" Que alívio alguém ter finalmente falado comigo. Ela não tinha medo da palavra massagem. Ela simplesmente disse: "Oh meu Deus, isso é tão maravilhoso. Você pode fazer isso o dia todo!" Enquanto eu massageava seus ombros, ela chamou os residentes presentes e as enfermeiras sentadas na área de descanso: "Vocês realmente estão perdendo." Eu podia ver a cabeça das pessoas inclinadas sobre gráficos ou comida, enquanto elas fingiam estar ocupadas, embora estivessem tentando olhar. "Bem", continuou ela, "pensando melhor, fico feliz que vocês não queiram uma massagem, porque agora eu recebo mais"! Eu a abençoei por sua coragem e amizade.

Meu primeiro paciente de verdade veio inesperadamente. Eu estava sentada no posto de enfermagem com minha nova amiga, a secretária. Eu esperava começar pelo menos uma massagem pós-parto em breve. No entanto, eu precisava de um encaminhamento médico e um paciente disposto. Esperei pacientemente por possíveis conversas enquanto os médicos faziam as rondas da manhã. Naquela manhã em particular, notei que um médico e uma enfermeira, que pareciam estar conversando seriamente, caminharam na minha direção.

"Você gostaria de trabalhar com um paciente?" O médico me perguntou com seriedade.

Possivelmente respondi com muito entusiasmo, "Sim!"

O médico explicou de maneira suave e calma: "Bem, temos uma situação de falência fetal de 28 semanas. A mãe está ansiosa e triste. Talvez uma massagem possa ajudá-la a relaxar".

"Claro, eu adoraria trabalhar com ela." Fiquei tão satisfeita por finalmente ser envolvida em uma situação, mas não tinha certeza das implicações plenas de uma morte fetal. A equipe médica informou o número do quarto da paciente e a enfermeira foi comigo até lá e com tranquilidade me explicou o que é morte fetal. Calculei a situação quando empurrei a porta. Esta era a primeira gravidez da mãe e ela ainda estava carregando o bebê e havia acabado de descobrir que o havia perdido. Ela estava no sétimo mês de gravidez e isso aconteceu uma semana antes do Natal.

Respirando fundo para me manter calma e centrada, encontrei a paciente em pé no canto mais distante da sala. Ela se virou e olhou para mim com os olhos arregalados e muito assustados. Fui tomada de compaixão ao ver essa mãe assustada. Ela estava tão sozinha.

"Oi, eu sou Beth. Você já recebeu massagem alguma vez?"

"Não."

"Você gostaria de tentar?"

"Sim."

Eu esperava que ela dissesse não e fiquei feliz por seu sim."Ok, vamos ajudá-la a ficar confortável aqui cama."

"Tá certo."

Eu a ajudei a se deitar na cama, coloquei os lençóis a sua volta de uma maneira acolhedora e coloquei um travesseiro sob seus joelhos para deixá-la confortável. Eu me posicionei aos seus pés, o ponto mais distante do seu rosto, esperando fazê-la se sentir mais confortável com o primeiro toque. Puxando os lençóis, eu massageei seus pés enquanto falava em tons suaves, recomendando que ela fechasse os olhos e sintonizasse o ritmo da respiração. Senti sua resposta imediata de relaxamento ao meu toque, enquanto ela seguia minhas sugestões para respirar.

Então, procurando por pontos de acupuntura perto dos tornozelos que apoiam as contrações; fechei os olhos e sincronizei minha respiração com a dela. Eu me abri para o fluxo de energia ao aplicar a pressão rítmica.

Pouco depois dessa pressão rítmica perto de seus tornozelos, ela respondeu: "Sinto esse movimento subindo pela minha perna e passando pelo meu útero...oh, está voltando pela outra perna!"

"Sério?" Agradavelmente surpresa pela rapidez da conexão, respondi: "Hmm, isso é bom. Fique relaxada e concentre-se na sua respiração".

Continuei a apoiá-la usando minhas mãos e voz, nos minutos seguintes, ela falou: "Sinto as contrações começando".

"Que Maravilha", respondi em silenciosa alegria e espanto.

O relaxamento, o toque amoroso e o fluxo de energia contribuíram para que ela tivesse clareza emocional e mental. Os olhos dela tinham se suavizando, e a calma e a determinação tomaram conta de sua situação.

Essa primeira e única massagem na maternidade abriu uma enxurrada de respostas da equipe médica e um maravilhoso relacionamento se desenvolveu entre esse médico responsável, as enfermeiras da equipe e eu. Desenvolvemos uma rotina específica para massagem de trabalho de parto e um procedimento de massagem para as fases pós-parto que as enfermeiras pediram para aprender para cuidar melhor de seus pacientes. Ensinei uma massagem nos pés simples para que elas proporcionassem relaxamento a seus pacientes. Para casos incomuns e difíceis, minhas estratégias de terapia agora eram solicitadas. Mais importante, a equipe da sala de parto me aceitou como parte da equipe. Tivemos um grande começo.

O zumbido estava se espalhando. Cenários repetidos, semelhantes à solicitação do médico no andar da maternidade, ecoaram por todos os departamentos do hospital. Em pouco tempo, as enfermeiras queriam instruções sobre como poderiam ajudar seus pacientes em condições de pré-operatório, pós-operatório, controle da dor, náusea, ansiedade e para mulheres em trabalho de parto. A equipe do hospital me parava no corredor, conversava comigo no elevador e me procurava na lanchonete. Que reviravolta maravilhosa em atitude estava acontecendo em comparação com as primeiras semanas quando comecei na maternidade!

Um dia, após essa explosão de interesse, uma enfermeira me parou no corredor e se apresentou. Ela perguntou se eu sabia alguma coisa sobre cura energética. Dei-lhe toda minha atenção, levantei as sobrancelhas e respondi que sim.

Ela continuou: "Há várias enfermeiras do hospital que estão se reunindo há mais de um ano. Discutimos práticas holísticas de enfermagem e estamos muito interessadas na cura energética. Gostaríamos que você se juntasse a nós na nossa próxima reunião".

Eu respondi com entusiasmo: "Sim!"

Essas profissionais, que buscaram informações em enfermagem holística, aprenderam que mais de trinta mil enfermeiros em todo o país nos anos 90 estavam trabalhando com o Therapeutic Touch™, um programa de cura energética projetado por um enfermeiro para enfermeiros em contextos clínicos. Eles tinham interesse em aprender e solicitaram entusiasticamente um curso sobre Ama-Deus. Eu nunca sonhei que isso aconteceria tão rapidamente; essa nova jornada hospitalar estava se transformando em uma jornada de alegria. Me senti um espírito afim com esses enfermeiros, que me ensinaram que eles são os maiores aliados da integração de terapias holísticas.

As integrações mais bem-sucedidas no meu primeiro ano no hospital ocorreram inesperadamente com os enfermeiros da unidade neonatal. Da maternidade, segui para a implementação das terapias holísticas no departamento neonatal. No andar do trabalho de parto, alguns dos pedidos de massagem eram para trabalhar com mulheres de repouso devido a contrações prematuras. A massagem era solicitada para ajudar a relaxar o corpo e aliviar o estresse emocional e mental. Com essa população de pacientes, eu também os orientei a respeito dos resultados benéficos do uso do toque para se conectar com os recém-nascidos. Sua profunda experiência pessoal com o toque após semanas de repouso forneceu uma compreensão experimental de como o toque ajuda a moldar o cérebro, a resposta social e a conexão dos seus bebês.

Simultaneamente, esse burburinho de práticas holísticas estava aumentando, enquanto o CEO estava pronto para dar os próximos passos administrativos para integrar o reembolso pelo seguro de saúde para esses serviços. Ele organizou uma reunião com três seguradoras, que deixaram claro a necessidade de experimentos clínicos para comprovar o reembolso. Como resultado da reunião, o CEO me enviou ao *Touch Research Institute* (TRI) para treinamento sobre como conduzir pesquisas em ambientes clínicos usando o toque como intervenção. Capturar os benefícios positivos do toque em um ambiente clínico apoiaria a solicitação de reembolso. O programa do TRI ofereceu palestras sobre projetos clínicos, bem como trabalhos práticos, no padrão de atendimento, com uma rotina de toque para recém-nascidos.

Voltei desse treinamento com o entusiasmo renovado para estabelecer resultados clínicos, mas também para participar da unidade neonatal. Esse treinamento abriu as portas para tocar os recém-nascidos e compartilhar os benefícios adicionais com os pais. Além disso, os enfermeiros, que viram uma resposta positiva à rotina de toque, insistiram em aprender. Todos se beneficiariam com esse processo: a enfermeira, os pais e, com toda a certeza, a criança.

Eu adorava trabalhar no departamento neonatal com as almas frágeis que chegavam. Um dia, eu estava olhando os recém-chegados e vi uma criança particularmente agitada. Olhei interrogativamente para a enfermeira responsável, ela disse: "Bebê cocaína". Este bebê não estava no estágio alimentador-produtor, o que significava que ele estava no estágio micro prematuro ou prematuro. Os estágios dos níveis de micro prematuro e prematuro estavam fora dos limites da minha prática. Meu treinamento no TRI foi apenas com os bebês na fase alimentador-produtor.

No entanto, tive um chamado muito forte para tocar essa criança ansiosa. Virei-me para o neonatologista e perguntei: "Doutor, posso trabalhar com este bebê?" Eu não tinha certeza de como esse médico responderia. Ele havia chegado recentemente para chefiar o departamento, e sua primeira ação foi solicitar meu "não envolvimento" no departamento, pois alegou que não havia pesquisas para documentar os benefícios. Ele, no entanto, com meu incentivo, revisou os documentos de pesquisa do TRI sobre o toque para neonatos. Então ele tomou uma decisão. Recebi um telefonema dele dizendo que ele não estava totalmente de acordo com a pesquisa. No entanto, ele me deixaria voltar a seu departamento e continuar o trabalho. Ele educadamente tomou conhecimento da minha presença e trabalho em seu departamento, mas sem nenhuma conversa profunda até o momento. O pedido para ajudar esse bebê em particular foi minha reação natural. Sua resposta, "Mostre-me um bebê aqui com o qual você não pode trabalhar", foi gentil e sem hesitação. Nesse momento positivo, eu sabia que ele devia estar me observando intensamente e tinha ouvido o relatório de minhas atividades pela equipe médica.

Eu me higienizei e me aproximei do bebê com um forte desejo de acalmar sua alma que estava lutando em seus primeiros momentos na terra. Ajustei meu protocolo de toque para não estimular ou atrapalhar demais o suporte à vida para crianças vulneráveis. No primeiro minuto de trabalho, ele relaxou. O médico se aproximou e, em uma postura observacional, interrompeu: "Não quero saber tudo o que você está fazendo, apenas faça." Este comentário foi intrigante. Em inúmeras ocasiões, a energia fluiria ao tocar e trabalhar com os pacientes. Será que ele entendia de campos sutis de energia? Nesse momento, foi dada a permissão para trabalhar com essa criança, e isso foi suficiente.

A ocorrência do fluxo de energia foi uma presença bem-vinda no ambiente hospitalar. Uma das minhas primeiras experiências profundas de energia com uma criança foi com uma mãe de primeira jornada no hospital anterior. Entrando no quarto no hospital para massagear uma mãe após o parto, encontrei uma mãe angustiada na cama com uma criança chorando. Antes de qualquer apresentação, ela me pediu para segurar seu bebê.

Atravessando o quarto para a mãe deitada na cama, peguei o recém-nascido, que estava chorando, em meus braços. Imediatamente, um banho de energia passou através de mim. Virei-me para o baixo, respirei fundo e uma imagem de símbolos sagrados para recém-nascidos entrou na minha mente. Por um breve momento, vi e senti a presença dessa alma. Durante esse curto processo, a criança ficou dramaticamente mole nas minhas mãos diante dos meus olhos atônitos.

De costas para a mãe, ouvi-a dizer: "O que você fez com meu bebê?"

Não tendo certeza de como responder, uma simples resposta honesta veio quando me virei para a mãe e olhei nos olhos dela. "Amor. Você tem um bebê lindo." Eu desconhecia que essa mulher era sensível e tinha a capacidade de interpretar energicamente a cena. Suas habilidades naturais ofereceram uma conversa maravilhosa durante nossa sessão. Seu bebê dormiu tranquilamente o tempo todo. A pedido dela, falei sobre Ama-Deus e expliquei o conhecimento de trabalhar com recém-nascidos até três meses de idade. Alberto ensinou que almas nos primeiros três meses de vida estão passando de uma frequência mais alta para a mais densa da Terra. A importância de enviar Amor neste momento a ajuda a se ajustar fisicamente, mentalmente, emocionalmente e espiritualmente no novo ambiente. O treinamento sobre o toque, juntamente com o treinamento em energia, forneceu ferramentas valiosas para o departamento neonatal. A combinação de um médico confiante com enfermeiras sensíveis lançou as bases para um departamento técnico altamente especializado para integrar massagens e outros serviços holísticos.

Em pouco tempo, as enfermeiras adotaram com entusiasmo o toque como uma de suas rotinas diárias. Algumas enfermeiras buscaram a certificação em massagem infantil e participaram do curso sobre Ama-Deus. Eventualmente, a massagem se tornou um protocolo de enfermagem nesse departamento, que atraiu uma visita e, posteriormente, uma foto para um artigo da National Geographic. Este departamento foi o primeiro no hospital a integrar completamente uma prática holística ao médico, pais, paciente, enfermeiro, terapeuta e administração.

As notícias da expansão das práticas holísticas nos setores de parto e neonatal alimentaram o fogo selvagem que estava atingindo cada departamento. Esse desdobramento dramático parecia ser um ato de Deus, e eu simplesmente estava participando da jornada. Além disso, as oportunidades não planejadas de usar o Ama-Deus continuaram. O próximo departamento que desenvolveu um uso abrangente da prática holística foi a oncologia, com a qual eu estava familiarizada no hospital anterior onde trabalhava. Quando atendi o primeiro telefonema do departamento, ouvi uma voz fraca.

"Ah, temos um paciente aqui que está solicitando seus serviços."

"Ok, eu posso estar lá hoje à tarde. Por favor, solicite uma requisição ao médico."

"Bem, eu não tenho certeza de como dizer isso."

Eu pude sentir sua inquietação ao falar e perguntei: "Existe algum problema?"

"Sim, os cuidadores do paciente estão pedindo por você, no entanto, a enfermeira assistente tem medo de solicitar este serviço ao médico".

"Por favor, se ela estiver com receio de procurar o médico, eu ficaria feliz em telefonar e responder a quaisquer perguntas que ele possa ter".

"Não tenho certeza de que isso funcione tão facilmente. Vou conversar com a enfermeira e ver se ela fará a ligação. Nós ligaremos de volta."

Naquela tarde, tomei a iniciativa para visitar o posto de enfermagem e me apresentar à equipe. Assim que me anunciei, todo mundo ficou em silêncio e abaixou a cabeça fingindo estar ocupado. Essa atitude certamente não era novidade.

"Temos uma requisição do médico?" Eu perguntei.

"Sim, mas SOMENTE massagem", respondeu uma enfermeira ao revisar seus apontamentos.

Achei que essa resposta veio da enfermeira assistente do paciente. Então eu iniciei a conversa. "Oi, obrigado por conseguir a requisição. Você poderia compartilhar alguma contraindicação para esse paciente?"

"Bem, a paciente não pode falar. São as cuidadoras dela que estão solicitando você. Elas estavam conversando com o médico sobre a conhecer e adorar sua prática. Elas são do Centro Dominicano."

"Sério?" Eu me perguntei quem seria.

"Você também deve saber que este médico não está particularmente satisfeito com a solicitação. E ele está trabalhando no andar agora." Ela passou a explicar tudo o que eu poderia ou não fazer com a paciente. Durante todo o tempo, pensei que seria bom encontrar o médico da paciente, principalmente porque era de tarde, e a maioria fazia às rondas pela manhã.

"Muito obrigado. Vou me reportar a você depois que terminar."

Fui até a sala sem o mínimo de preocupação. Em vez disso, me diverti com os pensamentos de tal intervenção divina. Quão sincrônico! Minha primeira indicação no departamento de oncologia foi das irmãs compassivas que eu conhecia do Centro Dominicano. Eu tinha ouvido falar sobre esse médico, conhecido em nossa comunidade por encerrar as práticas de energia Reiki para pacientes com câncer em outro hospital. Não fiquei com medo, apenas espantada com a oportunidade de uma grande cura, e visualizei o encontro com esse médico como um encontro positivo.

Ao dobrar a esquina do corredor, ao mesmo tempo, uma freira dominicana saiu do quarto, me viu e exclamou: "Oh, estou tão feliz em vê-la. Sabemos que você será capaz de ajudar a irmã a ficar mais confortável." Enquanto ela falava em tom de profunda gratidão, observei rapidamente que o médico estava próximo do posto localizado perto da porta da paciente. "Irmã, estou muito feliz por estar em serviço. Daqui a pouco irei até vocês. Por favor, deixe-me falar com médico dela primeiro."

"Perfeito, nós estávamos indo comer alguma coisa."

"Então lhe verei na volta." Em seguida, me apresentei: "Olá, doutor, sou a massoterapeuta e estou aqui para responder ao chamado. Você tem alguma recomendação que eu deva saber sobre essa paciente?"

Sem levantar os olhos dos gráficos, a resposta veio: "Contanto que você mantenha as mãos nela e não as levante acima do corpo dela, não tenho nenhum problema".

"Certamente, eu sempre trabalho tocando o paciente. Muito obrigado por esse encaminhamento, e foi um prazer conhecê-lo."

Essa interação simples de cinco minutos abriu os olhos da equipe de enfermagem sobre o processo de superar o medo da aceitação do médico. Nossas futuras interações com esse médico aumentaram consideravelmente e uma zona neutra profissional foi estabelecida. Para mim, grandes avanços na cura ocorreram em todos os ângulos.

Como nos outros departamentos, uma vez que a equipe médica do setor de oncologia testemunhou essa sessão, outra enxurrada de solicitações ocorreu. A adição do departamento de oncologia parecia definir que eu estava trabalhando com almas nascendo ou em transição. Todos os dias, eu respondia a chamados para massagem, eu refletia sobre como acomodar as solicitações crescentes e alcançar outros departamentos. A oportunidade de usar o Ama-Deus se apresentou de forma consistente, e meu entendimento do poder do Amor se expandiu maravilhosamente a cada experiência.

Atribuo minha capacidade e facilidade para trabalhar com diferentes faixas etárias à minha mãe. Sendo filha única, eu estava sempre envolvida em visitas a tias e tios com fortes sotaques irlandeses ou parentes gregos mais velhos, que conversavam comigo em grego como se eu entendesse. Tendo sido babá, como primeiro emprego, me trouxe a experiência com os mais jovens. Eu me sentia confortável com qualquer faixa etária, e isso foi inestimável no ambiente hospitalar. Se eu não estava na sala de parto assistindo uma parturiente ou em uma UTIN com crianças em dificuldades, estava na sala de oncologia trabalhando com os medos de todas as etapas e idades no processo de morrer.

Uma mãe de vinte e cinco anos de idade, admitida para um pré-tratamento de três semanas para um transplante de medula óssea na Universidade de Michigan, foi adicionada a minha rota quando o departamento de oncologia solicitou ajuda no controle de sua dor e estado emocional. Nós desenvolvemos uma ligação facilmente quando ela se abriu para sua primeira experiência de massagem. Ela falou de sua filha de cinco anos de idade e seu marido, que estavam com ela dia e noite no hospital.

Certa manhã, antes de entrar no quarto, as enfermeiras me alertaram que estavam tendo dificuldades para ajustar o tratamento medicamentoso. Abrindo a porta, encontrei o quarto na escuridão total, ouvindo-a soluçar suavemente na cama. Ela estava deitada em posição fetal com as mãos sobre o rosto. Eu gentilmente chamei o nome dela.

Ela me ouviu e gritou com tanta angústia: "Não posso ver!"

Eu me sentei na beira da cama dela, o que não é o protocolo, no entanto, ela estava se balançando, e eu me senti inclinada a abraçá-la. Então eu perguntei: "Posso colocar minhas mãos nos seus olhos?"

"Sim", ela respondeu com a voz trêmula.

Fechei os olhos e senti a energia fluir enquanto gentilmente colocava as mãos em seu rosto." Logo, uma paz calmante desceu sobre nós. Ela respirou mais fácil, e a tensão em seu corpo relaxou. Na voz mais suave que pude encontrar, pedi-lhe que simplesmente observasse a respiração e ficasse relaxada o maior tempo possível. Quando saí, ela estava quase dormindo.

Entrando no quarto dela no dia seguinte, descobri que as persianas estavam levantadas e a luz do sol enchia a sala.

"Oi", ela disse. "Eu consigo *ver*!"

"Nossa que maravilha!"

"Depois que você saiu do quarto ontem, eu abri os olhos e pude ver um pouco. Eu não estava mais tão assustada, então relaxei e dormi. Sabe, eles disseram que minha visão voltaria, mas eu estava com tanto medo." Ela parou por um momento e disse. "Suas mãos ficaram tão quentes no meu rosto."

"Hmm, é bom de ouvir isso. Eu posso lhe mostrar como fazer isso por si mesmo, se você quiser. Você poderá se ajudar em sua viagem à universidade."

"Eu gostaria que você viesse e ajudasse fazer essa cura energética, por favor."

Eu acompanhei essa paciente assim como vários outros até a universidade para o transplante de medula óssea nos meus dias de folga. Algumas dessas pessoas aprenderam Ama-Deus para se ajudar durante os dias estressantes no hospital e nos momentos de ansiedade em casa. Outros preferiram apenas receber o tratamento. A equipe do hospital universitário reconheceu minha presença e ficou particularmente surpresa ao saber do programa holístico de nosso hospital. Médicos e enfermeiros estavam cheios de perguntas sobre os detalhes de nosso programa holístico integrado. A boa notícia é que eles não se incomodaram com a discussão sobre cura energética. Que alívio! Fiz uma anotação mental para ter uma discussão com nossa equipe, pensando que depois de seis anos, talvez fosse a hora de definir e fazer a introdução de cura energética em nosso hospital.

Certamente, o toque era uma ponte no cenário clínico para demonstrar como as terapias holísticas afetam o processo de cicatrização e iniciar a discussão sobre como curar é diferente de sarar. Nenhum paciente ou médico estava imune ao poder do toque amoroso. Esse elemento essencial do toque foi mais um passo de oportunidade para o uso e aceitação da cura energética no ambiente clínico, conforme indicado no cenário a seguir.

Um certo dia de verão, um rapaz de dezenove anos deu entrada no pronto-socorro do hospital com sintomas semelhantes a gripe. Esses sintomas acabaram não sendo gripe, mas uma forma agressiva de câncer. Três meses depois, esse jovem corajoso fez sua transição. Durante esse curto período, o médico assistente solicitou terapia para o controle da dor e desenvolveu-se um relacionamento próximo com ele e sua família, principalmente com a mãe. Quando chegou a hora de decidir continuar com o suporte à vida, ela compartilhou abertamente seu sentimento comigo. Certa noite, enquanto estávamos sentadas em frente à entrada principal do hospital, ela estava com medo por vários motivos, principalmente por não saber como seria o fechamento do suporte de vida ou o que se seguiria. Ela pediu minha presença. Sem hesitar, eu honrei o pedido dela.

No dia seguinte, quando as portas do elevador se abriram no andar, entrei em um hall cheio de familiares e amigos do paciente esperando em um silêncio sombrio. Sua mãe me viu e me chamou para entrar no quarto. Eu não tinha ideia do que esperar ou do que ela esperava de mim. Eu simplesmente segui o pedido dela e entrei no quarto. Familiares e amigos próximos estavam reunidos ao redor de sua cama, perto de sua cabeça. Eles compartilhavam estórias e choravam. A equipe médica não tinha ideia de quanto tempo ele viveria, uma hora, um dia ou uma semana após a remoção do suporte de vida. Este momento pulsou com ansiedade, medo e incerteza. Cheguei perto do pé da cama ao lado da enfermeira e fechei os olhos para fazer uma oração.

Nesse espaço sagrado, de repente senti uma vontade forte de trabalhar com o símbolo específico de Ama-Deus que auxilia as almas na transição. Abri os olhos para ver o que a enfermeira estava fazendo. Ela não parecia estar sintonizada com a minha presença. Em vez disso, ela estava cuidando dos monitores e das necessidades da família. Esta foi a segunda vez que tive ocasião de estar fisicamente presente durante uma transição. Normalmente, em uma situação como essa, a pessoa faz a cura energética à distância ou o que Alberto chamava de cura ausente. Respirei profundamente para limpar e remover quaisquer pensamentos de autoconsciência por minhas ações.

A energia se moveu através de mim. Tudo estava imerso na glória do sentimento. Não se passaram mais que dez minutos quando a sensação física foi interrompida. Isso indicou o fim da sessão. Abri os olhos devagar, vi as costas do pessoal de luto e depois olhei para o monitor que estava mostrando os sinais vitais do paciente. Nesse exato momento, testemunhei a alteração do ritmo do pulsar cardíaco para uma linha plana. Os familiares continuavam conversando e segurando-o e não estavam cientes dessa transição. Virei-me para a enfermeira, bastante certa do resultado, mas perguntei: "Ele fez a passagem?"

"Sim", ela respondeu, sem tirar os olhos do monitor. Ela então se adiantou gentilmente para falar com a família.

Eu saí da sala. Os membros da família ficaram sozinhos nos momentos finais que vieram tão rapidamente. Movi-me silenciosamente pelas pessoas no corredor, contornei os elevadores e fui em direção à escada para fazer uma saída discreta. Em imersão interna, eu tinha uma mistura de sentimentos, pensando como de repente tudo isso aconteceu a essa família e, no instante seguinte, senti louvor e gratidão à presença divina durante essa transição pacífica e amorosa.

Alguém abriu a porta da escada repentinamente. "Onde você vai?" Saí do meu devaneio para me virar do meio da escada e olhei para a mãe de olhos arregalados. Não tive tempo de responder. Ela rapidamente pediu: "Quero que você volte comigo, *por favor.*"

Eu balancei a cabeça e afirmei, "Ok", sem pensar muito sobre o que o apelo dela poderia acarretar. Ela me levou em silêncio passando pelas pessoas. Ao entrar no quarto do filho, ela pediu que todos saíssem e falou que queria ficar sozinha com o filho. Então o marido, sua mãe e eu fomos deixados na sala. Ela abriu os braços e caiu, soluçando e abraçando o filho com os braços em seu pescoço. A mãe e o marido se moveram silenciosamente para o lado oposto da cama. Antes que eu pudesse pensar no que poderia ser esperado de mim, a avó fez um movimento com a mão e disse: "Por favor, faça por ele o que você faz".

Aqui estava minha deixa. Eu sabia, sem nenhuma apreensão, como começar a sessão para ajudar sua alma. Esta foi a minha primeira experiência

212

de estar na presença de uma pessoa usando Ama-Deus e o símbolo sagrado específico para ajudar a alma depois que o corpo físico faleceu. Mais uma vez, um forte movimento de energia veio através do meu corpo, enquanto eu gentilmente prendi minhas mãos nele. Em seguida, uma paz profunda tomou conta de mim e se expandiu ao meu redor com cada respiração que eu tomava. Quando senti a energia diminuir, tirei lentamente as mãos e abri os olhos.

Nesse momento, a mãe parou instantaneamente de chorar. Enquanto ainda abraçava o filho, ela se virou sobre os cotovelos, enquanto seus braços aninhavam a cabeça dele. Ela olhou diretamente para mim, demorando-se em um olhar fixo, e disse: "Você vai pensar que eu sou realmente muito estranha". Ela fez uma pausa e exclamou: "Mas eu...eu me sinto tão em paz." Eu disse gentilmente: "Eu não a acho estranha, de forma alguma. Você se sente em paz porque ele está em paz". Esta não foi uma resposta premeditada nem aprendida em um livro. Minha resposta veio da confiança e de experienciar a relação com a Energia usada para a cura.

Minha volta para casa tarde da noite foi em encantamento com esse belo encontro. O glorioso sentimento de paz permaneceu comigo por vários dias. No meu entendimento do processo da morte, a Alma, uma vez liberada do corpo físico, tem a opção de se mover para a Luz ou não. Costumo ouvir estórias da grande presença da Luz em experiências de quase morte e dos entes queridos, que nos incentivam a seguir em direção à luz.

Alberto disse que o propósito desse símbolo sagrado em particular era "ajudar a alma a se mover em paz para a Luz". Trabalhar com esse jovem foi um presente para mim, para compartilhar momentos íntimos com a família. Além disso, o encontro direto com o poder do Amor mostrou a verdadeira interdependência de cada um com a Fonte de toda cura. Eu experimentava os mesmos sentimentos pacíficos e gloriosos durante o nascimento ou transição de uma alma. Uma e outra vez no hospital, Deus me ensinou sobre Deus através da prática de Ama-Deus. Tive momentos de resistir ao desejo de trabalhar no ambiente clínico. No entanto, alcancei muito mais pessoas, que nunca perguntariam, mas procuravam cura energética no hospital, onde a equipe sugeria seus benefícios. Nesses milagres momentâneos de consciência, podia ouvir Alberto cantando para mim: "O que o mundo precisa é de *Amor*".

Quando analisei o progresso geral do plano do hospital para terapias holísticas, verifiquei um sucesso notável. Eu mal andava pelos corredores do hospital sem que a equipe médica, médicos ou enfermeiras fizessem perguntas sobre terapias holísticas ou encaminhassem pacientes para obter uma ajuda específica. A introdução de modalidades holísticas acendeu seu desejo de não apenas ajudar seus pacientes, mas também trouxe a ideia de autocura. Alguns profissionais chegaram a entender e aceitar o conceito de campos sutis de energia, o que acabou levando a solicitações de mais treinamento em cura energética. Todas as diferentes aplicações resultaram no entendimento da equipe de como eles poderiam integrar as terapias, que se tornaram um veículo para estender o cuidado amoroso aos pacientes. O Amor é o maior apoio durante o processo de cura.

Minha facilidade em trabalhar com a equipe continuou aumentando. Eu sentia o crescente carinho e gentileza em relação à minha presença. Nem todos estavam a bordo, nem concordavam com as práticas, mas um terreno neutro respeitoso foi definitivamente estabelecido. As chamadas chegavam agora com facilidade e não com hesitação, como uma de um pós-operatório: "Beth, essa mulher está pedindo algo que simplesmente não conseguimos entender, mas temos certeza de que você saberá o que ela está solicitando". Provocadoramente, ela acrescentou: "Você sabe, é uma daquelas coisas curativas".

Rindo de seu comentário, eu disse que estaria lá. A paciente estava saindo da anestesia e as enfermeiras não tinham certeza de suas palavras. O uso da cura energética, conforme solicitado pela mulher em seu estado semiconsciente, relaxou as enfermeiras e a paciente.

Essas estórias em um ambiente clínico foram experiências profundas de como o toque acabou levando à energia de cura. O toque era o meio e as mãos eram extensões do coração. Eu aprendi sobre o poder do toque. Ninguém era imune ao toque. O toque me trouxe um relacionamento mais próximo com a equipe médica e os pacientes e mais perto da educação sobre curar versus tratar. O uso de energia facilita a cura.

A cura energética é sobre trabalhar com os campos sutis de energia que circundam e penetram o corpo físico. Se esses campos sutis estão harmonizados e equilibrados, o corpo físico, sendo o mais denso de todos os campos, se ajustará. Esses campos de energia sutis são tangíveis. Pode-se ensinar a sentir e avaliar esses campos. Se estes campos forem realmente palpáveis, então haveria uma maneira de quantificar qualitativamente suas presenças. A pesquisa é o meio e a orientação da mente ocidental para entender o mundo físico. Algumas enfermeiras já haviam sido pioneiras em um campo de pesquisa na área de terapias holísticas para obter resultados mensuráveis e validar a eficácia em um ambiente clínico. Não previ a próxima fase da pesquisa usando o Ama-Deus. Simplesmente aceitei o próximo passo da minha jornada neste novo território estranho.

CAPÍTULO 13

Ama-Deus e a Conexão Científica

Todo mundo que está seriamente envolvido na busca da ciência fica
convencido de que um espírito se manifesta nas leis do universo -
um espírito muito superior ao dos homens.
—Albert Einstein

Após sete anos assistindo à expansão e aceitação de cuidados holísticos no hospital, ainda não havia um plano de reembolso financeiro integrado. O seguro exigia a validação de como as intervenções holísticas eram um fator de economia de custos. A pesquisa foi o fórum para fornecer provas a equipe médica e as ações necessárias para que as seguradoras aceitassem novos procedimentos. Meu treinamento com o Touch Research Institute (TRI) e o estudo sobre neonatos precisavam de replicação de dados estatísticos, de acordo com as seguradoras. Eu precisava de mais treinamento acadêmico por causa da crescente aceitação do departamento ambulatorial de Mente, Corpo e Espírito com mais de vinte funcionários e excelente serviços.

A satisfação dos pacientes no hospital cresceu positivamente com a disponibilidade das terapias holísticas, sem nenhum custo adicional para eles. As modalidades de massagem terapêutica, acupuntura, musicoterapia, terapia com animais de estimação e arte terapia foram integradas ao plano de cuidados, sem nenhum custo para o paciente. As observações anedóticas da equipe os motivaram a aprender mais sobre as modalidades. Eventualmente, o método de cura energética Ama-Deus foi introduzido e disponibilizado como terapia para os pacientes do hospital. A esperança do ex CEO do hospital de que o Ama-Deus fosse ensinado estava se tornando realidade. Embora as aulas não tenham sido ministradas nas dependências do hospital, médicos, administradores, enfermeiros e outros funcionários do hospital buscaram o conhecimento nos workshops de fim de semana.

O que eu compartilhei e senti foram os atributos mais valorizados das terapias holísticas: trazer consciência e permissão à equipe médica para viver e trabalhar com o coração em um ambiente de negócios altamente técnico e estatístico.

Aprender como outros médicos trabalhavam com o coração veio de conversas. Por exemplo, durante uma reunião de almoço com um médico de transplante, a curiosidade me levou a perguntar como ele se sentia ao retirar um órgão de um corpo e colocá-lo em outro. Ele explicou como orava com reverência toda vez que transplantava um órgão para outro ser humano. Percebi que ressoamos com a mesma intenção de transmitir amor ao mundo. Esse médico praticava o respeito centrado no coração em seu amor e o respeito pelo corpo de outros em seus cuidados.

Enquanto isso, meu próximo projeto para o hospital era determinar como validar as terapias holísticas. Em 2002, participei da conferência internacional da Sociedade para o Estudo de Energias Sutis e Medicina Energética (ISSSEEM). Esse grupo era predominantemente composto e operado por doutores (PhDs) e mestres (MDs). Os trabalhos acadêmicos e as apresentações acadêmicas de mentes científicas de todo o mundo interessadas em consciência energética foram impressionantes.

Nesta conferência, perguntei sobre os programas de pós-graduação para o estudo de práticas holísticas. Esse questionamento levou à minha conversa com Bob Nunley, reitor de admissão no Holos University Graduate Program (HOLOS) e membro do conselho do ISSSEEM. No decorrer dessa conversa inicial com o reitor, assumi o compromisso verbal de me matricular em um programa de doutorado na Holos. Adicionar o estudo a partir de um programa de doutorado credenciado, especializado em terapias holísticas, parecia o ingresso para o avanço do nosso departamento no hospital. Esta etapa preencheria a lacuna e integraria o reembolso.

Eu me perguntava se poderia comprometer essa parte do meu tempo e me focar em meus filhos em casa. Como seria entrar no rigor acadêmico? Como eu pagaria por isso? Sim, minha mente perguntava sobre o lado prático desse empreendimento. No entanto, nunca duvidei que meu coração me movia na jornada espiritual, especialmente quando envolvia minha missão Ama-Deus.

Primeiro, dividi com minha família o que estava planejando. Meu filho mais velho estava na faculdade, e meu filho mais novo estava no último ano do ensino médio. Ambos eram bastante independentes e permitiam uma flexibilização da obrigação parental. Meu supervisor foi notificado sobre minha intenção. Então, um milagre aconteceu. Um presente oferecido por um filantropo local financiou os custos acadêmicos, e esse apoio financeiro foi determinante para a decisão de prosseguir com esse plano. Isso significava ter uma semana inteira de quarenta horas de trabalho, viajar nos finais de semana para ensinar Ama-Deus e cumprir uma carga inteira de trabalho de pós-graduação. Houve noites à dentro e momentos frenéticos; no entanto, o valor de uma oportunidade que parecia chegar sem esforço no meu caminho me levou adiante.

Durante a orientação na Universidade Holos, minha primeira tarefa, além de me ajustar a imensidão da linguagem acadêmica, foi escolher qual modalidade de cura ou intervenção eu usaria para pesquisa na minha dissertação de doutorado. Como o corpo docente, naquela primeira orientação de três dias, nos levou a finalizar nossas declarações de tese, eu não sabia qual terapia usar para a intervenção. Descartei ideias de pesquisa em massagem ou acupuntura, sabendo que já havia muita atenção a essas áreas em ensaios clínicos. Meus pensamentos estavam inclinados para a cura energética, pois isso era o menos compreendido em nosso hospital. Falei com confiança quando chegou minha vez de dizer qual seria minha intervenção: "Cura energética e câncer".

"Demasiado amplo", veio a resposta abrupta de um painel de professores. "Você precisa restringir." Com um olhar confuso no rosto, era evidente que eu não sabia para onde ir.

Norm Shealy, MD, fundador e diretor da escola, olhou para mim e disse: "Beth, por que não trabalhar especificamente com Ama-Deus e então depois escolher um diagnóstico específico para o câncer? Na verdade, eu gostaria que você trabalhasse especificamente com esta tradição de cura que você pratica e ensina". Ao ouvir suas palavras, alegria e alívio absoluto trouxeram lágrimas aos meus olhos.

Claro! Por que não? Todo o meu ser explodiu de entusiasmo. Já havia pesquisas com o Toque Terapêutico e Reiki, e agora Ama-Deus! Investigar o Ama-Deus certamente teria a aprovação de Alberto.

Essa experiência emocionante da sugestão do Dr. Shealy me lembrou que eu estava em uma jornada, e o único requisito era que eu estivesse presente e estivesse aberta a todas as possibilidades. Imagine eu, que era tão interessada em arqueologia e culturas antigas, agora realizaria uma pesquisa de cura energética em um ambiente clínico! Quão estranho e maravilhoso este mundo é! Eu estava no caminho do domínio acadêmico para contar a estória de como a dádiva dos Guaranis para mundo, essa antiga forma de cura, ainda é válida hoje. Além disso, as pessoas precisam de Amor e a conexão que ele traz.

A Ciência Validando Campos Sutis

A cura energética, uma arte antiga de impor as mãos, é tão antiga quanto a massagem e a acupuntura e não possui associações religiosas. Existem especificações culturais para a técnica, o mesmo que a massagem e a acupuntura. Massagem e acupuntura são diferentes na Amazônia e no Tibete. Da mesma forma, a cura energética varia em sua aplicação em diferentes partes do mundo. No entanto, a intenção de acessar a energia para ajudar a aliviar a angústia, criar equilíbrio e obter harmonia permanece a mesma. As tradições orientais mapearam as camadas superficiais dos meridianos de energia. Os índios demonstraram que os vórtices de energia chamados chacras são portais para o biocampo pessoal para interações energéticas. Não estamos desconectados do Universo enquanto rodamos pelo espaço. Nossas colunas agem como antenas e as informações são recebidas através desses meridianos e vórtices ou portais.

Quando Alberto descreveu como o Ama-Deus era usado na comunidade Guarani, observou especificamente que o pajé ou xamã não começaria a curar até que ele ou ela percebesse ou sentisse uma certa vibração criada por um grupo de pessoas. Isso sugere um fenômeno cientificamente observável. Esse fenômeno explica como a cura energética funciona e se encontra no campo da física quântica - uma possibilidade que desperta o pensamento e funciona como combustível para novos estudos.

O livro de Lynne McTaggart, *The Field: The Quest for the Secret Force of the Universe (O Campo: A Procura pelo Segredo da Força do Universo)*, descreve brilhantemente uma perspectiva científica sobre energia que as sociedades indígenas e os mestres espirituais entendem há vários milhares de anos. Em seu capítulo "Being of Light"(Ser de Luz), um exemplo encantador que se alinha à experiência de Alberto de sentir uma vibração tangível, estava no trabalho de Herbert Frohlich, físico e ganhador da medalha Max Planck por sua destacada carreira como físico. McTaggert relata que Frohlich foi:

> Um dos primeiros a introduzir a idéia de que algum tipo de vibração coletiva foi responsável por obter proteínas para

cooperar entre si e executar instruções de DNA e proteínas celulares. Frohlich até previu que certas frequências (chamadas de "frequências de Frohlich") logo abaixo das membranas da célula poderiam ser geradas por vibrações nessas proteínas... Frohlich havia mostrado que uma vez que a energia atinge um certo limiar, as moléculas vibram em uníssono, até alcançar um alto nível de coerência. No momento em que as moléculas atingem esse estado de coerência, elas adquirem certas qualidades da mecânica quântica, incluindo a não localidade. Chegando ao ponto em que podem operar em conjunto.[143]

Com a física quântica batendo na porta de todos, parece uma descrição plausível de como o que "parece" intangível é realmente tangível.

As culturas que praticam métodos de cura afirmam que a cura energética recruta forças além da crença e das expectativas.[144] O Ama-Deus envolve a direção ou canalização de um "biocampo", ou energia de cura, através de um indivíduo em direção a um receptor aquiescente ou direcionando a si mesmo com o objetivo de melhores resultados para a saúde. Sara Warber dá a definição de "biocampo energético" do Instituto Nacional do Departamento de Saúde de Medicina Alternativa como "um campo sem massa, não necessariamente eletromagnético, que circunda e permeia os corpos vivos e considera-se que afete o corpo".[145]

Um livro publicado em 2005 intitulado *The Scientific Basis of Integrative Medicine (A Base Científica da Medicina Integrativa)* de Leonard Wisnesk e Lucy Anderson, inclui uma lista abrangente e referências a pesquisas em cura energética.[146] De particular interesse é a discussão do trabalho do Dr. William Tiller e Russel Targ. Tiller, um cientista, pesquisou a estrutura da matéria no Departamento de Ciência e Engenharia de Materiais da Universidade de Stanford. Ele demonstrou uma troca muito específica de corrente elétrica que ocorre quando os curadores realizam seu trabalho.[147] Targ, físico do Stanford Research Institute, conduziu pesquisas financiadas pela Agência Central de Inteligência (CIA), fornecendo uma base teórica para a transferência de energia de pessoa para pessoa. O trabalho de Targ confirmou como as informações são adquiridas psiquicamente, ou o que ele chamou de visualização remota. Ele sustenta que os curadores espirituais estão em contato com suas mentes interconectadas e não-locais para facilitar a cura.[148]

Aqueles que conscientemente usam a energia para curar, alegam que não é baseada em visões religiosas - não há dogma. "Se existe mais na cura de energia do que na crença, esses efeitos devem poder ser isolados por métodos apropriados."[149] Explorações como a de Winkelman e Frohlich contribuem para expandir o conhecimento da cura energética, unindo tradições indígenas e ciência.

O crescente uso da terapia energética despertou interesse suficiente da ciência para esta se envolver em pesquisas para entender seus benefícios. Esse movimento estava no momento perfeito no meu estágio de envolvimento com o hospital. Esses ensaios clínicos em consciência energética foram o suporte para abrir as portas para pesquisas em nossa comunidade.

Ama-Deus como a Intervenção na Pesquisa em um Ambiente Clínico

Minha pesquisa com pacientes com câncer para o estudo do Ama-Deus exigiu a participação de um número considerável de pacientes para garantir a significância estatística do estudo. Eu escolhi pacientes com câncer de mama porque havia um grande número de pacientes no hospital. Enviei uma carta pessoal ao médico chefe do departamento de oncologia solicitando permissão para trabalhar com eles, e ele concedeu a permissão.

Pouco tempo depois, um oncologista ginecológico recém contratado solicitou uma reunião comigo. Ele ouviu falar do meu estudo e demonstrou grande interesse em ceder seus pacientes para o meu estudo. Ele tinha conhecimento de práticas holísticas e nem sequer hesitou quando expliquei que a intervenção do estudo seria o método de cura energética Ama-Deus. Como eu poderia recusar um médico que realmente desejava cura energética para seus pacientes? Concordei em trabalhar com ele e seus pacientes, e ele designou sua enfermeira como investigadora secundária. Tanto o médico quanto a enfermeira se tornaram meu principal apoio neste estudo.

Essa mudança exigiu uma nova revisão da literatura para o câncer de ovário - que abriu meus olhos para a complexidade e gravidade desse diagnóstico. Não havia estudos conhecidos sobre cura energética com essa população na revisão literária. Aprendi que a maioria das mulheres é diagnosticada no estágio III ou IV, indicando participantes desanimadas e doentes. Aceitar o desafio incluiu a mudança da hipótese do status de câncer de mama para câncer de ovário, como segue: A cura energética do Ama-Deus (tratamento) tem um efeito positivo maior na ansiedade e depressão em mulheres com câncer de ovário nos estágios III e IV, em comparação com um relaxamento geral (controle)?

Esta hipótese foi testada em um plano de cruzamento simples, que é uma estratégia de pesquisa onde os participantes recebem os dois tratamentos, em oposição aos projetos de estudos mais conhecidos, nos quais os participantes são randomizados no grupo de tratamento ou controle. A fragilidade dessas mulheres foi a minha razão de escolha desse método. O nível de significância dos estressores psicológicos e físicos que essa população de pacientes enfrentou foi tremendo. Com um plano de cruzamento, um participante não seria randomizado para receber apenas uma intervenção. Cada participante experimentaria ambos, apenas em momentos diferentes, de acordo com o grupamento específico. Eles teriam seu próprio controle e se envolveriam nos dois tratamentos.

Esse plano de cruzamento consistiu em um protocolo de sete semanas para a intervenção. As sessões começaram com três semanas de tratamento ou controle, um período de espera de uma semana, seguido por outras três semanas de tratamento ou controle. Cada pessoa foi randomizada no grupo A ou B. O grupo A iniciou com vinte minutos de cura com Ama–Deus duas vezes por semana durante três semanas, descansou por uma semana e depois vinte minutos de sessões de relaxamento duas vezes por semana durante três semanas. O grupo B tinha o mesmo horário, no entanto, começou com as sessões de relaxamento primeiro, descansou na semana seguinte e depois recebeu a cura de Ama–Deus pelas três semanas seguintes. As sessões de relaxamento consistiram em uma meditação guiada.

Após dois anos de recrutamento, tivemos quatorze participantes que completaram o estudo. Meu corpo docente permitiu que eu concluísse o estudo esse com esse número pequeno de amostra. Curiosamente, o médico assistente, a enfermeira e os terapeutas recrutados observaram mudanças positivas, assim como relataram as notas manuscritas positivas dos terapeutas. No entanto, ficamos alegremente entusiasmados quando os resultados estatísticos do estudo demonstraram significância estatística. A significância estatística, ainda que em um pequeno tamanho amostral, indicou que no Grupo B, a ansiedade foi reduzida com a sessão de relaxamento. Maior significância estatística foi alcançada após as sessões de Ama–Deus, sugerindo que o adicional da cura energética do Ama–Deus ajudou a diminuir a ansiedade tratada. Essa significância estatística indicou o quanto a cura energética do Ama–Deus funciona para melhorar a saúde. Com base na revisão da literatura e nos achados desta pesquisa, que examinaram o estresse e a qualidade de vida, chegou-se a uma conclusão de que o estresse diminuiu e a qualidade de vida aumentou para os participantes da pesquisa.

A pequena contribuição deste estudo para validar a cura energética Ama-Deus como suporte não farmacológico para pacientes em seu processo de cicatrização é promissora para uso em um ambiente clínico. O mais importante, demonstrou como poderíamos ajudar no empoderamento dos pacientes naquilo que muitas vezes é visto como uma jornada sem esperança.

Ao ver o significado dos resultados finais, lembrei-me do momento mágico de meus sentimentos profundos quando o Dr. Shealy sugeriu que eu considerasse Ama-Deus como a intervenção. Essa jornada acadêmica foi um longo caminho, mas quão emocionado Alberto ficaria, pois ele também desejou validar cientificamente o resultado tangível da cura energética.

Analisando toda a jornada, desde a primeira reunião com o CEO no hospital em outubro de 1996 até concluir significativamente a pesquisa sobre Ama-Deus em 2008, criou-se um movimento que ainda está ganhando impulso. Aprendi a abandonar meus medos, pois estava claro para mim que Deus ou o Universo estava no comando. O estranho novo cenário clínico estava cheio de pessoas, que tinham as mesmas necessidades, mas apenas falavam um idioma diferente. Se eu não tivesse aceitado essa parte da jornada da minha alma, teria perdido inúmeras oportunidades de compartilhar o Ama-Deus com tantas outros. Ao me abrir ao mundo clínico, fui agraciada com experiências extraordinárias, as quais ampliaram minha compreensão sobre o *Amor*.

Trazendo Amor e cura para a Comunidade

Ensinar e compartilhar o Ama-Deus com outras pessoas tem sido um destaque na minha vida. As lições e experiências geradas ao trabalhar com esses ensinamentos sagrados forneceram um fundamento espiritual que direcionou amorosamente o meu caminho.

O hospital ofereceu lições e experiências valiosas para trazer cuidados centrados no coração para a comunidade. Pessoalmente, aprendi a ser aberta e sem medo de ser eu mesma enquanto trabalhava em um ambiente que ressoava com um ponto de vista diferente. Certamente, este trabalho ofereceu um desafio ao crescimento pessoal, mas condições favoráveis me trouxeram o método de cura Ama-Deus para a pesquisa e aplicação. O ambiente hospitalar reuniu, em grande parte, o sofrimento da humanidade e a equipe médica, pessoas extremamente dedicadas a cuidar do sofrimento. A equipe médica era uma forte coalizão de pessoas que pensam da mesma forma e se mantém forte na sua fraternidade. Alguns profissionais de saúde estavam abertos a uma nova idéia, especialmente se houvesse a possibilidade de ajudar um paciente. Outros ainda se agarravam firmemente apenas às suas maneiras de ver a vida, e isso também acontece em grupos espiritualmente alinhados. Eu observei essa rigidez nos pontos de vista e nos comportamentos em muitas conferências, reuniões e palestras enquanto ensinava Ama-Deus. Se o assunto da comunidade médica for abordado, há quem se oponha violentamente aos procedimentos médicos. Da mesma maneira, algumas pessoas espiritualizadas ficam felizes trabalhando com o mundo científico ou médico. Pessoas são pessoas, não importa o grupamento ou a mentalidade.

Minha tarefa, enquanto convivia com qualquer grupo de pessoas, era trazer o coração para o primeiro plano para melhorar a situação e trazer o Amor para a equação. Como levamos adiante nosso verdadeiro eu para qualquer cenário, independentemente de seu alinhamento com nossa perspectiva pessoal? Estar no ambiente externo, médico ou científico indicava quão verdadeiramente forte estava minha base espiritual. Minha abertura para trabalhar em um ambiente clínico criou o espaço para expressar o mundo espiritual que eu desejava compreender e residir de maneira mais consciente, para ver e interagir espiritualmente com todas as pessoas. O antropólogo médico Alberto Villoldo disse que "a realidade no corpo é de 99% matéria e 1% consciência. No nível do espírito, a realidade é de 99% consciência e 1% matéria".[150] Meus desafios estavam lá com certeza, mas os resultados me fizeram empurrar a porcentagem de minha consciência para o mundo espiritual.

Minhas experiências hospitalares chegaram ao fim em 2008. A pesquisa, financiada por verbas, continuou por mais três anos. Enquanto isso, minha jornada de ensino continua a se expandir e crescer globalmente.

Como será a jornada agora?

Depois de deixar o hospital e antes de me reorientar para expandir minhas viagens e ensinar Ama-Deus, senti a forte necessidade de narrar a vida de Alberto Aguas, o homem que com cortesia e dedicação total abriu ao mundo essa prática de cura baseada no coração chamada Ama-Deus. Agora era a hora de dar conta deste trabalho, de escrever um livro, algo imprevisto e desconhecido - uma nova jornada.

Escrevi com uma responsabilidade auto imposta para homenagear Alberto e os Guaranis por seu ato altruísta de preservar uma sabedoria antiga, bem como chamar a atenção para a estória de meu professor e sua busca por tornar óbvio que amar é o único propósito de viver. No início da jornada de escrever, com certeza, um novo território, um segundo objetivo, para o livro se desenrolava. Compartilhar estórias pessoais de Alberto, dos Guaranis e as minhas demonstra uma esperança significativa de que o Amor em nossos corações seja o começo e o fim de todas as jornadas.

Durante toda a sua vida, Alberto Aguas não teve medo de falar a verdade, de compartilhar sua incrível capacidade de curar com o mundo. O Destino chamou, e Alberto respondeu fervorosamente. Se ele pudesse ver como o Ama-Deus se espalhou pelo mundo, o que eu acredito que ele pode, quão satisfeito ele ficaria. Ele se importava muito com Ama-Deus, esse método de cura baseado no coração. Ele se importava muito com o fato de todos saberem que eles servem como partes desse Amor. Ouço tantas vezes as palavras de Alberto ecoarem em minha mente: "A vida está no Amor e na cura. Todo o resto está apenas esperando".

Como os Guaranis que não desanimaram durante os longos anos de domínio histórico e invasão, também não devemos ceder à energia do medo. Pegue seu chocalho, encontre a música em seu coração para que "não meçamos nossa riqueza pelo quanto acumulamos, mas pelo quanto damos",[151] do coração. Como no enigma do pajé mais velho, *será diferente, mas o mesmo.*

Há uma razão pela qual existem 7 bilhões de pessoas na Terra. Imagine o nível de harmonia que poderíamos alcançar se apenas metade da população global se movesse com a inteligência do coração. O fluxo da unidade elevaria as vibrações de todos os campos a um ponto que certamente anunciaria a nova era de ouro profetizada. Dancemos para iluminar nossos corpos, cantemos para iluminar nossas almas e desvendar a terra sem mal nenhum dentro de nós!

De fato, todos temos momentos em que sentimos que a palavra está no caminho da destruição e fechamos os olhos para os eventos globais à medida que realizamos nossas tarefas diárias. Os indivíduos se levantam todas as manhãs procurando fazer o melhor possível, mas o sentimento persistente de desamparo diante de situações globais continua a nos incomodar. Se é verdade que a Terra sem Mal Nenhum dos Guaranis não está em outro lugar, então ela está dentro, exatamente onde estamos no aqui e agora. Então devemos abraçá-la para compreender como fazer uma escolha consciente de mudar nosso mundo. Essa escolha é a ação responsável por nossa comunidade e por nós como um ato de reciprocidade.

Em vez de encarar sua vida como um registro histórico, reúna sua jornada de Amor. Está lá. Traga sua estória para frente. Apenas pensando com gratidão pelos momentos maravilhosos de sua vida que começarão ao seguir o seu coração. Essa mudança no coração é o primeiro passo para criar um mundo mais harmonioso.

Os caóticos eventos globais se dobrarão e emergirão da força inerente à bondade de todas as pessoas, gerando uma nova jornada, um novo ciclo. Jornadas ou ciclos terminam e começam; precisamos apenas despertar o amor em nossos corações e seguir o caminho. *O Amor é o ato que traz corações à verdade.*[152] Reconhecer isso e chamar a atenção para esta nova fonte, para este recurso, é encontrar nossa verdadeira essência em nosso coração sagrado.

Não se trata de fazer mudanças drásticas no estilo de vida, mas é um simples reposicionamento da consciência em seu coração sensível, que supervisiona a mente pensante em tudo o que você faz - simplesmente uma opção de viver em seu coração, mover, respirar e ouvi-lo. Com o tempo, isso o levará a práticas baseadas no coração que irão expandir, aprimorar e ampliar o centro do coração, o espaço sagrado que pulsa com o ritmo do Universo, para trazê-lo vivo à imagem e semelhança da Luz Não-Criada e Amor. Não custa nada, mas o resultado dessa ação mudaria o mundo. Essa ação dissiparia o medo, e a ausência de medo é apenas paz.

Os Guaranis resistiram séculos com essa abordagem. Diferentes cenários de sua história se desenrolaram, mas no final, eles são as gerações amorosas das pessoas da floresta. Espero que esta estória o leve a experimentar Ama-Deus ou qualquer prática baseada no Amor, para que sua jornada pessoal acenda a luz do seu coração para que o mundo todo veja. Os Guaranis ainda estão nessa jornada. Compartilhar com o mundo o seu presente de Amor - Ama-Deus - é a nossa oportunidade de despertar o Amor em nosso coração e nos unir na criação de mbiroy, unidade e harmonia para todos.

EPÍLOGO

*O que você faz para você morre com você; o que você faz
para os outros e para o mundo permanece e é imortal.*
—Albert Pine

*Sentado, o pajé mais velho olhou para a selva com olhos fixos e nebulosos. Muito
tempo se passou desde que ele pronunciou suas últimas palavras nas sombras antes
do amanhecer. O sol estava começando a lançar os primeiros raios de luz dourada
através do dossel da floresta. Ele finalmente quebrou o silêncio: "Alberto, olhe
nos galhos mais altos, onde a luz dourada da manhã está passando...você verá o
sagrado Irapuru."Sentei-me em antecipação e segui seus olhos para um ponto alto
nas árvores. Não consegui discernir nada através da folhagem verde. Eu forcei
meus olhos na esperança de vislumbrar este pássaro mágico; eu tinha ouvido
tantas histórias maravilhosas.*

*"Relaxe seus olhos e use seu sentimento para encontrar o Irapuru." No
momento que mudei para relaxar os olhos, capturei um movimento em fuga
através das estrias da luz da manhã no alto do dossel. Eu ofeguei maravilhado
com essa visão.*

*"A presença do Irapuru é um sinal muito bom que vem nesta nova manhã
após a sua visão. Duas épocas de colheita se passaram desde que você se aproximou
de nossa aldeia. Nossos sonhos e nossas músicas nos disseram que você viria.
Quando você veio pela primeira vez com todas as suas roupas e alimentos
enlatados, rimos para nós mesmos e esperamos. Agora, quando você nos visita,
você chega apenas com uma pequena sacola. Você come nossa comida. Você reza
conosco na Opy. Agora, finalmente você tem esta visão de sonho com palavras
das almas. Estávamos esperando por você e esta mensagem do seu sonho."
Parando devagar e voltando o olhar para a copa da floresta, como se estivesse
preso em seus próprios pensamentos, ele continuou: "Com esse sonho, você está
livre para se mudar para a Opy conforme necessário. Vou compartilhar com a
aldeia que, agora, você trabalhará ao meu lado na Opy e, juntos, conectaremos*

e compartilharemos o Ñandéva, o Amor que nos une a todos como um. Quando o sol descansar hoje, prepararemos a sua iniciação no caminho sagrado. Às crianças cantarão uma música que imita o Irapuru para você. Beba muita água, coma muito pouco e não coma carne". O ancião parou novamente, desta vez olhando nos meus olhos. Delicadamente, respirei fundo e respondi com reverência.

"Estou muito honrado, querido ancião. Estou tão comovido com o Amor e a doação de toda a aldeia e com a sabedoria que vocês carregam no fundo de seus corações. Estou pronto para ouvir e aprender com vocês."

"Você não está escutando esse vejo pajé, meu filho. Você está se preparando para escutar Ñande Ru, para ouvir com o coração. Ñande Ru, através de mim, tocou você após o seu sonho proclamar 'Ñandéva'. Sua visão onírica lhe deu uma grande responsabilidade. O desequilíbrio que sentimos em nossa Mãe Terra não é natural. Vem das pessoas, e as pessoas devem mudar seus caminhos."

Mais uma vez, ele parecia ter pensamentos, enquanto olhava para as mãos. Então ele falou novamente: "Essas pedras sagradas que você está segurando em suas mãos são um sinal de que agora é hora de compartilhar abertamente mais uma vez com o mundo. Mantivemos fortes dentro de nós a sabedoria sagrada por muitas gerações, muitas jornadas. Você seguiu seu coração, que o trouxe até aqui. Sua visão dos sonhos e palavras das almas do grande gato deixaram claro para você que há outra jornada. Esta visão dos sonhos de uma jornada é a mesma que a nossa, para compartilhar com todas as aldeias de Ñandéva. Às mantenha perto de você para ajudar a lembrar as palavras das almas em seu sonho, o Ñandéva; o verdadeiro caminho da cura que vem do mesmo lugar dentro de cada um de nós. Vem do coração. Vem do poder do Amor. Vá agora. Prepare-se para esta noite. Seu treinamento está apenas começando ... Ñande Ru terá novas experiências e uma nova vida para você."

◊   ◊   ◊   ◊   ◊

No final dos anos 80, Alberto Aguas emergiu das selvas amazônicas com um tesouro. O pajé mais velho lhe disse: "Pegue essas pedras sagradas e compartilhe o Amor, o Ñandéva, com o mundo". Ele queria muito que todos se reconhecessem como parte desse Amor, que todos tivessem acesso a essa sabedoria antiga. Nos seus últimos anos de ensino, ele nunca perdeu o sonho de compartilhar o Amor com o mundo e capacitar todos a serem catalisadores no despertar do centro do coração. Essa jornada de esperança e confiança é verdadeiramente uma história de Amor.

Ainda olho e ouço o cardeal de manhã, sentindo saudades do meu querido amigo. Meu coração sorri ao saber que não há despedidas. Fiz uma jornada incrível investigando os antecedentes de Alberto, visitando os Guaranis, ensinando em três continentes e praticando cura energética em um hospital. Essas experiências me trouxeram uma compreensão mais profunda do desejo de Alberto de transmitir o Amor a este mundo. Além disso, descobri minha paixão, como professora, em compartilhar esse maravilhoso método de cura baseado no coração.

Os eventos cataclísmicos da vida me colocaram de joelhos e abri meus olhos para uma jornada de cura, e me pego refletindo sobre o quão rica minha vida tem sido desde aquele dia na antiga fazenda, naquele dia não tão longe que me comprometi em buscar uma vida cheia de paz.

Ama-Deus me deu suporte no meu processo de cura e me deu a oportunidade de experimentar o Amor. Essas experiências transformaram minha crença e fé sobre o Amor no conhecimento do que é o Amor. Esse conhecimento moldou meu coração e, consequentemente, minha visão de mundo. Era diferente do que eu havia imaginado primeiro, mas no final, era o mesmo. Somos *todos Uma tribo antiga* buscando a reunificação.

Enquanto cada um de vocês continua sua jornada de cura, pense no coração sagrado. A energia segue o pensamento, e nesse instante de pensamento, você está lá. Respire na área do coração; siga sua respiração em seu espaço sagrado. Você está aí. Agora, ouça a bela alma do mundo em seu coração, não o tagarelar cacofônico em sua mente, e você encontrará a paz.

Além da Luz e do Amor não criados, a única constante na vida é a alma. O objetivo da cura é ser uma Luz no Universo. O objetivo da vida é amar. O Amor é o maior dos presentes da Fonte de Tudo O Que É. É o grande unificador e harmonizador, o Ñandéva.

Ama-Deus explora a corrente da consciência que é o Amor e é uma exploração do Espírito e do Universo que permite que a vida cure e seja curada. Convida a mente a respirar profundamente a partir do coração e tocar a alma. *É uma história que foi cantada na pré-história e ainda está sendo cantada hoje.*

Eu te amo e desejo-lhe Amor abundante em sua jornada. Será diferente da minha, mas será o mesmo Amor que você sempre será.

O Amor é a força que mantém o universo unido,
O Amor é o ato que traz corações à Verdade,
O Amor é o ato de oferecer liberdade para todas as almas serem o que são.[153]

NOTAS

Bondade em palavras cria confiança,
Bondade em pensar cria profundidade,
Bondade em dar cria Amor.
—Lao-Tzu

As citações em todo o texto usadas repetidamente por Alberto podem ou não ser originais, pois ele gostava de citar outras pessoas. Ele também compartilhou que falava sete idiomas e isso é evidente em suas anotações, com todos os recortes de jornais, páginas arrancadas de livros e pilhas de fichas datilografadas que ele procurava continuamente a melhor maneira de apresentar na língua inglesa. Todos que o conheciam e tinham o privilégio de ouvi-lo falar concordariam que ele sempre teve a melhor das intenções em dar o devido reconhecimento ao usar referências específicas para alcançar seu público.

Além disso, em suas palestras gravadas e anotações pessoais escritas, ele usava as palavras Guarani: "Ñande Ru para Deus" e "Ñandéva para Amor". Foi assim que ele usou as palavras. Houve algumas perguntas sobre o uso de Ñandéva e isso geralmente significa "nosso povo" ou "verdadeira pessoa Guarani". Por conhecer suas grandes habilidades espirituais e pelo fato dele ter trabalhado com o pajé, confio em suas intenções no uso de Ñandéva. Para mim, persiste a ideia da tradução e Alberto vendo através de um significado mais profundo de *nosso povo*. Se entendermos que o Amor é o grande unificador, talvez o *Amor* seja uma tradução verdadeira.

A intenção da autora para mais pesquisas está aberta. O interesse mais frequentemente expresso pelos participantes de workshops em todo o mundo é o símbolo sagrado para ajudar a curar vícios. Os vícios afetam todas as culturas e, após finalizar a pesquisa sobre o câncer de ovário, a autora pretende prosseguir com um estudo que ajudaria a chamar a atenção para a necessidade de cura energética no processo de reabilitação de dependentes.

Obviamente, a visão mais inteligente é compartilhar esses ensinamentos orais sagrados, o que levou ao desenvolvimento da *Associação Internacional de Ama-Deus®*. Essa comunidade está crescendo fortemente, como indicado pela presença global de praticantes e instrutores, que, ao usar e ensinar o Ama-Deus, estão co-criando e mantendo a intenção do Amor nessa dimensão. www.ama-deus-international.com

Alguns optaram por levar esses ensinamentos ao caminho eletrônico e impresso. Essa escolha impõe um desafio à preservação de uma tradição oral sagrada. Já foi comprovado que as comunicações eletrônicas e os manuais impressos da Internet se desviam dos ensinamentos originais de Alberto, e o tratamento de alguns dos símbolos sagrados se transformou em um significado e uso diferentes. Esses meios eletrônicos de transmitir a sabedoria sagrada não apenas se afastaram de seus ensinamentos originais, mas também foram desleais com as intenções dos Guaranis e Alberto de passar essas informações de Coração a Coração através de palavras faladas. Para honrar seus desejos, nossa responsabilidade fervorosa é manter o formato do ensino por meio da palavra falada para proteger as informações das gerações futuras.

O nome *Associação Internacional da Ama-Deus®* LLC é distinguido com uma marca comercial e foi definido para representar os ensinamentos originais do Ama-Deus, conforme planejado por Alberto Aguas, e para seguir e manter intactos os símbolos sagrados. Há boas razões e grande sabedoria para manter esses ensinamentos por meio da tradição oral, conforme indicado no livro.

E, finalmente, de braços abertos, estórias adicionais sobre a vida e as viagens de Alberto são bem-vindas, ou simplesmente um contato como amigo. Estou certo de que este livro chegará a amigos de Alberto que eu não encontrei. Com certeza irei adicioná-los ao site para que todos possam ler.

REFERÊNCIAS

Capítulo Um

1   Eliot, T. S., *Four Quartets*, Harcourt Inc., Orlando, Florida, 1943, p. 49.

Capítulo Dois

2   St. Clair, David, *Psychic Healers*, Bantam Books, New York, 1979, p. 276.

3   St. Clair, David, *Drum and Candle*, Macdonald & Co. Ltd., London, 1971, p. 279.

4   Ibid., 279.

5   Ibid., *Psychic Healers*, p. 284.

6   Ibid., p. 282.

7   Ibid., p. 281.

8   Ibid., p. 282.

9   Ibid., p. 283.

10   *Psychic News*, September 2, 1978.

11   Ibid., St. Clair, *Psychic Healers*, p. 273.

12   *Psychic News*, October 14, 1978, p. 3.

13   Ibid., p. 3.

14   Ibid., *Psychic News*, July 21, 1979.

15   Ibid., St. Clair, *Psychic Healers*, p. 285-286.

16   Ibid., St. Clair, p. 290.

Capítulo Três

17   Cosmos, Elizabeth, *Ama-Deus Teaching Manual*, Grand Rapids, Michigan, 2004, p. 16.

18   Aguas, Alberto, personal handwritten lectures.

19   Ibid., Aguas.

20   Vianna, Christian Martynes Barreto, and Krys, Hannah, *Seminário Sobre a Técnica Energética Ama Deus*, January 2005, pg.36, registered with Ministério da Educação e Cultura, Brazil.
21   Ibid., Aguas.
22   Ibid., Aguas.
23   Aguas, Alberto. Disc 3, p. 2 of transcription, 1987.

Capítulo Cinco

24   Monteiro, J., ed., *The Crises and Transformations of Invaded Societies; Coastal Brazil in the Sixteenth Century The Cambridge History of the Native Peoples of the Americas*, Cambridge, Cambridge University Press. 1999, p. 977.
25   Cushner, N. P., *Why Have You Come Here?* Oxford, Oxford University Press, 2006, p. 105.
26   Ibid., Monteiro, J., ed., p. 984.
27   Ibid., Monteiro, J., ed., p. 985.
28   Clastres, H., *The Land-Without-Evil: Tupi-Guranani Prophetism*. Chicago, University of Illinois Press, 1995, p.14.
29   Nimuendaju, U., *As Lendas Da Criation e destruição do mundo como fundamentos da religião dos Apapocuva-Guaraní*. São Paulo, Universidade de São Paulo, 1987, p. 156.
30   Ibid., De Léry, p. 99.
31   Hill, J. D., ed., *Rethinking History and Myth Indigenous South American Perspective on the Past*, Chicago, University of Illinois Press, 1988, p. 335.
32   Meliá, B., ed., *The Guaraní: Religious Experience: The Indian Face of God in Latin America*, New York, Orbis Books, 1996, p. 169.
33   Metraux, A., ed., *The Guaraní. The Tropical Forests: Handbook of South American Indians*. Washington DC, Smithsonian Institute, 1948, p. 90.
34   Ibid., Clastres, p. 4.
35   Ibid., Reed, p. 27.
36   Ibid., Metraux, p. 80.
37   MacCormack, S., ed., *Ethnology in South America: The First Two Hundred Years. The Cambridge History of the Native Peoples of the Americas*, Cambridge, Cambridge University Press, 1999, p. 104.
38   Garavaglia, J. C., ed., *The Crises and Transformation of Invaded Societies: The La Plata Basin (1535–1650), The Cambridge History of the Native Peoples of the Americas*, Cambridge, Cambridge University Press, 1999, p. 4.

39 Ibid., Metraux, p. 81.

40 Ibid., Keeney, p. 38.

41 Ibid., Reed, p. 109.

42 Ibid., Metraux, p. 89.

43 Ibid., Reed. p. 109.

44 Ibid., Metraux, p. 91, Nimuendaju, pp. 346–347.

45 Ibid., Schaden, p. 222.

46 Ibid., Nimuendaju, p. 302.

47 Schaden, E., *Fundamental aspects of Guaraní culture*, trans. L. P. Lewinsöhn. New Haven: Human Relations Area Files, Inc., 1969, p. 145.

48 Keeney, Bradford, *Guaraní Shamans of the Forest*, Pennsylvania, Ringing Rock Press, 2000, p. 88.

49 Nimuendaju, Curt (Unkel), *"Die Sagen von der Erschaffung und Vernichtung der Welt als Grundlagen der Religion der Apapokúva-Guaraní."* Zeitschrift für Ethnologie, vol. XLVI: 284–403, p. 308.

50 Ibid., Nimuendaju, p. 370.

51 Ibid., Nimuendaju, p. 305.

52 Ibid., Nimuendaju, p. 307.

Capítulo Seis

53 Viveiros de Castro, Eduardo, *From the Enemy's Point of View: Humanity and Divinity in an Amazonian Society*, Translated by Catherine V. Howard, The University of Chicago Press, Chicago, Illinois,1992, p. 264.

54 Ibid., Nimuendaju, p. 304.

55 Ibid., Viveiros de Castro, p. 264.

56 Ibid., Nimuendaju, p. 305.

57 Ibid., Keeney, p. 75.

58 Ibid., Keeney, p. 80.

Capítulo Sete

59 Ibid., Nimuendaju, pp. 336–337.

60 Ibid., Metraux, pp.91–92.

61 Ibid., Keeney, p. 56.

62 Ibid., Keeney, p.77.

63 Ibid., Viveiros de Castro, p. 13.

64 Ibid., Keeney, p. 61.
65 Ibid., Keeney, p. 10.
66 Ibid., Nimuendaju, p. 306.
67 Ibid., Metraux, p. 91.
68 Ibid., Reed, p. 87.
69 Ibid., Reed, p. 88.
70 Ibid., Schaden, p. 163.
71 Ibid., Schaden, pp. 80–81.
72 Ibid.,Schaden, p. 103.
73 Ibid., Schaden, p. 78.
74 Ibid., Schaden, pp. 248–249.
75 Ibid., De Léry, p. 144.
76 Ibid., Meliá, p. 187.
77 Ibid., Meliá, p. 193.
78 Ibid., Meliá, p. 208.
79 Ibid., Meliá, p. 208.
80 Ibid., Meliá, p. 181.
81 Ibid., Melia, p. 202.

Capítulo Oito

82 Ibid., Reed, p. 84.
83 Ibid., Schaden, p. 50.
84 Ibid., Meliá, p. 210.
85 Ibid., Meliá, p. 215.
86 Ibid., pp. 316–317.
87 Ibid, Reed, p. 107.
88 Ibid., Keeney, p. 40.
89 Ibid., Keeney, p. 43.
90 Ibid., Keeney, p. 42.
91 Ibid., Keeney, p. 84.

Capítulo Nove

92 Aguas, Alberto (1986), Taped Lecture in Montreal Disc 2 track 3 transcript p. 3.

93 Ramacharaka, Yogi, *"Science of Breath,"* The Yogi Publication Society, Chicago, 1904, p. 18.

94 Ibid., p. 17.

95 Ibid., p. 26.

96 Aguas, Alberto (1986), Disc 3 track 1 transcript p. 1.

97 Aguas, Alberto (1986), Taped Lecture in Montreal Disc 3 track 2 Transcript p. 2.

98 Ibid., Nimuendaju, p. 351.

99 Capinegro, Andy, *"The Miracle of the Breath,"* New World Library, Novato, California, 2005.

100 Ibid, p. 5.

101 Gioia, Ted, *Healing songs*, Duke University Press, Durham and London, 2006, p. 24.

102 Storr, Anthony, *"Music and the Mind,"* Ballantine Books, New York, 1992, p. 1.

103 Nakazono, Mikoto Masahilo, *The Source of the Present Civilization*, Kototama Books, 1990, p. 5.

104 Ibid. p. 242.

105 Maman, Fabien, *Healing with Sound Color and Movement*, Tama-Do Press, p. 61.

106 Paul, Russill, *The Yoga of Sound*, New World Library, Novato, California, 2004, p. 67.

107 Maman, Fabien, *The Role of Music in the Twenty-First Century*, Tama-Do Press, 1997, p. 81.

108 Minson, Ron, and O'Brien Minson, Kate, *Integrated Listening Systems* Practitioner Course Manual, Integrated Listening Systems, Inc., 2007, p. 7.

109 Ibid., p. 7.

110 Ibid., Buhner, p. 84.

111 Buhner, Stephen Harrod, p. 85.

112 Heline, Corinne, *Healing and Regeneration through Color/Music*, DeVorss Publications, 1995, p. 11.

113 Ibid., Corinne p. 12.

114 Ibid., Gioia, p. 42.

115 Ibid., Heline, p. 15.

116 Ibid., Buhner, p. 88.

117 Weil,Andrew, "A Loving Prescription" in *Handbook for the Heart: Original Writings on Love*, ed. Richard Carlson and Benjamin Shield (New York: Back Bay Books, 1998), p. 112.

118 Siegel, Bernie, "Love, the Healer" in *Healers on Healing*, ed. Richard Carlson and Benjamin Shield (Los Angeles: Jeremy P. Tarcher, Inc., 1989), p. 5.

119 Covey, Stephen, "A Loving Prescription" in *Handbook for the Heart: Original Writings on Love*, ed. Richard Carlson and Benjamin Shield, New York: Back Bay Books, 1998, p. 112.

120 The Dalai Lama "Love, Compassion, and Tolerance" in *For the Love of God: A Handbook for the Spirit*, ed. Richard Carlson and Benjamin Shield (Novato, California: New World Library, 1999), p. 3.

121 Gilbert, Elizabeth, *Eat Pray Love*, New York, Viking Penguin, 2006, p. 27.

122 Spalding, Baird T., *Life and Teaching of the Masters of the Far East*, California, DeVorss Publications, 1948, vol. 4, p. 140.

123 Szekely, Edmond Bordeaux, *The Essene Jesus: a revaluation from the Dead Sea Scrolls* International Biogenic Society, 1977, p. 19.

124 Ibid., Szekely, p. 19.

125 Ibid., p. 19.

126 Buhner, Stephen Harrod, *The Secret Teachings of Plants*, Bear and Company, Rochester Vermont 2004, p. 82.

127 *Lyricus Teaching Order for the Expansion of Consciousness*, http://www.lyricus.org/links/downloads/energeticheart_epaper.pdf

128 Amma booklet, p. 31, no. 2 footnote.

129 Ibid., Lyricus.

130 Ibid., Lyricus.

131 America (folk rock band) "The Tin Man" from *Holiday* album released by Warner Bros. June1974, http://en.wikipedia.org/wiki/Holiday_(America_album)

132 David, Hal, lyrics and Bacharach, Bert, composer, "What the World Needs Now is Love," first recorded and made popular by Jackie DeShannon, released on April 15, 1965.http://en.wikipedia.org/wiki/What_the_World_Needs_Now_Is_Love

Capítulo Dez

133 Ibid., Cosmos, p. 20.

134 Ibid., p. 26.

135 Ibid., Aguas, Alberto (1986) Disc 3 p. 1.

136 Mackey, Katherine, *Gerod*, from a lecture.

137 Ibid., Mackey, lecture notes.

138 Mackey, Katherine, *Soul Awareness: A Guide's Message*, 2012, p. 25.

139 Ibid., Mackey, p. 25.

140 Kalweit, p. 2.

141 Somé Malidoma Patrice, *Of Water and the Spirit: Ritual, Magic, and Initiation in the Life of an African Shaman* New York: Putnam, 1994, p. 1.

142 Ibid., p. 1.

Capítulo Treze

143 McTaggart, Lynne, *The Field: The Quest for the Secret Force of the Universe*, New York: HarperCollins, 2002, p. 226.

144 Crawford, C. C., Sparber, A. G., and Jonas, W. B., "A Systemic Review of the Quality of Research on Hands-on and Distance Healing: Clinical and Laboratory Studies," in "Definitions and Standards in Healing Research," eds. Jonas, Wayne B., and Ronald Chez, *Alternative Therapies in Health and Medicine* 9, no. 3 supplement (2003): A96–A104.

145 Warber, Sara, "Standards for Conducting Clinical Biofield Energy Healing Research," in "Definitions and Standards in Healing Research," eds. Jonas, Wayne B., and Ronald Chez, Alter*native Therapies in Health and Medicine* 9, no. 3 supplement (2003): A54–A64.

146 Wisneski, Leonard and Anderson, Lucy, *The Scientific Basis of Integrative Medicine* (New York: CRC Press, 2005), p. 251.

147 Ibid., Wisneski and Anderson, p. 251.

148 Targ, Russell and Katra, Jane, "The Scientific and Spiritual Implications of Psychic Abilities," *Alternative Therapies in Health and Medicine* 7, no.3 (2001) pp. 143–149.

150 Villoldo, Alberto, DVD for Munay-Ki rites.

151 Schaefer, Carol, *Grandmothers Counsel the World: Women Elders Offer Their Vision for Our Planet*, Trumpeter Books, Boston, Massachusetts, 2006, pp. 166–167.

152 Ibid., Mackey, p. 73.

Epílogo

153 Ibid., Mackey, p. 73.

SOBRE A AUTORA

Elizabeth Cosmos, Th.D., Ph.D., tem praticado terapias integrativas por mais de trinta anos. Ela foi responsável pelo desenvolvimento de um programa abrangente de medicina integrada no Hospital Saint Mary´s em Grand Rapids, Michigan, e ela também é a fundadora da Associação Internacional Ama-Deus, LLC. Seu trabalho foi mostrado em publicações Internacionais como a *National Geographic*.

Beth é uma Ministra na Igreja da Ciência da Mente para a Cura Espiritual. Sua educação formal inclui um PhD e um Th. D da Holos University Graduate Seminary e um B.S da Michigan State University. Beth continua a morar em Grand Rapids, Michigan e faz viagens internacionais ensinando o método de cura Ama-Deus®.

CPSIA information can be obtained
at www.ICGtesting.com
Printed in the USA
LVHW021106140820
663151LV00004B/143

9 780998 741413